KB035376

다시 읽는 부석사

부석사의 진면목이 드러나는 **그 첫걸음**

김태형 지음

보이는 것이 전부가 아니다.

부석사.

아름다운 절 부석사. 세계문화유산 부석사. 해동화엄종찰 부석사.
부석사는 어떤 절일까.
대한민국에는 무수히 많은 절들이 있다. 지금도 천년, 천사백년 역사를 이어온 절도
있고, 빈터만 남아 옛 영화를 추억하는 절터도 있다.
하늘의 저 많은 별들만큼 이 땅 산속 곳곳에서 빛나고 있는 절들. 그 중에 부석사.
부석사는 우리에게 어떤 의미일까. 우리는 부석사에 대해 얼마나 알고 있을까?
이제 세계문화유산으로 등재가 되었으니 국내외에서 부석사를 찾는 관광객들도 많
아질 것이다. 그러나 정작 우리는 부석사에 대해 얼마나, 그리고 제대로 알고 있을까.
부석사는 신라 문무왕 16년(676) 2월, 의상대사가 왕명으로 창건하였고, 중국에서
부터 대사를 흠모한 선묘라는 여인이 용으로 변해 절의 창건에 힘을 보탰다. 그리고 그
선묘가 도술을 부려 허공을 떠다니게 한 큰 바위가 무량수전 옆에 남아 있으며, 선묘는
석룡石龍이 되어 법당 앞에 묻혀 의상대사를 향한 지극한 마음을 남겼다. 무량수전과 함
께 의상대사의 소상을 모신 조사당은 국내 몇 안 되는 고려시대 건축물로 매우 중요한
문화유산으로 평가되고 있다.
태백산 한줄기인 봉황산 산자락에 마치 성처럼 높게 쌓은 석축 위에 법당과 요사채
등 여러 건물들을 세운 부석사는 오래된 건축 문화유산뿐만 아니라 아름다운 무량수전
을 뒤로 하고 그 앞에 펼쳐진 풍경은 장관 그 자체다. 바다를 가서도 꽉 막힌 답답한 마
음이 열리지 않거든 부석사 무량수전 앞에 오라!

바람 난간에 의지하니 무한강산이 발아래 다투어 달리고, 눈을 들어 하늘을 우러르니 넓고 넓은 하늘과 땅이 가슴속으로 거두어 들어온다. 가람의 승경이 이와 같음이 없더라 ...
「부석사 무량수전과 여러 전각 중수기(太白山浮石寺無量壽殿及諸閣重修記)」

그러나 부석사에 대해 우리는 너무 모르는 것이 많았다. 설령 알고 있더라고 현재의 이 모습에 취해 더 알려고 하지 않았을 지도 모르겠다. 잘못 알려지고, 왜곡된 이야기도 깊이 헤아려 바로 잡으려 노력하지도 않았다.

부석사에서의 4년 3개월.

그 안에서 24시간을 보내고, 때로는 걸어서 부석사를 떠나 의상대사의 자취를 찾아 가기도 했다. 봉황산자락 숲속을 헤매고, 사과 과수원을 돌아다니며 거기에 쌓여 있는 돌무더기를 헤집고, 잡초와 흙먼지 가득한 땅바닥에 눈길을 주면서 그렇게 하나둘 찾은 부석사의 옛 자취들이 말을 건네 왔다.

'보이는 것이 전부가 아니다'

그렇게 켜켜이 시간에 묻혀진 부석사 1천3백년 역사의 흔적들을 하나둘 찾아내, 맑은 물로 씻어 흐릿해진 역사의 퍼즐을 조금씩 맞춰보았다. 그렇게 찾은 1천3백년 시간의 흔적들을 이 책에 담았다.

이 한권의 책에 부석사의 모든 것을 담았다고 말 할 수 없으리라. 보이는 것 중 잘못된 것은 바로 잡으며, 숨겨진 이야기를 드러냈다. 부석사, 봉황산 자락 땅속에는 미처 우리가 경험하지 못하고, 우리가 알지 못한 부석사가 묻혀 있다.

더 사라지기전에 지금까지 밝혀낸 것만이라도 남겨 달라는 옛 님들의 애절한 마음을 외면할 수 없었다. 부디 이 책을 통해 부석사의 옛 모습, 그 진실의 한 편린片鱗이나마 세상에 드러나기를 간절히 바라는 바이다.

완벽하진 않지만 최선을 다했다. 부족하고 아쉬운 것은 여전히 남아있지만, 그것은 세상의 모든 눈과 귀와 입이 한데 모아져 세월 속에 켜켜이 덮인 옛 기억들을 발굴해내면서 채워질 것이라 믿는다.

2018년 9월
부석사를 떠난 지 1년 여 만에 남도 송광사에서 끝나지 않은 마침표를 찍다.

차 례

1장
팩트 체크

/

부석사 원융국사 중창설

부석사의 또 다른 이름 '흥교사', '선달사' 설

동방사지東方寺址의 정체

뜬금없는 이야기들

부석사 원융국사 중창설

　　　　　　　부석사 관련 연구는 일제강점기인
1916년부터 시작된 부석사 무량수전과 조사당의 해체보수 이후 옛 건축
부재에서 발견된 묵서 등 새로운 자료가 확인되면서 본격화되기 시작했다.
　　해방이후 부석사와 관련된 첫 종합적인 연구서는 부석사 창건 1300
주년이 되는 해였던 1976년 발간되었다. 한국불교예술연구원이 개최한
'부석사학술발표회'와 함께 당시 자료를 취합, 보완하여 동국대학교 박
물관이 『불교미술-부석사 창건 1300주년 특집호』 논문집을 발간한 것
이다.1-1, 2
　　이때 발표된 논문집에는 부석사 소조아미타여래좌상과 조사당 벽화,
무량수전 및 조사당, 부석사 석등, 삼본화엄경판 등 부석사 소장 문화유

1-1 1300여년동안 법등이 끊기지
않고 이어져온 부석사. 오늘도 하루
를 마감하는 저녁예불이 긴 역사를
이어가고 있다.

1-2 부석사 창건 1300주년을 맞아
1976년 학술발표회 논고를 정리
하여 간행한 『불교미술-부석사 창건
1300주년 특집호』 논문집.

산관련 논문과 당시까지 확인된 부석사 관련 묵서 및 금석문 등을 비롯한 자료가 소개됐다.

이후 어느 시점에서 부터인가 부석사 관련 논문과 안내서 등에서는 갑자기 고려 현종顯宗:992~1031 연간과 11세기의 고승인 원융국사 결응圓融國師 決凝:964 -1053의 부석사 중창설이 등장하게 된다.

부석사와 원융국사가 관련된 가장 이른 시기의 기록은 현재 경내에 있는 〈부석사 원융국사비〉경북도유형문화재 제127호와 1916년 무량수전 해체과정에서 발견된 「봉황산 부석사 개연기鳳凰山浮石寺改椽記 이하 개연기」를 들 수 있다.

먼저 원융국사비의 관련 내용을 보면 1041년 부석사에 도착한 사연과 더불어 상전像殿에 아미타불을 홀로 모신 이유 등을 설명하고, 1053년 5월 국사의 입적과 함께 장례를 봉행한 내용을 담고 있다.

다음으로 1612년에 작성된『봉황산 부석사 개연기』에는 1358년 외적왜구의 병화로 불이나 1376년 원융국사가 무량수전과 불상을 복원하였으며, 이후 1611년 음력 5월 풍우風雨로 중보中樑가 부러지는 피해를 입어 이듬해 복구하였다고 한다.

이 두 가지 자료에 나타난 원융국사의 행적을 살펴보면 원융국사의 부석사 중창 기록이 사실과 전혀 다르다는 것을 알 수 있다. 그렇지만 1970년대 이후 발행된『영주 부석사 보수정화 준공보고서』등에는 '고려 현종 7년1016 원융국사가 무량수전을 중창했'는 내용이 수록돼 있다.

그러나 이러한 원융국사의 부석사 중창설은 사실과 전혀 다르며, 1612년에 작성된 〈개연기〉에 언급된 원융국사는 실제 1358년 화재로 피해를 입은 부석사를 1376년에 중건한 진각국사 천희眞覺國師 千熙:1307~1382 즉 원응圓應국사였음이 1377년 작성된 부석사 조사당 중도리 묵서를 통해서도 확인된다. 이를 바탕으로 1376년부터 1377년까지 무량수전과 조사당의 중수는 원융국사가 아닌 원응국사 천희에 의해 이루어졌음을 알 수 있다.

특히 원융국사 비문에 따르면 국사는 부석사에 주석하기 시작한 때가 1041년의 일이며, 그가 부석사에서 입적한 해는 1053년임이 확인되므로 1376년 부석사 개연기에 등장하는 원융은 원응의 오기임이 확실하다.

또한 그 출처를 알 수 없는 1016년 원융국사의 부석사 중창설 또한 국사의 출생과 행적, 입적시기 등을 고려하면 전혀 성립이 될 수 없음을 알 수 있다. 원융국사는 964년에 태어나 1053년 세수 90세에 입적했다. 1016년은 그의 나이 52세가 되는 해로 고려 현종顯宗:재위 1010~1031 연간이었으며, 이 기간 수좌首座 법계를 받았다. 국사가 부석사로 가게 된 때는 이미 국사의 지위에 오른 1041년으로 그의 나이 77세였다. 비문에는 국사가 1053년 4월 17일 입적하기 전에 인출한 대장경 1부를 안국사安國寺에 봉안토록하고 그곳에서 화엄법회를 개설하라는 유언을 남겼을 뿐 부석사 중창과 관련된 기록이 전혀 등장하지 않는다. 다만 비문 마지막에 국사의 입적이후 수비원守碑院을 두었다는 내용이 확인된다.

현재까지 확인한 자료로는 '창건 후 300년 만에 소실된 것을 고려 현종 7년1016 원융국사가 중창했다'는 내용은 일제강점기부터 등장하기 시작했다.

세키노 다다시關野貞의 『조선건축조사보고』, 후지시마 가이치로藤島亥治郎의 『조선건축사론』 등에서 무량수전 등에서 발견된 묵서의 기록보다 100년 내지 150년 전의 건물임이 확실하다고 밝히면서 이후 원융국사의 중창설까지 등장하게 된 근원이 되었다.

1935년 발행된 잡지인 『금강산金剛山』 권2에 실린 김유신金宥信의 「명승 고적지 부석사 기행」에 당시 주지의 설명을 소개하면서 무량수전은 '고려 공민왕 9년에 원융국사가 중창하였다'고 했다. 공민왕 9년1360은 1357년 왜구에 의해 불이 난 후 얼마 지나지 않은 때로 「개연기」에 등장하는 중창시기인 지정 무술년至正 戊戌年. 1376과도 차이를 보이고 있는데 이는 홍무洪武 9년 즉 1376년의 착오인 듯하다.

이후 1956년 발표된 논문인 김익호金益鎬의 『부석사의 사적고찰史的考察』에서 1955년 당시 부석사 주지 권계한權啓漢에 의해 작성된 『부석사연혁사浮石寺沿革史』를 소개하고 있는데 그 내용을 살펴보면 다음과 같다.

"그 소저小著 『부석사 연혁사』(단기4288년 1955고稿)에서 개연기改椽記
의 문구를 비판하여 개조개금改造改金을 재건再建으로 간주하는 견해를
반대하고, 현존의 무량수전은 그 건축양식으로 보아 홍무洪武 9년, 즉
여말麗末의 건축물이 아니며, 고려 정종 7년고는 거금距今 939년전이라 하였으나
정종 7년은 1041년 인즉 기고당년起稿當年부터 계산할 때 거금 914년에 해당함 원융국사의
중창재건再建이라 주장하였고 영주교육구청의 고적등록古蹟登錄에도 이
설에 추종하였다"✳

✳ 김익호, 『부석사의 사적고찰
(史的考察)』, 『경북대학교 논문
집』 제1집. 경대논문집편집위원
회. 1956. 321쪽.

또한 이 논문은 권계한의 『부석사 연혁사』에서 무량수전 중건이
1041년이라고 밝힌 근거를 명확히 제시하지 못하고 '종래의 전설에 의
거하였다면'이라 하며, 1041년 중창설에 의문을 제기하였다. 여기서 등
장하는 1041년은 원융국사가 부석사에 온 해이다.

이후 1976년 문화재연구소가 발행한 『한국의 고건축』 제 3호에서는
무량수전의 연혁을 소개하면서 '고려 현종 7년[1016] 원융국사가 무량수
전을 중건하다'라고 하였다. 이보다 앞서 1974년 발행된 정인국鄭寅國의
『한국건축양식론』에서는 '의상대사 창건 후 300년 만에 소실한 것을 고
려 현종 7년 원융국사가 중창하고 다시 우왕 2년[1376] 중수한 것으로『사
적事蹟』에 기록되어 있다'고 하였다.

그러나 여기서 언급한 '사적'이 정확히 어떤 기록을 말하는지 알 수
없다. 1376년 중수는 이미 밝힌 「개연기」에 분명히 나와 있지만 1016
년 원융국사의 중창은 그 어디에도 존재하지 않는 내용이다. 더욱이
1016년은 원융국사와 부석사가 아무런 연관이 없던 시기였으며 당시
지위가 수좌에 머물러 있었던 때이다. 어떻게 수좌의 지위로 부석사를
중창했으며, 676년 창건 후 300년만에 소실燒失되었다는 것은 어디서
인용한 것인지도 전혀 알 수가 없다.

이 『사적』이 어떤 것인지는 알 수 없지만, 1988년 발표된 진경돈의 논
문에 부석면에 거주하는 김진영金進英(83)씨가 1976년 1월에 기록한 『부
석사 사적浮石寺事蹟』을 참조하여 당시 부석사 주변상황을 참조하였다면서
밝힌 자료가 있을 뿐이다. ✳

✳ 진경돈, 『부석사의 입지선정
배경과 배치특성에 관한 연구』,
한양대 대학원 석사학위 논문.
1988. 68쪽.

다시 읽는 부석사

지금까지 살펴본바와 같이 1016년과 1041년 원융국사의 부석사 혹은 무량수전 중창설은 그 어떠한 근거도 없이 무량수전이 조사당보다 100~150년 이상 앞선 건축물임을 주장한 일본인 학자들의 이론을 수용하는 과정에서 발생한 명백한 오류가 아닐 수 없다.

부석사의 또 다른 이름 '흥교사', '선달사' 설

통일신라시대 부석사의 사세를 짐작하는 여러 논문들 중에는 부석사의 또 다른 이름으로 '흥교사興敎寺 혹은 선달사善達寺, 세달사(世達寺) 등을 언급하는 사례가 있다. 이러한 근거로 고려말의 학자 이승휴1224~1300가 쓴 『제왕운기』와 『삼국유사』의 조신調信설화를 근거로 들면서, 이를 바탕으로 영주지역에서는 지금의 영주시 상망동에 위치한 '안양원'을 조신이 건립한 정토사의 옛터로 추정하기도 한다.

또한 통일신라시대 장사莊舍관련 연구논문에서도 『제왕운기』에서 언급한 '흥교사는 옛날 선달사다. 혹은 부석사라고도 한다興敎寺 古之善達寺也.或云 浮石寺'는 주석을 바탕으로 『삼국유사』의 조신調信설화에 등장하는 세규사世逵寺『삼국유사』에서는 이를 흥교사라 밝힘와 같은 사찰임을 주장해왔다.

※ 김윤곤, 『나대(羅代)의 사원장사(寺院莊舍):부석사를 중심으로』, 『고고역사학지』 Vol.17. 동아대박물관. 1991. 274~275쪽

이와함께 이를 '지금 흥교사는 옛날에 선달사라 하였으며, 또는 부석사라고도 불린다'고 해석하고, '선달善達이란 곧 '션돌'의 음역音譯일 것이므로, 부석사의 향음鄕音으로 보아 좋을 듯 하다'는 견해도 있다.※

이러한 『제왕운기』의 주석에 대해 김상현은 『신라화엄사상연구』를 통해 '선달사를 혹 부석사라고 한다는 의미가 아니라, 궁예가 살았던 곳을 혹 부석사라고도 한다는 의미로 이해함이 옳을 것 같다. 국사의 기록에 의해 바로 잡는다以國史爲定는 것은 궁예가 흥교사에서 출가했다는 『삼국사기』의 기록에 따라 부석사에서 출가했다는 혹설을 바로 잡는다는 뜻으로 이해된다. 『삼국사기』 열전列傳 '궁예전'에는 세달사와 부석사가 함께 나타나고 있다. 즉 '궁예가 세달사에서 출가했고 훗날 흥주興州 부석사에 이르러 벽에 그려진 신라왕의 상像을 보고 칼로 쳤다'는 것이 그

것이다. 이처럼 궁예전에 세달사와 부석사가 함께 보이는 것이 곧 세달사가 부석사임을 알게 해 주는 것이라고 해석하는 경우도 있다. 그러나 '궁예전'의 세달사(흥교사)와 부석사는 별개의 두 사찰로 이해하는 것이 옳다고 생각한다. 『대각국사문집』권 18에는 '부석사예상조사영浮石寺禮想祖師影'과 '흥교사예신림조사영興敎寺禮神琳祖師影'이라는 제목이 나란히 보인다. 대각국사 의천大覺國師 義天, 1055~1101이 이처럼 쓴 것은 이 둘이 별개의 사찰이어서 따로 쓴 것이 아니라, 같은 사찰이 고려에 와서 명칭이 바뀐 것을 이렇게 특기特記한 것이라고 이해하는 이도 있다. 그러나 납득이 잘 되지 않는 주장이다. 오히려 의천은 부석사와 흥교사를 구별해서 쓴 것이다. 따라서 이 두 절은 서로 다른 절임을 알게 해 주는 자료로 보는 것이 정당할 것이다'라고 하였다.❋

❋ 김상현, 『신라화엄사상연구』. ⓒ동국대 대학원박사학위논문. 1989. 74~76쪽

즉 세달사 곧 흥교사는 중부고고학연구소에서 2012년 12월 발굴조사를 통해 강원도 영월군 영월읍 흥월리에서 그 유지가 확인되었다. 이 발굴조사결과 흥교사는 통일신라이후 조선시대까지 사세를 유지해 왔던 것으로도 확인되었다.[2-1, 2]

특히 강원도 영월 흥녕선원 즉 법흥사의 징효대사澄曉大師:826~900 비 음기陰記에 '세달촌주 내생군世達村主 奈生郡'라는 기록을 통해서도 세달사가 영월에 있었음을 확인할 수 있다.

따라서 김상현 교수의 지적이나 발굴조사 결과를 통해서도 세달사 혹은 흥교사가 부석사의 또 다른 이름이었다는 것은 문헌해석에 오류가 있었음을 확인 할 수 있다. 이는 김교수의 주장처럼 '선달사를 부석사라고 한다는 의미가 아니라, 궁예가 살았던 곳을 혹 부석사라고도 한다는 의미로 이해함이 옳을 것 같다'는 주장이 더 설득력이 있으며, 사실이라 여겨진다.

2-1 한때 부석사의 다른 이름으로 알려졌던 흥교사, 세달사는 사실 강원도 영월 영월읍 흥월리 흥교마을에 있던 절이었다. 흥교사 터 발굴조사 현장에서 수습된 '흥교(興敎)'명 수막새. ⓒ중부고고학연구소

2-2 세달사 영월 발굴 현장사진
ⓒ중부고고학연구소

동방사지東方寺址의 정체

현재 부석사 무량수전을 기준으로 직선거리로 동쪽 400여미터 떨어진 경북 영주시 부석면 북지리 178번지에 옛 건물터가 있다. 이곳에는 본래 보물 제220호 석조여래좌상 2구와 경상북도유형문화재 제130호 동서 삼층석탑이 있었던 곳이다.

이 건물터에 대한 최초의 기록은 1958년 11월 이곳에 있던 석불 2구를 부석사 자인당으로 이안하는 작업을 담당했던 임천林泉이 1961년 『고고미술』에 실은 「영주 부석사 동방사지의 조사」보고서였다.

350165

이후 1994년 국립문화재연구소에서 발간한 『小川敬吉조사문화재자료』에 오가와게이기치小川敬吉와 유리원판으로 남은 일제강점기에 찍은 사진이 공개되면서 불상이안 전의 상황을 보다 상세히 알 수 있게 되었다.[3]

그러나 보물 제220호 영주 북지리 석조여래좌상 등이 있었던 이곳에 대해 임천의 보고서 제목을 그대로 인용하여 '동방사지'라고 단정 지은 논문 등이 다수가 있다. 하지만 보고서 내용을 살펴보면 '동방사'라는 절이 있었다는 의미가 아니라 단순히 '부석사 동쪽에 있는 절터'라는 것을 분명히 알 수 있다.

임천의 보고서에는 '부석사 동방東方인 영주군 부석면 북지리 소재의 사지寺址'라고 밝히고 있다. 그렇지만 이후 이 자료를 인용한 논문 등에서는 제목만을 보고 '동방사'라는 절이 있었던 것처럼 오해하고 부석사 전체 사역에 대한 왜곡을 부추기기에 이르렀다.

이 절터 곧 동쪽 건물지에 대해서는 본문에서 보다 자세히 언급하겠지

[3] 경북 영주시 부석면 북지리 178번지는 보물 제220호로 지정된 북지리석조여래좌상 2구 등이 있었던 절터. 한때 이곳은 부석사 동쪽의 절터라고 쓴 '동방사지(東方寺址)'를 실제 '동방사'라는 절이 있었던 것으로 잘못 알려지기도 했다. ©국립중앙박물관

다시 읽는 부석사

만, 이곳은 부석사 창건시기부터 고려말까지 부석사 사역 중에 매우 중요한 부분을 차지하고 있었던 곳이다. 특히 보물 제220호 출토지는 부석사의 금당金堂이 있었던 곳으로 추정되며, 한국에서 최초의 비로자나 삼신불이 봉안되었던 역사적인 곳으로 확신한다.

뜬금없는 이야기들
사명당 유정 중창설

『전통사찰총서』16경북의 전통사찰, 사찰문화연구원 발행. 2001.의 내용 중 부석사편을 보면 '대대적인 중창으로서는 1580년선조13년 사명대사가 중건하였고.....'라는 글이 나온다. 물론 이 책뿐만이 아니라 여러 편의 부석사 관련 안내서나 인터넷 개인 블로그, 신문기사 등에서도 이 내용이 등장한다.

먼저 사실 여부를 살펴본다. 결론부터 말하자면 사명당 유정泗溟堂 惟政:1544~1610의 부석사 중건설은 부적절하다. 맞다, 틀리다라는 표현 보다는 부적절하다는 표현이 옳다.

사명당의 부석사 중건설은 아마도 무량수전 앞 '안양루' 중건과 관련된 「부석사 안양루 중창기浮石寺安養樓重刱記 이하 중창기」의 저자가 사명대사였던 까닭에 그러한 설들이 등장한 것으로 보인다.

사명대사가 부석사에 머문 시기는 「중창기」를 작성한 1580년 가을 즈음으로 그의 나이 36세 때였다. 이때는 묘향산 보현사 서산대사의 문하로 들어가 정진을 하다가 1578년부터 1586년까지 팔공산, 금강산, 청량산, 태백산 등지에서 수행하던 때였다.

「중창기」 말미에 사명대사는 스스로를 일컬어 '미친 사내狂漢'라 하며 안양루 중수과정을 적고 있다. 「중창기」에는 1555년 화재로 안양루가 불에 타자 1576년 여름 장로 석린石璘스님이 분연히 중건할 뜻을 세워, 1578년 1차 중수를 마치고, 1578년 가을 경휘敬暉 스님이 단청을 마침으로써 안양루가 완전히 중건되었음을 밝혔다.4

「중창기」의 기록만 보더라도 사명대사는 안양루의 실

4 안양루 바닥에는 1555년 화재 당시의 흔적이 고스란히 남아 있다. 2015년 10월 바닥 보강 공사과정에서 확인된 화재 흔적.

질적인 중건에 동참한 것이 아니라 「중창기」를 지은 것으로 확인된다. 따라서 사명대사의 부석사 중건설은 전후 사정을 꼼꼼히 살피지 않고 안양루 중건과 관련된 글이 남아 있다는 것만 가지고 결론을 지은 것은 적절하지 못하다. 특히 현재 남아 있는 「중창기」 뒷면의 묵서는 사명대사가 「중창기」를 쓰기 2년 전인 1578년에 기록되었다는 사실에서도 다시 한번 확인할 수 있다.

뜬금없는 이야기들
사라진 부석사 범종과 그 밖의 이야기들

> '범종각梵鐘閣이 있는데 쇠종을 매달았다. 종의 둘레는 몇 아름이어서 울리는 소리가 매우 장엄하다'
> — 박종朴琮, 1735~1793, 『청량산유록』, 1780년 8월 부석사에서.—

부석사에는 1746년 화재로 소실되었다가 1748년 다시 세운 범종각이 있다. 언제 처음 지어졌는지는 알 수 없지만 이 범종각에는 1780년 즈음 상당한 규모의 범종이 있었던 것으로 보인다.

그러나 이후 범종루의 범종은 어떤 연유인지 소리 소문도 없이 사라졌다가, 1970년대에 들어서 이 범종이 조선말기 흥선대원군 집정 당시 당백전當百錢을 만들기 위해 나라에서 떼어갔다는 이야기로 바뀐다. 🌸 이후 오랫동안 지역사회에서는 부석사 범종루 종의 행방에 대해 대부분 아무런 문제제기 없이 그렇게 받아들였다. 그러나 앞뒤 사정을 살펴보면 당백전을 만들기 위해 종을 떼어갔다는 이야기는 당시 상황에 대한 이해 부족에 따른 낭설에 불과하다.

🌸 송지향 편저, 『순흥향토지』, 순흥면 발행, 1994, 174쪽.

이 부분 또한 본론에서 자세히 언급하겠지만, 결론적으로 말하면 당백전을 만들기 위해 떼어간 것이 아니라 태백산 사고를 지키기 위한 비용을 마련하기 위해 매각되었을 가능성이 더 크다.

이를 뒷받침하는 근거로 직지사성보박물관에 소장되어 있는 부석사 관련 '산송문서山訟文書'와 '토지매매문기土地賣買文記'의 내용을 살펴 볼 수

있다. 두 기록에는 태백산 사고를 지키는 비용을
마련하기 위해 부석사에서는 1868년 즈음 산내
암자를 허물어 기와와 재목을 파는가하면, 소유
하고 있던 토지는 물론 불기佛器와 심지어 가마솥
까지 내다 팔아야하는 지경에 이르렀다고 적고
있다.

5-1 범종루에 걸려 있던 범종은 사
리지고 지금은 목어와 법고, 운판이
걸려 있다.

　사태가 이 지경에 이르자 돈이 될 만 한 몇 아름
크기의 범종은 경비마련에 좋은 재물이 되었을 것
이다. 자료를 바탕으로 추론할 수 있는 범위 내에서 결론을 말한다면 앞서
언급했듯이 태백산사고를 지키기 위한 비용을 마련하기 위해 범종을 어떤
방법으로 든 처분했을 가능성이 보인다.5-1, 2

　이외에도 무량수전 앞 석룡石龍의 허리를 명나라 이여송 장군이 끊었
다든지, 무량수전 아미타불이 왜구, 일본을 제압하기 위해 동쪽을 향해
있다는 등의 그 근거를 알 수 없는 많은 이야기들이 진실인양 지금도 회
자되고 있다.

　무량수전 앞 석룡의 절단에 등장하는 이여송과 관련해서는 박종의

『청량산유록』 1780년 8월 15일 일기에 '다음에는 안양문安養門이 아득히 구름과 하늘 끝에 있다. 임진년에 중국 장수인 이여송李如松 제독이 올라와 보고 말하기를, 악양루岳陽樓에 뒤떨어지지 않는다'라고 하였다는 기록이 등장할 뿐이다.

그러나 이 또한 앞뒤가 안 맞는 내용으로 이여송 장군이 조선으로 구원병을 이끌고 들어와 평양성을 공격한 것은 임진년 이듬해인 1593년 1월 8일 이었다. 이후 그의 행적을 살펴보았지만 그가 부석사 인근에 나타났다는 기록은 확인되지 않는다.

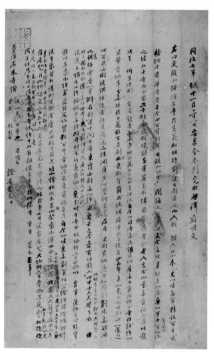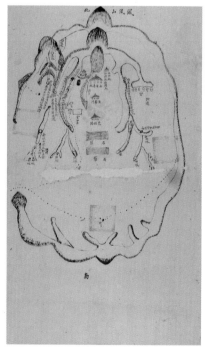

5-2 1868년 당시 부석사 사정을 알 수 있는 「토지매매문기」. ⓒ직지사성보박물관

順興

浮石寺

鶴駕山

* 겸재 정선이 그린 것으로 전하는 『교남명승첩』의 부석사.
© 간송미술관

2장
부석사를 창건하다

／

산천을 두루 돌아보다

부석사를 창건하다

창건이후 통일신라시대의 부석사

2장 ——— 부석사를 창건하다

산천을 두루 돌아보다
신라불교의 유입 통로 죽령과 영주

부석사가 위치한 경북 영주시는 1995년 영풍군과 영주시가 통합되면서 만들어진 9개동 1읍 9개면 199개의 리로 구성된 인구 약 11만명의 지방도시다.

삼한三韓시대에는 진한辰韓의 기저국己柢國이 자리하고 있었으며, 삼국시대에는 지금의 영주와 순흥이 각각 고구려의 내기군奈己郡과 급벌산군及伐山郡이었으며, 통일신라시대에는 영주시는 내령군奈靈郡, 순흥은 급산군岌山郡, 풍기는 기목진基木鎭으로 불렸다. 이후 고려시대에는 영주는 강주剛州, 순안현順安縣, 영주榮州로, 순흥은 흥주興州, 흥령현興寧縣, 순흥부順興府로, 풍기는 기주基州로 불리었다. 조선시대에 이르러서는 영천군榮川郡, 순흥도호부, 기천현, 풍기군으로 변천하였다.

자연환경은 북으로는 소백산맥, 동으로는 태백산맥이 병풍처럼 둘러져 있으며, 남으로는 낙동강의 지류인 내성천이 흐르고 있다. 또한 북으로는 충북 단양군과 강원도 영월군, 동으로는 경북 봉화군, 남으로는 경북 안동시, 서로는 경북 예천군과 경계를 이루고 있다.

영주는 예부터 영남의 인적·물적 교류의 관문으로 문경의 새재와 함께 죽령이 자리 잡고 있다. 또한 부석사 인근에는 강원도 영월과 태백으로 이어지는 마구령이 있어 이곳도 중요한 교통로 중 한 곳이다.

영주지역의 인문환경을 살펴보면 북쪽에 위치한 단양군의 구석기시대 유적으로 볼 때 이곳 또한 그에 상응하는 유적이 있을 것으로 추정되지만 아직까지는 관련 유적이 파악되지 않고 있다. 다만 최근에 영주시 봉현면 대촌리에서 신석기 유적이 확인된바 있다.

청동기 시대에는 영주지역에도 상당한 무리를 이룬 집단이 거주했을 것으로 보이는 지석묘와 가흥동 암각화를 비롯해 다수의 청동기 시대 유적과 유물 들이 출토되고 있다.

6 경북 영주시 순흥 읍내리 고분벽화 모사도. 고구려고분벽화인 각저총에 등장하는 인물과 매우 닮은 꼴이다.

삼국시대의 영주지역은 서기 156년 지금의 조령烏嶺이 개통된데 이어 158년에는 죽령이 열렸다. 그러나 죽령의 개통 시기에 대해서는 일부 이견이 있지만 이후 신라가 발전하는데 있어 매우 중요한 역할을 담당했던 곳임이 분명하다

실례로 『삼국사기』 등에 따르면 영주지역은 한때 고구려의 영토였다고 밝히고 있는데, 순흥 읍내리 벽화 고분군^{사적 제313호}와 같은 관련 유적이 남아 있어 관심을 모으고 있다. 이 고분의 벽화 그림 중 뱀을 붙잡고 달리는 인물상의 경우 중국 길림성吉林省 집안현集安縣 여산如山에 있는 고구려시대의 벽화고분인 각저총에 등장하는 씨름하는 인물의 얼굴과 매우 닮아 있어, 당시 고구려 문화의 유입 및 관련성을 짐작케 한다.[6]

죽령과 더불어 고구려의 영토에 편입되었던 영주지역은 신라 소지왕 대인 5세기경에 신라의 영토가 되면서 북방전진 기지로 자리 잡게 된다. 이와 관련 『삼국사기』에는 몇 가지 사건이 등장한다. 이는 향후 신라로의 불교 전래과정에 있어서 매우 중요한 단서를 제공하고 있다. 즉 소지왕이 조령과 죽령 지역인 선산과 영주에 행차하여 지역민들을 보살피는 행적이 그것이다.

『삼국유사』에 신라 진평왕 9년⁵⁸⁷ 지금의 대승사가 있는 사불산 정상

에 사방불四方佛이 나타났다는 기록은 사방불이 신라의 역사기록에 처음 등장하는 사례이다. 비슷한 시기6세기에 백제지역인 충남 예산 화전리 사면석불보물 제794호이 조성되었다는 것도 주목할 만하다. 이 기록처럼 사방불이 신라의 수도 서라벌이 아닌 변방, 즉 국경지대인 죽령과 조령의 중간지점인 소백산맥에 위치해 있다는 사실은 여러모로 시사하는 바가 크다.[7]

또한 신라에 불교를 전한 아도화상의 행적을 살펴보면 조령과 죽령에 인접한 지역에서 불교 혹은 그 문화가 이미 자리 잡고 있었을 것으로 보는 건 크게 무리가 아니라고 여겨진다. 신라의 불교공인이 법흥왕 15년528의 일이며, 사불산에 사방불이 조성된 것은 587년의 일이다.✹

[7] 신라 진평왕 때인 587년에 조성된 경북 문경 사불산 사방불.

✹『삼국유사』에는 진평왕 9년 갑신(甲申)년으로 되어 있는데 진평왕 9년은 정미(丁未)년 즉 587년이다. 진평왕대의 갑신년은 624년으로 진흥왕 재위 46년이다. 이보다 앞선 갑신년은 564년으로 진흥왕 25년에 해당한다.

삼국시대에 작은 금동불이나 경전 등은 손쉽게 이동이 가능하지만, 석불의 경우 그 무게와 규모로 보아 이동이 사실상 불가능하다. 특히 산정상의 석불이나 마애불과 같이 이동 그 자체가 불가능한 것은 매우 중요한 의미를 가진다.

바로 '문화의 정착'이라는 점이다. 석불은 바로 불교문화의 정착을 의미한다. 단순한 이동과정에서 이루어진 일회성 결과물이 아닌 그 지역에서 문화적으로 정착했음을 보여주는 단적인 예이기 때문이다.

한국의 불교는 삼국시대에 전래되었다. 먼저 고구려는 소수림왕 2년인 372년에, 전진前秦:315~394의 왕 부견符堅:357~385이 사신과 함께 순도順道를 보내 불상과 불경佛經을 전했고, 2년 후인 374년에 아도阿道가 들어와 성문사省門寺 혹은 초문사肖門寺와 이불란사伊弗蘭寺를 세운 것이 한국 사찰의 시작으로 알려져 있다.

백제百濟는 고구려보다 12년 늦은 침류왕枕流王 1년384에 인도의 승려 마라난타摩羅難陀가 동진東晋:317~420으로부터 왔는데, 왕이 직접 환영하여 맞이하는 등 예로써 공경하였다. 그 이듬해 한산漢山에 절을 짓고 승려 10

명을 머물게 했다. 고구려와 백제의 불교전래 시기는 사실상 각 국가에서 불교를 공인한 시기로 아마도 그 이전에 두 나라 모두 불교에 대한 이해와 관심은 충족된 상태였다고 본다.

신라의 불교전래는 고구려와 백제와는 다른 모습을 보이고 있다. 또한 전래 시기에 있어서도 큰 차이를 보이고 있다. 신라불교의 처음 전래에 대해서는 『삼국유사』에서 제13대 미추왕味鄒王:262~284 2년263에 고구려의 승려 아도阿道가 와서 불교를 전했다는 설과, 19대 눌지왕訥祇王:417~458 때 고구려의 승려 묵호자墨胡子가 선산 모례毛禮의 집에 머물며 불교를 선양했다는 설, 또 21대 소지왕炤知王 혹은 비처왕:재위 479~500 때 아도화상阿道和尙이 시자侍者 세 사람과 같이 모례毛禮의 집에 있다가 아도는 먼저 돌아 가고 시자들은 포교했다는 설 등이 전하고 있다.

이 같은 신라 불교전래와 관련된 기사를 보면 일선군 즉 지금의 선산善山지역이 모두 언급되고 있다. 선산지역은 문경 새재계립령와 영주의 죽령에서 각각 흐르는 지류가 낙동강을 이루는 지점의 남쪽에 자리 잡고 있다. 따라서 선산은 낙동강 수로를 통해 경주로 향하는 거점 도시였을 것으로 보인다. 특히 신라의 불교전래 기록 중 고구려에서 온 사문 묵호자가 일선군에 왔다고 한 점과, 양나라에서 보낸 향의 용도를 알기위해 나라 안을 돌아다니던 중 묵호자를 만난 일은 이를 반증한다고 볼 수 있다.

그렇다면 신라불교 초전의 길은 어디였을까.

앞서 언급한 바와 같이 계립령과 죽령을 들 수 있다. 묵호자나 아도가 계립령을 넘었다면 바로 문경을 거쳐 바로 선산에 이르렀을 것이지만, 죽령이었다면 지금의 예천과 문경지역을 거쳤을 것이다.

계립령과 죽령이북 지역인 충주와 단양의 역사를 살펴보면 충주는 5세기 후반까지 백제의 영토였다가 이후 고구려의 영토가 되었다. 이후 6세기 중반인 551년에 신라 땅에 속했다. 이처럼 551년 이전 까지는 단양지역은 고구려의 영토였다.

이를 볼 때 고구려의 사문 묵호자가 눌지왕 재위기간인 5세기 초에서 중반 무렵 신라로 넘어왔다면 당시 고구려의 영토였던 죽령을 통했을 것으로 보인다. 이후 비처왕때 아도화상이 신라로 온 경로 또한 당시 삼국

✻ 392년에 고구려의 백제 석현성(石峴城) 공략 등 4세기~5세기 백제와 고구려와의 갈등 관계를 종합해보면 고구려 승려나 민간인이 충주지역을 통과하여 신라로 넘어간다는 것은 매우 어려운 일이었을 것이다. 이는 의상과 원효가 당나라로 첫 번째 유학을 시도했던 7세기 중반 당시 고구려와 신라의 관계 악화로 인해 고구려군에게 잡혀 억류된 사실에서도 알 수 있다.

8 눌지왕대 신라에 불교를 전한 묵호자가 창건했다고 전하는 충북 단양군 향산사지 삼층석탑. 보물 제405호.

간의 국경을 감안한다면, 죽령을 거쳤을 것으로 여겨진다. 특히 계립령의 배후 도시인 충주지역은 최근 4세기경에 유지되었던 백제의 제철 유적이 확인됨에 따라 이 지역을 통한 고구려인의 통행에는 상당한 제약이 있었을 것으로 추정된다.✻

이와 관련, 단양군에 구전되는 설화 중 단양군 가곡면 향산사지香山寺址에 얽힌 것이 있다. 향산사는 눌지왕대 신라에 불교를 전한 묵호자가 창건했다고 한다. 현재 향산사지에는 보물 제405호로 지정된 통일신라시대의 3층 석탑이 남아 있다. 이처럼 고구려 불교의 남쪽 전래 즉 신라로의 전래는 죽령을 통했을 가능성이 매우 높다.8

여기에 묵호자가 선산지역에서 포교활동을 했던 눌지왕대는 고구려와 관계가 우호적인 상황이었던 점을 고려한다면, 백제 점령지역인 충주를 거치는 계립령 보다는 고구려 관할인 단양을 거쳐 죽령을 넘어 선산에 이르는 것이 수월했을 것이다.

이후 소지왕대에 이르러서는 왕이 친히 선산지역을 찾아 수해를 입은 백성들을 위로하고483년, 선산의 홀아비, 과부, 고아 등을 위문하고 곡식을 내렸다.488년 497년에는 내기군奈己郡:영주에 행차하여 군인郡人 파로波路의

다시 읽는 부석사

딸 벽화碧花를 후궁으로 삼아 왕궁 별실別室에 두고 아들 하나를 낳았다고
한다. 여기에 등장하는 파로波路의 관직은 눌지왕대 묵호자를 자기 집에
은거케 했던 모례毛禮와 같은 직책인 군인郡人으로 확인된다.

이처럼 당시의 정세와 기록을 통해 볼 때 육로를 통한 신라불교의 유
입경로는 죽령일 가능성이 매우 높다. 이는 이후 영주지역을 중심으로 한
6세기부터 7세기 즉 신라의 불교공인 이후 통일신라시대까지 이 지역에
서 조성 및 출토된 석불과 금동불 등의 출토 사례로 볼 때, 신라의 수도였
던 경주보다 먼저 불교문화가 확산되고 있었음을 추정할 수 있다.

산천을 두루 돌아보다
복선福善의 땅에 먼저 터를 잡은 이들이 있었으니

676년 의상대사가 현재의 자리에 부석사를
창건할 즈음 그 터에 먼저 자리를 잡고 있던 이들이 있었다. 『송고승전』에
는 그들을 일러 '권종이부權宗異部'라 하고, 그들이 있던 곳을 '가람伽藍'이라
하였다. 또한 그 무리를 '군승群僧'으로 표
현하고 그 수를 500여명이라고 적고 있다.

부석사가 창건된 676년 이전 지금의
부석사 일원에는 이 지역을 장악하고 있
던 한 세력이 존재하고 있었고, 이 터를
둘러싸고 의상대사와 기존 세력과의 갈등
이 있었음을 『송고승전』은 적고 있다.

그렇다면 그 권종이부는 누구일까.

현재 부석사 인근인 경북 봉화군 물야
면 북지리에는 국보 제201호 봉화 북지리
마애여래좌상과 함께 인근에서 발견된 보
물 제997호 석조반가상 등을 비롯하여 낙
동강 지류인 내성천을 따라 영주 신암리에 보물 제680호 신암리 마애여
래삼존상과 영주시 가흥동의 보물 제221호 영주 가흥리 마애불상군 등
7세기 무렵에 조성된 석불들이 남아 있다.[9]

9 영주 가흥리 마애불상군. 보물 제
221호. 7세기 제작된 이 마애불상군
을 통해 의상스님 이전에 영주지역에
서 활동한 불교세력의 흔적을 확인할
수 있다.

이는 676년 의상대사가 부석사를 창건하기 이전에 이 지역에 토착화된 불교세력이 있었음을 의미한다. 『송고승전』에 등장하는 권종이부는 북방불교의 영향아래 자생적으로 발전해 온 신라의 토착 불교세력으로 볼 수 있다. 이는 선산지역에서 아도나 묵호자를 후원하고 함께 수행했던 모례의 예로 볼 때 그 가능성은 매우 짙다.

죽령을 중심으로 영주지역을 장악했던 세력들은 영주 곳곳에 그 흔적을 남겨 놓았다. 특히 주목해야 될 부분이 영주시 순흥에 있는 벽화 고분을 비롯하여 다수의 5~6세기 고분들이 산재해 있다는 점이다. 이들 벽화 고분은 5세기를 전후한 시기에 조영된 것으로, 이 시기는 신라의 북방진출이 활발하게 이루어진 때이기도 하다.

이보다 앞선 시기 유적으로는 청동기시대 대표적인 유적인 지석묘를 들 수 있다. 부석사 동쪽지역인 봉화군 오록리, 북지리, 계단리에는 다수의 지석묘가 있는 것으로 보아 청동기시대부터 사람들이 살아왔음을 알 수 있다.

청동기시대 이후의 유적으로는 부석면과 물야면의 경계이며, 과거 부석사 사역범위 안에 6세기 무렵 조성된 횡혈식 석곽분이 다수 존재하고 있다. 이 고분들은 부석사 무량수전에서 직선거리로 불과 1㎞도 채 안되는 거리에 위치하고 있다. 특히 부석사 경내에서는 2015년에 마제석부磨製石斧 1점이 발견되었는데, 호피석으로 만든 동일한 유물이 봉화군 명호면 삼동리에서도 출토된바 있다. ✾10

『송고승전』에 등장하는 '권종이부'는 바로 이 지역을 오랫동안 장악하고 있던 토착세력으로, 이들은 5세기 이전 고구려의 지배와 영향권 아래 있었다. 그러나 5세기 이후 신라가 이곳을 장악하면서 신라로 귀속되었지만 오랫동안 고구려의 영향력 아래 있었던 결과 순흥벽화고분과 같은 고구려풍의 유적을 조성한 것으로 보인다.

사적 238·313호로 지정된 순흥 어숙묘와 읍내리 고분벽화 속에 등장하는 연꽃문양 등으로 볼 때 5세기 중반에는 불교문화가 이 지역에 정착되었던 것으로 보인다. 특히 읍내리 고분 벽화에서 확인된 명문 중 '기미중묘상인명己未中墓像人名'의 기미년은 벽화의 양식 등을 고려 할 때 신라 소지왕 원년인 479년경으로 추정되고 있다.[11]

10 청동기시대 제작된 것으로 보이는 마제석부(磨製石斧)가 2015년 10월 안양루 아래 석축 보수 공사과정에서 발견됐다. 동일한 재질의 유물이 인근 봉화군 명호면에서도 출토된바 있다.

✾ 『봉화군지(奉化郡誌)』, 봉화군지편찬위원회. 1988. pp671~672.

11 경북 영주시 순흥 읍내리 고분벽화의 '기미중묘상인명(己未中墓像人名)' 묵서.

新羅國師華嚴宗主義湘大師真

특히 순흥 읍내리 고분벽화의 인물상과 연화문, 특히 이 벽화의 인물상은 중국 길림성 집안현 여산에 있는 고구려의 벽화고분인 각저총에 등장하는 씨름하는 인물의 얼굴과 매우 닮아 있다. 이점은 삼국시대 영주지역은 고구려 문화가 깊숙이 자리 잡고 있었으며, 이를 바탕으로 당시 고구려의 불교도 전래되어 신앙되었을 것으로 추정된다.

『삼국사기』에서는 이들 지역에 대해 고구려 영토였을 당시 지금의 영주시 순흥면은 급벌산군及伐山郡, 봉화군 봉화읍은 고사마현古斯馬縣으로 불리다가 신라로 복속된 뒤 경덕왕대에 이르러 급산岌山과 옥마玉馬로 개명되었다고 한다.

『삼국사기』에는 신라 초기인 일성왕逸聖王 5년138과 기림왕基臨王 3년300에 태백산에서 제사를 지냈다고 했다. 특히 신라에서 중사中祀를 지낸 오악五岳 가운데 하나인 '태백산太白山'의 위치를 내기군柰己郡 즉, 지금의 영주시를 포함하여 안동시 예안면과 봉화군 봉성면으로 비정하고 있다.✎ 이를 종합해볼 때 부석사 주변지역은 신라초기부터 북방 진출의 교두보로서 전략적 거점이었다. 동시에 국가적 제사가 행해지는 등 신성시되었던 곳임을 알 수 있다. 의상대사가 부석사 창건 이전에 이러한 곳에 정착한 이들을 『송고승전』에서는 '권종이부'라고 표현한 것으로 보인다.

✎ 지명에 포함된 지역에 대해서는 현재와는 많이 다를 것으로 보인다. 태백산 중사를 지낸 장소에 대해서는 현재의 태백산 천제단을 일반적으로 지목하고 있다.

부석사를 창건하다
의상대사의 생애와 구법의 여정

부석사를 창건한 의상대사의 생애와 행적에 대해서는 『삼국유사』, 『삼국사기』, 『송고승전』 등을 바탕으로 고려 이후 『동사열전』 등과 같은 조선시대 전기傳記가 남아 있다. 이 가운데 의상대사의 출생과 입적 관련해서는 『삼국유사』에서 인용한 '부석본비浮石本碑'가 있지만 그 실체는 전하지 않고 있다. 앞서 언급한 자료와 함께 『화엄경문답』, 『법계도기총수록』, 『일승법계도원통기』 등을 바탕으로 의상대사의 출생에서부터 부석사 창건 직전까지의 행적을 살펴보자.

한국 화엄종의 시조인 의상대사는 성은 김金씨이며, 아버지의 이름은

'한신韓信'으로 진평왕 47년625에 계림경주에서 태어났다. 15세 즈음에 출가하였다.🐝 진덕왕 4년650에 원효와 당나라 유학을 시도하였지만, 요동 지역에 이르러 고구려 군이 그들을 간첩으로 여겨 수 십 일 동안 붙잡았다가 풀어주었다.13-1, 2

　당으로 유학을 포기하지 않았던 두 사람은 660년 즈음 다시 당으로 들어가고자 하였다. 하지만 원효는 도중에 크게 깨달은 바가 있어 발길을 돌렸고, 의상은 661년 종남산終南山 지상사至相寺에서 지엄화상智儼和尚:602~668의 문하에 들어가 화엄을 공부하였다.

　의상이 당 양주揚州에 도착하여 그곳의 주장州將 유지인劉至仁의 환대를 받

🐝 『삼국유사』 '의상전교'에는 29세에 황복사에서 출가하였다고 한다. 송광사성보박물관 소장 『불조록찬송(佛祖錄讚頌)』(금명보정((錦溟寶鼎:1861~1930) 1921년 편찬)에는 진평왕 42년(620)에 출생한 것으로 되어 있다.

13-1 일본 고잔지(高山寺)에 소장된 「화엄연기회권(華嚴緣起繪卷)」의 의상대사와 선묘의 만남 장면. 『화엄연기-화엄종조사회전』, 가도카와 겐요시(角川源義), 김경남 역, 민족사, 1996. 6, 19쪽 인용.

13-2 의상대사가 출가했다고 전하는
경주 황복사지.

고 얼마 안되어 종남산 지상사에 이르러 지엄화상을 만났다. 의상이 양주에 도착하여 유지인의 집에 머물 때 '선묘善妙'라는 여인을 만나게 된다. 첫눈에 의상에게 반한 선묘는 이내 의상의 깊은 신심에 감복하여 세세생생世世生生 제자가 되어 대시주가 되겠다고 맹세를 하였다.

지엄은 의상을 만나기 전날 밤 큰 나무 하나가 해동海東에서 났는데 가지와 잎이 널리 퍼져서 신주神州:중국까지 와서 덮는 꿈을 꾸었다. 그 나무 가지위에 봉황의 집이 있어 올라가보니 그 안에 마니보주摩尼寶珠 하나가 있었다. 보주의 광명이 먼 곳까지 비추는 꿈을 꾼 다음날 지엄은 의상을 만나 조용히 "내가 꾼 꿈은 그대가 내게 올 징조였다"며 입실入室을 허락하였다.

이후 의상은 지엄에게 『화엄경』을 배워 총장 원년668 『화엄일승법계도華嚴一乘法界圖』를 지었다. 의상이 지엄에게 화엄을 배울 때 인근에 있던 남산율종의 개조였던 도선율사道宣律師, 596~667와 친분을 쌓았다. 당시 도선은 재를 올릴 때 마다 천상天上의 주방에서 공양물을 보냈는데, 하루는 의상을 초청하여 재를 지냈다. 그러나 어찌된 일인지 때가 되어도 천상의 공양물이 도착하지 않았다. 의상이 빈 발우만 들고 돌아가자 그때 천사天使가 내려와 도선에게 말하기를 "온 동네에 신병神兵이 막고 있어서 들어올 수가 없었습니다."라고 했다. 도선은 의상에게 신의 호위가 있는 것을 알고는 그의 도가 자신보다 높음을 알고 탄복하였다. 이러한 인연으로 제석궁에 보관 중이던 부처님의 어금니 사리舍利 40개 중 하나를 얻어 예배 하고 대궐에 안치하였다.

668년 완성한 『화엄일승법계도』는 지엄의 문하에서 화엄을 공부할 때 꿈속에 신인神人이 나타나 의상에게 "네 자신이 깨달은 바를 저술하여 세상 사람들에게 베풀어 줌이 마땅하다."고 하였다. 또 꿈에 선재동자善財童子가 총명약聰明藥 10여 알을 주었으며, 청의동자青衣童子가 세 번째로 비결祕訣을 주었다.14

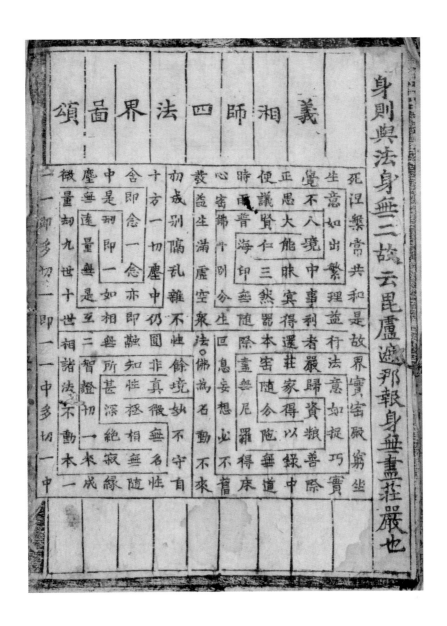

義相師四法界圖頌

身則與法身無二故云毘盧遮那報身無盡莊嚴也

覺生死涅槃常共和是故界實寶窮坐

正思大能三昧然器得本窭莊歸資粮善

便議賢仁印三然器隨陈盡妄想業不舊道中

心益生滿盧空衆法

發益別隔亂雜不然餘境妙不守來

十方一切塵中仍圓非真微無名性

舍中即是那即一念亦即無所甚深絶一本來成緣隨性

塵無遠量却九世十相諸法不動一中多切

一微量却九世十相一卽多切一卽一中多切一

14 「화엄일승법계도」. 송광사성보
박물관 소장 「제반문(諸般文)」. 1721
년 무등산 증심사 간행.

지엄이 이 말을 듣고 "신인이 신령스러운 것을 줌이 나에게는 한 번이 었는데, 너에게는 세 번이구나. 널리 수행하여 그 통보通報를 곧 표현하도록 하라."고 하였다. 의상이 명을 따라 그 터득한 바를 부지런히 써서 『십승장十乘章』10권을 엮고, 지엄에게 잘못을 지적해 달라고 청하였다.

지엄이 이를 읽어 본 후 "뜻은 매우 아름다우나 말은 오히려 옹색하다."고 하였다. 이에 의상은 다시 번거롭지 않고 어디에나 걸림이 없게 고쳤다. 지엄과 의상이 함께 불전佛前에 나아가 그것을 불사르면서, "부처님의 뜻에 계합契合함이 있다면 원컨대 타지 말기를 바랍니다."고 서원하였다. 이렇게 불속에 던져 타고 남은 『십승장十乘章』의 나머지를 수습하였더니 210자가 되었다. 의상은 그것을 모아 다시 간절한 마음을 담아 기원하면서 맹렬한 불길 속에 던졌으나 마침내 타지 않고 남았다.

지엄은 눈물을 흘리면서 감동하여 칭찬하였고, 의상은 그 210자를 연결하여 계偈를 만들기 위해 며칠 동안 방문을 걸어 잠그고 정진하여, 마침내 『화엄일승법계도』를 만들어 내었다.

의상대사 부석사를 창건하다
복선福善의 땅에 부석사를 이루다

『화엄일승법계도』를 만들고 얼마 뒤 지엄화상이 입적하였다. 그러나 슬픔에 잠길 사이도 없이 의상은 귀국을 서둘러야 했다. 668년 고구려까지 멸망하자 당은 신라를 정벌하고자 했다. 이후 675년 매초성 전투에서 최후의 승리를 거두기까지 신라와 당은 계속 대립하였다.

669년 당 고종高宗은 50만 대군을 훈련시켜 장차 신라를 칠 준비를 하였다. 마침 귀국을 준비하던 의상은 장안長安에서 숙위宿衛 중이던 김인문金仁問을 만나 당나라의 신라 침공계획을 듣고 귀국 준비를 더욱 서둘렀다.

의상이 지상사에서 수학하고 있을 때 물심양면으로 후원을 했던 선묘에 대한 고마움을 표시할 시간도 없이 그는 급히 신라로 향하는 배에 올랐다. 선묘는 의상의 귀국 소식을 듣고 법복과 준비해둔 공양물을 전달하고자 하였으나 의상이 탄 배는 이미 떠나고 난 뒤였다.

선창에서 멀리 떠나가는 배를 바라보던 선묘는 "본래 진실한 마음으로 법사를 공양했으니 원컨대 이 법복을 담은 상자가 스님에게 전달되길 바란다"는 말을 마치고 상자를 바다에 던졌다. 상자는 이내 깃털처럼 날아가 배안에 떨어졌다. 선묘는 다시 서원하기를 "이 몸이 큰 용이 되어 법사가 타고가시는 배를 호위하여 무사히 본국에 도착하여 법을 전하게 하소서"라며 바다에 몸을 던졌다. 선묘의 지극한 마음은 하늘도 감동시켜 마침내 용이 되어 의상이 탄 배를 무사히 신라에 닿게 하였다.

신라에 도착한 의상은 문무왕을 만나 당의 침략 계획을 알리고 한동안 자신이 출가한 서라벌 황복사에 머물렀다. 의상이 황복사에 있을 때 무리들과 함께 탑을 돌았는데, 매번 계단을 이용하지 않고 허공에 떠서 탑을 돌았다. 그러므로 그 탑에는 계단이 설치되지 않았고, 그 무리들도 층계에서 3척尺 가량을 공중에 떠서 돌았다. 어느 날 의상이 탑돌이를 하다 돌아보며 말하기를, "세상 사람이 이를 보면 반드시 괴이하다고 할 것이니 이는 세상에 가르칠 것은 못 된다"고 하였다.

의상이 황복사에 머물고 있을 당시 서라벌에는 선덕왕善德王, ?~647의 병을 치료했던 밀본密本법사의 뒤를 이어 명랑明朗 등의 신승神僧들이 활동하였다. 특히 명랑은 문두루文豆婁 비법을 통해 신라를 침공하려던 당나라 군대를 물리치는 등 왕실로부터 큰 신임을 얻어 세력을 확장하고 있었다. 이러한 상황 속에서 의상은 이들과의 대립을 피해 서라벌을 떠나 화엄을 꽃피울 새로운 터전을 찾아 나섰다.

의상은 경주를 떠나 관음진신을 찾아 동해안을 따라 북쪽으로 향했다. 사람들이 '낙산洛山'이라 부르는 곳을 찾아가 지극한 마음으로 7일간 재계齋戒를 한 후 이른 새벽 좌구座具, 방석를 물위에 띄웠다. 곧이어 천룡팔부天龍八部의 시종들이 찾아와 그를 근처의 굴속으로 안내하여 수정염주 한 꾸러미를 주었고, 동해 용왕은 여의보주如意寶珠 한 알을 바쳤다. 의상은 이를 받들고 다시 7일간 재계를 하고나서 관음진신觀音眞身을 만났다.[15]

15 의상대사가 관음진신을 만나고 창건한 강원도 양양 낙산사 원통보전.

관음보살은 의상에게 "네가 앉아 있는 이곳 산마루에 한 쌍의 대나무
가 솟아날 것이니 그곳에 불전佛殿을 지어라"라고 하였다. 의상이 굴에서
나와 산마루에 오르니 과연 대나무가 땅에서 솟아나왔다. 그렇게 의상은
낙산사를 창건하고 금당金堂에 흙으로 빚은 관세음보살상을 봉안하고 자
신이 받은 염주와 여의보주를 안치하였다.

이때 의상이 관음굴에서 예배 발원한 글이 있는데, 이것이 바로 『백화도
량발원문白花道場發願文』이다.[16]

저희들의 본사이신 백화도량 관세음께
머리 숙여 조아리며 지성 귀의 하옵니다.
관음보살 대성인의 대원경지 살피옵고
저희들의 본래 맑은 참된 성품 살펴보니
참 생명의 본바탕은 서로 평등하옵니다.
그러하나 우리본사 관음보살 대성인은
저 하늘의 밝은 달이 온 누리를 비추면서
강물마다 그림자를 남김없이 나투듯
장엄하신 상호들을 그지없이 갖추었고
어리석은 저희들의 헛꽃같은 모습들은
집착해도 언젠가는 부질없이 사라지니
지은대로 받는 과보 의지하여 사는세상
깨끗함과 더러움 즐거움과 괴로움이
보살님과 저희들은 서로각각 다릅니다.

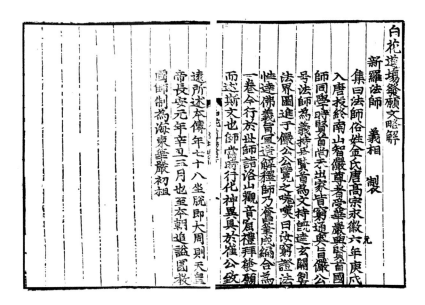

白花道場發願文略解

新羅法師 義相 製

九

集曰法師俗姓金氏唐高宗永徽六年庚戌
入唐投終南山智儼尊者受華嚴與賢首國
師同學時賢首旣出家旨窮遠奧旨儼公
号法師爲義持其賢首爲文持旣達玄關製
法界圖進于儼公公覽之嘆曰汝窮證法
性達佛義旨遂解纏師乃奮筆業成編合爲
一卷今行於世師誌諂山觀音窟禮拜懇願
而述斯文也師當時行化神異具於崔公致
遠所述本傳年七十八坐脫即大周則天皇
帝長安元年辛丑三月也至本朝追諡圓教
國師制爲海東華嚴初祖

16 『백화도량발원문약해白花道場發願文略解』, 국립중앙도서관 소장.

그러해도 이내몸은 다른 것이 아니오라
저희본사 관음보살 거울속의 몸이오며
본사이신 보살님도 다른 분이 아니오라
내 마음의 거울 속에 나타나신 님이시니
당신속의 나의 몸이 내 맘속의 당신에게
제가 이제 귀명하며 머리 숙여 절하옵고
지극정성 간절하게 큰 서원을 발하오니
거룩하고 그윽하신 가피 내려 주옵소서.
우러러 바라옵건대
이 제자는 영원토록 세세생생 날 적마다
관음보살 대성인을 스승으로 모시면서
보살께서 이마 위에 아미타불 받들듯이
저도 또한 그와 같이 보살님을 따르리다.
열 가지 큰 서원과 여섯 갈래 회향으로
쉬지 않고 살피시는 천개의 손과 천개의 눈
사랑하고 애달프신 끝이 없는 대자대비
그와 같은 모든 것을 저도 또한 갖추리다.
몸을 버릴 이 세상도 몸을 받을 저 세상도
모양새가 하는 대로 그림자가 따르듯이

머무시는 곳이라면 어디에나 나투면서
언제든지 미묘하신 님의 설법 들으오며
진리로써 교화하는 님의 서원 도우리다.
시방법계 온 누리의 모든 이웃 중생들이
대비신주 외우면서 님의 모습 생각하여
원통삼매 성품바다 함께 들게 하오리다.
다시 소원 있사오니 저의 과보 마칠 때에
대성께서 광명 놓아 몸소 저를 이끄시면
온갖 공포 여의고서 몸과 마음 안락하며
찰나 사이 거룩한 백화도량 왕생하여
모든 보살들과 바른 법을 같이 듣고
진리의 바다에 들어
생각마다 묘한 지혜 더욱더 밝혀
부처님의 무생법인 드러나게 하옵소서.
이제 큰 서원을 발원하오며
관세음보살님께 머리를 조아려 지극한 마음으로 귀의하옵니다.

稽首歸依　觀彼本師　觀音大聖　大圓鏡智
亦觀弟子　性靜本覺　所有本師　水月莊嚴
無盡相好　亦有弟子　空化身相　有漏形骸
依正淨穢　苦樂不同　苦樂不同　我今以此
觀音鏡中　弟子之身　歸命頂禮　弟子鏡中
觀音大聖　發誠願語　冀蒙加被　惟願弟子
生生世世　稱觀世音　以爲本師　如彼菩薩
頂戴彌陀　我亦頂戴　觀音大聖　十願六向
千手天眼　大慈大悲　悉皆同等　捨身受身
此界他方　隨所住處　如影隨形　恒聞說法
助揭眞化　普令法界　一切衆生　誦大悲呪
念菩薩名　同入圓通　三昧性海　又願弟子
此報盡時　親承大聖　放光接引　離諸怖畏
身心適悅　一刹那閒　卽得往生　白華道場
與諸菩薩　同聞正法　入法流水　念念增明
現發如來　大無生忍　發願已了　歸命頂禮
觀自在菩薩摩訶薩.

낙산사에서 관음보살을 친견한 의상은 다시 화엄의 큰 가르침을 뿌리내릴 터전을 찾아 산천을 돌아다니다가 마침내 태백산 자락에서 그 뜻을 펼칠만한 장소를 발견하였다.

이와 관련 『송고승전』에서는 다음과 같이 그때의 일을 전하고 있다.

의상이 당에서 돌아온 뒤 산천山川을 두루 살펴보다가 전란과 재난이 미치지 않는 복된 땅에 이르러 말하길 "이 땅은 아주 훌륭하고 신령스런 산으로 법륜을 굴릴만한 땅인데, 어찌 권종이부權宗異部가 무리를 지어 살고 있는가"라고 했다. 의상이 곰곰이 생각하기를 대화엄의 가르침은 복선福善의 땅이 아니면 흥할 수 없음을 깨닫고, 오랜 고생 끝에 만난 길지吉地가 이미 다른 이의 터전이 되었음을 안타깝게 여겼다.

이때 의상을 항상 따르며 수호하던 선묘용善妙龍이 스님의 마음을 알아채고 몸을 나투어 허공 중에 큰 바위로 변해 권종이부들이 살던 마을을 이리저리 날아 다녔다. 허공을 날아다니는 큰 바위를 본 권종이부들은 너무나 놀라 어찌 할 바를 모르고 우왕좌왕하면서 사방으로 흩어져 달아났다.

마침내 의상이 그 절에 들어가 화엄의 큰 가르침을 펼치니, 겨울에는 따뜻하고, 여름에는 시원한 곳을 찾듯 부르지 않아도 사방에서 의상의 가르침을 듣고자하는 이들이 모여들었다.

17 행정구역상 경북 봉화군 오전리와 영주시 부석면 북지리의 경계에 6~7세기 고분군이 다수 확인된다. 이 고분군의 주인공들이 『송고승전』에 등장하는 의상대사의 부석사 창건을 방해한 '권종이부'로 추정된다.

『삼국사기』에서는 의상의 부석사 창건과 관련하여 '의봉儀鳳 원년元年인 676년 2월 부석사를 창건하였다'는 기록만 간략하게 전하고 있다. ✹ 그러나 『삼국유사』에 등장하는 여러 신비한 이야기들을 생각해보면 왜 『송고승전』에 등장하는 선묘와 그녀가 화현한 용의 이야기는 등장하지 않는지 의문이다. 황룡사를 지을 때 황룡이 나타났다는 얘기나 여러 스님들의 신비한 행적 등을 생각해보면 쉽게 이해가 되지 않는다. 그러나 한편으로는 아직 세상에 드러나지 않은 부석본비나 의상대사비에 이런 내용이 남아 있었지만, 『삼국유사』 저술 당시 그 내용이 길어 이를 생략

✹ 『삼국유사』에는 조정의 뜻을 받들어 부석사를 세웠다(奉朝旨創浮石寺)고 하였다.

했다면 충분히 이해가 될 수 있는 부분이긴 하다.

한편『송고승전』에 등장하는『권종이부權宗異部』에 대해 여러 가지 설들이 제기되고 있다. 산악신앙을 추종하던 토속종교 세력, 산적과 같은 도적의 무리, 당시 태백산 일대에서 터전을 잡은 불교 세력 등등이다.[17]

일단 이들에 대한 성격은『송고승전』의 기록을 바탕으로 본다면 '불교'와 관련이 깊다. 가람伽藍과 군승群僧이라는 표현으로 봐서 의상 이전에 현재의 부석사 터를 기반으로 활동하고 있었던 불교세력이 있었음을 적시하였다고 본다.

이를 뒷받침할 근거로 경북 봉화 북지리 마애여래좌상국보 제201호과 주변의 마애불상 및 탑상군을 들 수 있다. 또한 영주 신암리 마애삼존불보물 제680호과 영주 가흥동 마애삼존불상군보물 제221호도 의상 이전에 영주·봉화지역에 불교세력이 정착하고 있었음을 보여주는 대표적인 유적과 유물들로 볼 수 있다.

특히 봉화 북지리 출토 석조반가상보물 제997호. 경북대박물관 소장의 경우 조성연대가 7세기 초반이라는 점을 고려한다면 '권종이부'와 같은 의미로 사용된 '군승群僧'의 성격은 더욱 명확해진다.[18] 또한 봉화 북지리 마애여래좌상이 위치한 곳은 '한절'이라는 신라시대 사찰과 함께 주변에 27개의 사찰이 있었으며, 여기에 500여명의 승려들이 수도하고 있었다고 한다. 여기에 부석사가 있는 영주시 부석면 북지리와 경계인 봉화군 물야면 오전리에 6~7세기에 만들어진 석실분石室墳들이 남아 있는데 이 또한 이들이 남긴 흔적이 아닐까 한다.

결국『송고승전』에서 부석사를 선점하고 있던 권종이부는 의상 이전에 이곳에 터를 잡았던 지방 세력과 함께 이들이 신봉했던 불교세력이었을 가능성이 크다.

18 경북 봉화 북지리 석조반가상(奉化 北枝里 石造半跏像.보물 제997호). 경북대박물관 소장.

창건이후 통일신라시대의 부석사
화엄을 넘어 한국불교의 근간을 세우다

"조정의 뜻을 받들어 부석사를 세우고 대승大乘을 폈더니 영감이 많이 나타났다."

『삼국유사』 의상전교義湘傳教

"일찍이 군대에 있을 때 사람들이 의상법사가 태백산에서 설법을 하여 사람들을 이롭게 한다는 말을 듣고....."

『삼국유사』 진정사 효선쌍미眞定師 孝善雙美

"의상이 곧 절로 들어가 화엄의 큰 가르침을 펼치니 겨울에는 따뜻하고 여름에는 시원한 곳으로 사람들이 모이듯 부르지 않아도 그 문하로 들어오는 이들이 많았다."

『송고승전』

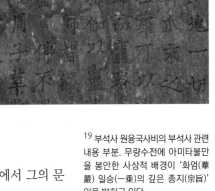

19 부석사 원융국사비의 부석사 관련 내용 부분. 무량수전에 아미타불만을 봉안한 사상적 배경이 '화엄(華嚴) 일승(一乘)의 깊은 종지(宗旨)'임을 밝히고 있다.

의상이 부석사를 창건하고 화엄의 가르침을 펼치자 사방에서 그의 문하로 들어오는 제자들이 크게 늘어났다. 의상은 본격적인 화엄의 대법륜을 굴리기 위해 먼저 옛 가람을 정비하였다. 이미 경내에는 크고 작은 건물들이 있어 당장 필요한 대중들의 수행처가 마련되어 있었지만 많은 인원이 화엄 교학을 배우고 의례를 행할 만한 장소가 마땅치 않았다.

봉황산 자락의 계곡을 활용하여 기존의 가람을 정비하였다. 의상이 무량수전을 건립할 때 제자가 물었다.

"상전像殿:무량수전에는 오직 아미타불만 봉안하고 좌우보처左右補處도 없으며 또한 전각 앞에 영탑影塔도 없습니다. 그 이유가 무엇입니까?"

이에 의상이 답하기를,

"법사法師이신 지엄스님에서 '일승一乘 아미타불阿彌陀佛은 열반에 들지 아니하고 시방정토十方淨土로써 근본을 삼아 나고 죽음이 없기 때문이다.'라고 하셨다. 화엄경 입법계품入法界品에 이르기를, '아미타부처님

20 의상대사가 진정스님을 위해 『화엄경』을 강의한 추동으로 알려진 영주시 욱금리 소백산 입구 금계저수지.

과 관세음보살로부터 관정灌頂과 수기授記를 받은 이가 법계法界에 충만하여 그들이 모두 보처補處와 보궐補闕이 되기 때문이다. 부처님에서 열반에 들지 않으신 까닭에 아니 계신 때가 없으므로 좌우보처상을 모시지 않았으며, 영탑影塔을 세우지 아니한 것은 화엄華嚴 일승一乘의 깊은 종지宗旨를 나타낸 것이다."19

의상은 기존의 터전에 새로운 건물들을 지으며 제자들에게 화엄을 강론하였다. 그렇게 불사가 한참 진행되면서 의상의 문하로 들어오는 이들도 점점 늘어났다.

그렇게 찾아온 제자들 중에는 '진정眞定'이라는 청년이 있었다. 불심이 깊었던 진정은 홀로 사는 늙은 어머니의 간곡한 청에 3일 밤낮을 걸어서 태백산에 도착해 의상의 제자가 되었다. 이후 3년이 지나 홀로 남은 노모가 돌아가셨다는 연락을 받고 깊은 선정禪定에 들어가 7일 만에 일어났다. 그리고 의상에게 노모의 죽음을 알렸다. 의상은 곧 제자 3천명을 데리고 소백산 추동에 가서 초가를 짓고 90일 동안 화엄을 강의하였다. 이

다시 읽는 부석사

때 의상의 강의를 지통智通이 기록한 것이 오늘날까지 전하고 있으니 이 것이 바로 『추동기錐洞記』이다. ✹ 20

또한 의상의 뛰어난 제자 10명중 한명인 지통智通이 태백산 미리암 동 굴에서 화엄관을 닦았는데, 하루는 홀연히 멧돼지 한 마리가 동굴 밖을 지 나는 것을 보았다. 그리고 지통은 평소대로 나무로 만든 불상에 예배하였 는데, 그때 불상이 말하기를 "동굴 밖을 지나간 멧돼지는 그대의 과거 몸 이고, 나는 곧 그대의 당래 과보의 부처이다."라고 하였다. 지통은 이 말을 듣고서 바로 삼세가 한때삼세일제 三世逸際라는 뜻을 깨달았다. 나중에 의상에 게 나아가 이를 말씀드리니, 그 그릇이 이루어졌음을 알고 마침내 법계도 인法界圖印을 주었다고 『법계도기총수록法界圖記叢髓錄』에 전하고 있다.

지통은 앞서 밝힌 소백산 추동에서의 90일간의 법회와 부석사 40일 간의 법회, 태백산 대로방 등에서 열린 의상의 '화엄법회'에 참석해 강의 를 들었다.

의상이 권종이부들이 장악하고 있던 터전을 부석사로 만든 뒤 20여 년간 지속적인 불사를 일으켜 말년에 이르러서는 대가람의 변모를 갖 추었다. 이즈음에는 의상의 문하에는 지통, 진정을 비롯해 그의 10대제 자라고 알려진 오진悟眞·표훈表訓·진장眞藏·도융道融·양원良圓 또는 亮元·상 원相源 또는 常元, 相元, 相圓·능인能仁·의적義寂 등이 있었다. 이들은 부석사에 서 스승의 강의를 듣고 깨달아 본격적인 화엄포교에 들어가 전국에 화엄 10찰을 건립하게 된다.

의상은 부석사가 대가람으로 정착할 즈음 이곳에서 40일간의 화엄법 회를 열었다. 이때 법회 내용의 일부가 『법계도기총수록』에 남아 있다.

의상은 이 법회에서 "일승一乘의 십지十地는 가로橫이며, 세로豎이다"라고 하였다. 이러한 일승의 교리는 부석사 가람배치에도 그대로 반영되었다. 현재 무량수전을 중심으로 동서東西 즉 가로로 이어진 계곡에는 금당과 강당, 승원의 구역이 배정되었고, 각각의 구역에는 남북 즉 세로로 그에 딸린 부속 시설들이 들어섰다. 결국 의상 당시의 부석사 가람배치는 일 승의 십지에 입각하여 조성되었음이 남아 있는 유적을 통해 확인된다.

690년 즈음에 이르러서는 당으로 유학을 가있던 승전勝詮이 귀국하였

✹ 『추동기(錐洞記)』는 일명 『지 통기(智通記)』로 알려져 있다. 그 동안 그 실체가 명확하지 않다가 일본에 전해지고 있던 법장(法藏) 의 저술로 알려진 『화엄경문답(華 嚴經問答)』이 바로 그것이었음이 확인되었다.

다. 의상과 함께 지엄화상 아래에서 함께 동문수학하던 현수賢首법사의 편지 1통과 함께 『탐현기探玄記』와 『교분기敎分記』 3권, 『현의장등잡의玄 義章等雜義』 1권, 『화엄범어華嚴梵語』 1권, 『기신소起信疏』 2권, 『일이문소一二 文疏』 1권, 『법계무차별론소法界無差別論疏』 1권 필사본과 서역에서 만든 정 병淨甁 하나를 가지고 왔다. 이보다 앞서 의상은 당으로 유학을 떠난 효충 孝忠에게 황금 9푼分을 보내어 현수에게 옛정을 전하였다.

의상은 승전이 전한 현수의 글을 보고는 이내 스승 지엄화상의 가르침 을 떠올리며 처소에 들어가 수십일 동안 탐구하고 검토한 뒤 제자들에게 주어 공부하도록 하였다.

당에서 귀국한 이후 낙산사를 창건하고, 부석사에 머물며 제자들을 가 르치고 부석사를 수행도량으로서 새롭게 갖춘 의상의 영향력은 단지 태 백산에만 머무르지 않았다.

제자 진정의 출가과정에서도 보았듯, 삼국통일전쟁과 대당전쟁이 끝 나고 신라사회가 빠르게 안정이 되면서 부석사와 의상의 이름은 날로 높 아져 신라사회 전체에 영향을 미치기에 이르렀다.

특히 681년 왕성의 경계를 더욱 강화하기 위한 대규모 성곽공사를 실 시하고자 문무왕은 의상에게 자문을 구했다. 의상은 "왕의 정치가 밝고 올바르다면 땅바닥에 선을 그어, 그것을 성城이라 해도 백성들은 감히 이 것을 넘지 않을 것이며, 비록 거친 들과 초가집에 살더라도 정도正道만 행 한다면 복업이 장구長久할 것입니다. 만일 정교政敎가 밝지 못하면 많은 사 람을 수고롭게 하여 장성長城을 쌓는다 해도 재해災害를 없앨 수 없으며, 아무런 이익도 없을 것입니다."라고 하였다.

의상의 자문을 들은 문무왕은 즉시 역사役事를 중지시켰다. 의상의 깊 은 불심과 백성을 사랑하는 마음에 감동한 문무왕은 부석사에 장전莊田과 노비를 하사하려하였다.

의상은 다시 왕에게 진언하였다.

"부처님의 법은 평등하여 귀천貴賤에 차별이 없이 함께 수행합니다. 『열반경』에서 8가지 부정한 재물을 가지지 말라하였거늘 어찌 장전과 노비를 받을 수 있겠습니까. 빈도貧道는 법계法界를 집으로 삼고 부처님의

21 『화엄일승발원문』, 『사경변상도의 세계』, 국립중앙박물관, 2007. 19쪽 인용.

가르침처럼 '믿음은 내가 뿌리는 씨앗이요, 지혜는 내가 밭을 가는 모습이니, 나는 몸과 입, 마음에서 나날이 악한 업業을 제어하나니, 그것은 내가 밭에서 김을 매는 것, 내가 모는 소는 정진이니, 가고 돌아섬 없고 행하여 슬퍼함 없이 나를 편안한 경지로 이르게 합니다. 나는 이렇게 밭을 갈고, 이렇게 씨를 뿌려 감로甘露의 열매를 거둔다'[숫타니파타]고 하셨듯이 언제나 부처님의 지혜에 의지하여 살아갈 것입니다."

부석사의 창건이후 입적할 때까지 그곳에서 화엄교학을 폈던 의상은 『화엄일승발원문』을 지어 화엄행자로서 제자들이 항상 보현행원을 닦아 일체 중생을 제도하도록 하였다.[21]

한량없는 부처님께 머리 숙여 귀의하옵고	稽首歸依恒沙佛
원만한 부처님의 가르침에 정례하오며,	頂禮圓滿契經海
일체의 모든 현성(승가)에게 귀의하오니	歸依一切諸賢聖
원컨대, 자비광명으로 증명하여 주옵소서.	願賜慈光爲證明
까마득한 옛날부터 금생의 이 몸에 이르기까지,	無始已來至今身
탐욕과 성냄과 어리석음으로 삼업을 움직여,	由貪嗔癡動三業
알면서도 혹은 모르면서도 짓고 또 스스로도 짓고,	知不知作及自作
타인에게 가르쳐 보고 듣고 따라 짓게 하여	教他人作見聞隨

십악과 다섯 가지 무간의 지은 죄와	所造惡業五無間
팔만사천의 항사수의 모래알처럼 많은 죄업을	八萬四千恒沙罪
삼보전에 두루 참회하오니,	於三寶前盡懺悔
원컨대 모든 업장을 소멸케 하옵소서.	願令除滅諸業障
원하오니, 임종시에는 고통과 어려움 없이,	願我臨終無苦難
아미타불을 친견하여 극락에 왕생하고	面見彌陀生極樂
보현보살의 넓고 큰 행원을 성취하여	成就普賢廣大行
미래세가 다하도록 모든 중생을 제도하게 하옵소서.	盡未來際度衆生
두루 원하오니, 법계의 모든 중생이	普願法界諸衆生
업장과 번뇌를 영원히 벗어나게 하옵시고,	永除煩惱所持障
십불十佛 보현의 경지를 부지런히 닦아,	勤修十佛普賢境
중생계가 다하여 모두가 성불토록 하옵소서.	衆生界盡摠成佛
오로지 원하옵나니 세세생생 어느 곳에서도,	惟願世世生生處
삼도팔난 중에 떨어지지 않게 하여 주옵서	不墮三途八難中
원하옵나니, 선재동자와 같은 구도심을 발하고,	願同善財發大心
원하옵나니, 문수보살의 깊고 깊은 지혜와 같게 하며,	願比文殊甚深智
원하옵나니, 관음보살의 대자비 얻게 하시고,	願得觀音大慈悲
원하옵나니, 보현보살의 넓고 큰 행원을 닦게 하시며,	願修普賢廣大行
원하옵나니, 노사나불의 대각을 증득케 하시며,	願證舍那大覺果
원하옵나니, 법계의 모든 중생을 건지게 하소서.	願度法界諸衆生
원하옵나니 세세생생 태어나는 곳마다	惟願世世生生處
3종 세간에 3업으로서	三種世間爲三業
한량없는 공양구를 지어	化作無量供養具
시방세계 가득 채워	充滿十方諸世界
삼보에 공양정례하고	頂禮供養諸三寶
육도의 일체 중생에게 보시하길 바라며	及施六道一切類
한결같은 마음으로 한량없는 불사를 짓고	如一念塵作佛事
한량없는 생각 속에 그와 같은 불사를 하여	一切念塵亦如是
악한 일을 모두 다 끊고	諸惡一斷一切斷
선한일은 모두 다 이루겠습니다.	諸善一成一切成
수많은 선지식을 만나	值遇塵數善知識
싫어하는 마음 없이 법문을 듣고	聽受法門無厭足
선지식과 같이 큰마음 내어서	如善知識發大心
나와 중생이 그 같이 발심하고	我及衆生無不發

선지식처럼 큰 행을 닦아	如善知識修大行
나와 중생 똑같이 수행하겠습니다.	我及眾生無不修
널리 보현행을 구족하여	具足廣大普賢行
연화장세계에 태어나서	往生華藏蓮華界
비로자나부처님을 친견하여	親見毘盧遮那佛
나와 남이 일시에 성불하여 지이다.	自他一時成佛道.

이렇게 의상은 대화엄의 법륜을 굴릴 부석사를 새롭게 바꾸고 702년 제자들에게 뒷일을 부촉附囑하며 입적했다. 의상은 입적 직전 자신이 머물 던 처소의 처마 아래 그동안 짚고 다녔던 지팡이를 꽂으며 제자들에게 말했다.

"내가 떠난 뒤에 이 지팡이에서 반드시 가지와 잎이 날 것이다. 이 나무가 말라죽지 않으면 나도 또한 죽지 않은 줄 알라"고 하였다. 이 지팡이는 이후 가지와 싹이 나고 꽃이 펴 지금도 의상의 진영이 봉안된 부석사 조사당 처마 밑에 '선비화'라는 이름으로 자라고 있다.

의상의 입적과 관련해『송고승전』에는 '신라에서 입적하였으며 그 탑이 남아 있고 해동화엄초조海東華嚴初祖가 되었다'고 적었다.『삼국유사』에서는 의상을 일러 '금산보개여래金山寶蓋如來의 화신'이라 하였다.

22 당나라 유학을 가서 현수(賢首) 법사에게 화엄을 공부하고 귀국길에 그가 지은『탐현기』등을 의상에게 전한 승전이 주석했던 갈항사지에 있는 석조여래좌상. 보물 제245호.

의상 창건이후 통일신라시대의 부석사
화엄종찰 부석사

의상이 입적한 뒤 부석사의 제자들은 스승의 유훈을 받들어 더욱 열심히 정진하며 신라 곳곳에 화엄을 전하였다. 이들 제자 가운데 10여명의 대덕大德들이 있으니 오진悟眞, 지통智通, 표훈表訓, 진정眞定, 진장眞藏, 도융道融, 양원良圓, 상원上元, 능인能仁, 의적義寂 등이 그들이다.

오진은 부석사가 마주보는 학가산 골암사鶻嵒寺에 살면서 밤마다 팔을 뻗어 부석사의 전각에 불을 밝혔다는 일화가『삼국유사』에 전하고 있다. 또한 표훈은『삼국유사』에 경덕왕의 청을 받고 천제天帝에게 태자를 낳게 해 달라고 부탁한 설화로도 유명하다. 그밖에 의상 제자들의 행적은 『삼국유사』, 『법계도기총수록』, 『일승법계도원통기』 등에 단편적으로 전하고 있을 뿐 구체적인 행적은 확인되지 않고 있다.

의상의 제자 중 열 명의 대덕大德에는 속하지 않았지만 당에 유학을 가서 현수賢首에게 화엄을 공부하고 귀국길에 그가 지은 『탐현기』 등을 의상에게 전한 승전은 이후 현재 경북 김천의 갈항사葛項寺에서 돌무더기石徒衆와 촉루髑髏:해골를 모아 불경을 강의했다고 한다.[22]

부석사를 중심으로 발전하던 의상의 화엄교학은 그의 입적이후 빠르게 성장하여 8세기 중반에는 신라 왕성인 서라벌의 불교계를 장악하기에 이른다.

753년과 754년 여름 서라벌에 극심한 가뭄이 들자 먼저 유가瑜伽의 대현大賢이 궁궐에서 『금광명경金光明經』을 독송하며 기우제를 지낼 때, 그의 도력으로 궁궐 내 우물이 7장丈이나 솟았다. 754년 여름 다시 가뭄이 들자 이번에는 법해法海를 초청해 황룡사에서 『화엄경』을 독송케 하자 동해의 바닷물이 기울어져 궁궐 동쪽 연못이 넘치고 궁궐 건물 50여칸이 물에 떠내려갔다. 이 일로 해서 경덕왕은 법해를 더욱 믿고 공경했다고 『삼국유사』에 전한다.

경덕왕 때의 이 사건은 당시 서라벌을 장악했던 유가밀교계열의 불교세가 화엄종으로 완전히 기울어 졌음을 상징적으로 드러낸 것이었다. 이후 서라벌은 물론 신라 전역에 화엄십찰華嚴十刹이 세워지면서 이를 기반으로 화엄의 불교세가 사실상 신라 불교계를 장악하게 되었다.

이 무렵 부석사는 의상이 화엄을 편 초전법륜지로 인식되면서 신라 화

[23] 동리산문을 개창한 전남 곡성 태안사의 적인선사 조륜청정탑. 보물 제 273호.

다시 읽는 부석사

엄학의 중심지가 되었으며, '화엄종찰'로서의 자리매김을 확실히 하였다. 의상의 입적이후 얼마나 많은 불자들이 부석사에서 출가하여 신라 전역으로 퍼져나갔는지는 알 수 없지만 대표적인 고승의 행적을 바탕으로 그 위상을 살펴본다.

현존하는 자료를 바탕으로 부석사에서 출가 혹은 공부를 한 고승은 먼저 혜철惠哲. 785~861, 무염無染.800~888, 지증智證.824~882, 도윤道允.826~900 등을 들 수 있다.

동리산문을 연 혜철慧徹

전남 곡성 대안사大安寺를 중심으로 선종禪宗 산문을 연 적인선사 혜철寂忍禪師 慧徹. 785~861은 경주 사람으로 그 선조는 일찍이 세상의 명리名利를 떨쳐버리고 지금의 경북 안동 예안현에 거주하였다. 혜철은 어려서부터 앉을 때는 결가부좌를 하고 남에게 예를 표할 때는 합장하고 절에 가서 예불을 하는 등 불심이 매우 깊었다.[23]

15세가 되자 부석사로 출가하여 화엄을 배웠는데 다섯줄을 함께 읽어 내리는 총명함이 있어 동학同學들이 말하기를 "어제는 학문을 닦는 벗이었는데, 오늘은 가르치고 이끌어 주는 스승이 되었으니 참으로 불문佛門의 안회顏回이다"라고 하였다.

22세에 이르러 구족계를 받았으며, 이미 계율과 수행은 여러 스님들의 귀감이 되었다. 그러던 어느 날 '부처는 본래 부처가 없는데 억지로 이름을 세운 것이요, 나는 본래 내가 없는 것이니 일찍이 한 물건도 있지 아니하다. 견성見性의 깨달음은 바로 이 깨달음이니 비유하면 법法은 공空하되 공空이 아니며, 묵묵한 마음이 바로 이 마음이고 적적한 지혜가 바로 이 지혜이니 문자 바깥의 이치는 반드시 곧바로 지남指南을 얻는 것이다'하고는 여러 조사의 은밀한 말씀도 이 땅에 그것을 전하는 영장郢匠이 없구나" 라고 하였다.

그는 원화元和 9년814 가을 8월에 당으로 유학을 떠나 공공산贛公山 지장대사智藏大師. 735~814를 찾아가 심인心印을 전해 받았다. 이후 서주西州 부사사浮沙寺에 이르러 대장경을 탐구하여 3년이 되자 문장이 오묘하여도

꘾ 중국 선승인 남전보원(南泉普願, 748~834)이 795년 허난(河南)성 츠양(池陽)에 세운 선실(禪室).

꘾ 혜철의 행장을 살펴보면 802년 구족계를 받고 당으로 유학을 가기전인 814년까지의 행적이 밝혀져 있지않다. 비문에는 그가 구족계를 받을 당시의 이적(異蹟)과 당으로 유학을 가게 된 동기를 언급하고 있다. 그러나 경북 팔공산 은해사 사적에는 809년 은해사를 창건했다고 기록하고 있다. 은해사는 본래 이름이 해안사(海眼寺)라 하였는데『세종실록지리지』에는 지금의 대구 불로동 인근의 해안현(解顏縣)을 본디 미리(美里)라고도 불렀다고 한다. 한자의 뜻은 틀리지만 음이 같은 '해안'이라는 점을 고려한다면 화엄 10찰 중 한곳인 공산(公山)의 미리사(美理寺)가 바로 은해사가 아닌가 하는 의문이 든다. 우연의 일치이겠지만 혜철이 부석사에서 화엄을 공부했다는 점과 은해사의 본래 이름이 해안사였다는 점을 고려한다면 혜철이 창건했다는 은해사가 곧 미리사였을 가능성도 깊이 고려해 볼 문제다.

궁구하지 못함이 없이 모두 통달하였다. 839년 봄 2월 고국에 도착하여 무주武州 관내 쌍봉난야雙峰蘭若, 지금의 화순 쌍봉사에서 여름 안거를 지냈다. 곧이어 곡성군 동남쪽에 동리산桐裏山 대안사大安寺에 머물며 선지禪旨 펼치다가 861년 봄 2월 6일에 입적하였다. ✹

성주산문의 무염無染

무염화상은 태종무열왕의 8대손으로 801년 태어나 13세 되던 해에 설악산 오색석사五色石寺에서 출가하였다. 그는 오색석사에서 법성선사法性禪師에게 능가선楞伽禪을 배운 뒤 부석사 석징대덕釋澄大德에게 화엄을 배웠다. 하루에 서른 사람 몫의 공부를 할 정도로 구도열정이 뜨거웠던 무염은 당으로 유학을 갈 기회를 엿보다 신라 사신과 함께 배를 탔다가 풍랑을 만나 겨우 목숨을 건지고 흑산도에 표류하였다.[24]

그는 821년 즈음 다시 당으로 갈 기회를 얻었는데, 이때 그가 성주산문을 개창하는데 결정적인 역할을 해준 왕자 김흔金昕, 803~849을 만나 당으로 가서 대흥성大興城 남산南山의 지상사至相寺에서 화엄을 공부했다. 그는 여기에 만족하지 않고 다시 불광사佛光寺에서 마조 도일馬祖道一, 709~788에게서 심인心印을 얻은 여만如滿에게 도道를 물었으며, 이후 마곡麻谷 보철화상寶徹和尙을 찾아가 수행하여 심인을 전해 받았다. 보철 입적이후에는 30여년간 중국에서 머물면서 산서성의 분수汾水와 곽산崞山 등지의 불교유적을 순례하고 이르는 곳마다 보살행을 실천하여 그곳에서 '동방東方의 대보살大菩薩'이라 칭송됐다.

당나라 무종814~846이 842년부터 4년간 40,000여 사찰을 폐쇄시키고 승려들을 강제 환속시킨 '회창법난會昌法難'이 발생하자 당나라를 떠나 845년 신라로 돌아왔다.

24 부석사 석징대덕에게 화엄을 배우고 성주산문을 개창한 무염화상 행적이 기록된 성주사 낭혜화상 백월보광탑비. 국보 제8호.

다시 읽는 부석사

신라로 돌아온 무염은 당나라 유학을 도와준 김흔을 찾아갔다. 이때 김흔은 839년 김양 등이 지휘하는 김우징^{신무왕}의 군대를 대구부근에서 막다가 실패해 민애왕이 피살되자 스스로 죄를 물어 소백산으로 은거하며 산중재상^{山中宰相}으로 살고 있던 상황이었다.

김흔은 무염에게 자신의 조상인 김인문^{金仁問,629~694}이 고구려 정벌의 공으로 받은 웅천주^{熊川州:지금의 공주시}의 봉토 서남쪽에 있는 절에 머물 것을 부탁하였다. 당시 그 절은 무염이 가기 전 불이나 복구를 하지 못하고 있었던 상황이었다. 이윽고 847년 즈음 그곳으로 가서 절을 복구하고 도를 크게 일으켰다. 이에 문성왕^{재위:839~857}이 어찰^{御札}을 보내 위로 하는 한편 절 이름을 '성주사^{聖住寺}'라 하고 왕경의 대흥륜사^{大興輪寺}에 편입시키도록 하였다.

희양산문의 개산조 도헌道憲

지금의 대한불교 조계종 종립선원이 있는 경북 문경 봉암사를 창건한 도헌^{824~882}은 경주 사람으로 아버지는 찬괴^{贊瓌}이며, 어머니 이씨^{伊氏} 사이에서 824년 태어나 승랍 43년, 세납 59세로 입적하였다. 최치원이 지은 봉암사 지증대사탑비의 비문에 따르면 그는 키가 8자, 얼굴이 한 자쯤 되는 당당한 체구였다.[25]

아홉 살에 아버지를 여의고 슬픔에 잠겨 있을 때 한 승려가 그에게 말하기를 "덧없는 몸은 사라지기 쉬우나 장한 뜻은 이루기 어렵다. 옛날에 부처님께서 은혜를 갚으심에 큰 방편이 있었으니 그대는 이를 힘쓰라"고 하였다. 이에 크게 깨달아 출가를 결심하고 부석사로 들어갔다.

부석사에 들어간 그는 범체대덕^{梵體大德}에게 화엄을 배우고, 17세에 경의율사^{瓊儀律師}에게서 구족계를 받았으며, 혜은^{慧隱}에게서 선지^{禪旨}를 배웠다. 한때 하안거를

[25] 부석사에서 출가한 희양산문의 개산조 도헌의 승탑인 문경 봉암사 지증대사탑. 보물 제137호.

마친 뒤 홀로 수행하고자 계람산鷄藍山 수석사水石寺에 머물렀지만 그를 따르는 이들이 많아 다시 수행처를 옮겼다. 864년 겨울 단의장옹주端儀長翁主의 시주로 옹주의 읍사邑司 관할인 현계산賢溪山 안락사安樂寺에 머물며 한찬韓粲 김의훈金嶷勳과 인연을 잊지 않고 높이 1장 6척의 철불鐵佛을 조성하였다.

이후 오랫동안 안락사에서 수행과 교화를 했으며, 880년 즈음 심충沈忠의 시주로 문경에 봉암사를 창건하고 철불 2구를 봉안하였다. 이와함께 881년 조정에서 전前 안륜사安輪寺 승통僧統인 준공俊恭과 숙정대肅正臺:모든 관료들을 감찰하는 사정기관의 배율문裵聿文을 보내 절의 경계를 정하고, 절이름을 '봉암鳳巖'이라 하였다. 도헌은 882년 안락사에서 입적하였으며, 1년 뒤 봉암사에서 장례를 치르고 924년 탑비를 세웠다.

사자산문의 제2조 절중折中

중국의 남전화상南泉和尙, 748~834에게 법을 이어받아 사자산문을 개창한 도윤道允, 798~868의 제자인 절중折中, 826~900은 일곱 살 때 걸식乞食하는 스님을 보고 흠모하여 출가出家할 것을 결심하였다. 7세에 오관산사五冠山寺로 찾아가서 진전법사珍傳法師에게 출가하였다. 15세에는 부석사로 가서 『화엄경』을 배웠으며, 19세에 백성군白城郡:지금의 안성군 장곡사長谷寺에서 구족계를 받았다.

26 사자산문의 제2조 절중은 입적후 효공왕으로부터 징효대사라는 시호를 받았다. 사진은 강원도 영월 법흥사 징효대사탑. 보물 제612호.

이후 풍악산금강산 장담사長潭寺, 장연사로 추정의 도윤화상을 찾아가 16년간 선법을 공부하였다. 882년 전 국통인 대법사大法師 위공威公이 대사大師가 머무는 곳 없이 떠돌아다닌다는 소식을 듣고, 왕에게 주청奏請하여 곡산사谷山寺 주지住持로 잠시 머물게 했다. 그러나 절중은 서울경주과 가까운 곳이라 번잡함을 싫어하여 사자산 석운대선사釋雲大禪師의 권유를 받아들여 흥녕선원에 주석하기로 하였다. 이에 헌강왕이 왕명으로 이 절을 중사성中使省에 예속시켜 대사大師를 그 곳에 있게 하였다. 그러나 신라말 혼란스런 사회 상황이 계속되자 891년 남쪽으로

다시 읽는 부석사

수행처를 옮겨 다니다가 중국으로 유학을 시도했지만 실패하기도 했다.

결국 효공왕 4년⁹⁰⁰ 당성군^{唐城郡} 인근의 은강선원^{銀江禪院}에 머물다가 세수^{世壽} 75세, 법랍 56세로 입적하였다. 이에 효공왕은 시호를 징효대사^{澄曉大師}라 하고, 탑명을 보인지탑^{寶印之塔}이라 추증하였다. 다비를 마치고 수습된 사리는 906년 동림선원^{桐林禪院}에 탑을 세워 봉안하였고, 이후 고려 혜종 1년^{944년}에 탑과 비석을 강원도 영월 흥녕선원에 세웠다.[26]

부석사에 온 궁예의 행적

현존하는 고승들의 비문이나 기타 사료에 나타나는 부석사 관련 내용은 매우 제한적이고 단편적이다. 이로 인해 『삼국사기』 등이나 현재 부석사 경내에 남아 있는 유물을 통해 창건이후 부터 고려시대 이전까지의 상황을 짐작해볼 따름이다.

그런 가운데 『삼국사기』 등에 등장하는 궁예^{869~918}의 이야기는 통일 신라말 당시 부석사의 일면을 보여주는 중요한 단서가 된다.

먼저 『삼국사기』의 기사를 보면,

> 천복^{天復} 원년⁹⁰¹에 선종은 스스로 왕이라 칭하고 사람들에게 말하기를 "지난날 신라가 당나라에 군사를 청하여 고구려를 멸하여 평양의 옛 도읍이 무성한 잡초로 꽉 차 있으니 내 반드시 그 원수를 갚겠다"라 고 하였다. 아마 이는 태어날 때 버림받은 것을 원망하여 이런 말을 한 듯하다. 일찍이 남쪽으로 순행할 때 흥주^{興州:현재의 경북 영주시 순흥면} 부석 사에 이르러 벽에 신라왕의 화상^{畫像}이 그려져 있는 것을 보고 칼로 내 리쳤는데, 그 칼 자국이 지금도 남아 있다.

『삼국유사』에는 '궁예는 본래 신라의 왕자로서 도리어 제 나라를 원수로 삼아 심지어 선조^{先祖}의 화상^{畫像}을 칼로 베어버렸으니 그 어질지 않음이 너무 심했다'고 기록하였다.

앞서 『삼국사기』의 기사에서 언급된 부석사의 신라왕 벽화 진영 주인공에 대해서는 여러 의견이 있지만 대체로 헌안왕^{?~861} 혹은 경문왕^{846~875}으로 짐작하고 있다.

그러나 『삼국사기』의 기사를 곰곰이 살펴보면 부석사에 봉안되어 있던 왕의 초상은 경문왕이나 헌안왕이 아닌 다른 왕이었을 가능성이 커 보인다. 즉 그가 왕이라 자칭하고 고구려의 복수를 하겠다고 한 것과 부석사 창건 상황을 연계해보면 벽화 진영의 주인공이 누구인지 추론이 가능하다.

그것은 바로 문무왕이다. 문무왕이 당나라의 군사를 동원하여 고구려를 멸망시킨 것은 물론, 부석사 창건에 실질적인 도움을 주었다는 점이 이를 뒷받침한다. 특히 『삼국유사』「신충봉관信忠掛冠」조에서 763년 신충은 단속사를 창건하고, 그 절 금당金堂 뒷벽에 경덕왕의 진영을 모셔두고 평생을 왕의 복을 빌었다고 한다. 이런 사례를 보더라도 부석사에 봉안되었던 왕의 초상은 바로 문무왕이었을 가능성이 더욱 짙다.[27]

따라서 궁예가 부석사에 와서 칼로 내리친 왕의 초상이 있었던 곳이 어디였느냐는 문제는 단속사에서처럼 금당이었을 경우와 함께 그 외 별도의 공간에 모셔두었을 가능성이 있다. 이 부분에 대해서는 부석사의 가람배치와 관련해서 별도로 살펴보기로 한다.

[27] 『삼국유사』에는 763년 신충이 단속사를 창건하고, 그 절 금당 뒷벽에 경덕왕의 진영을 모셔두고 평생을 왕의 복을 빌었다고 한다. 이러한 사례로 볼 때 궁예가 부석사에 와서 칼로 내리친 왕의 초상은 바로 부석사 창건에 큰 영향을 끼친 문무왕이었을 것으로 보인다. 사진은 경남 산청 단속사지.

3장
고려·조선시대의 부석사

/

국사가 주석한 해동화엄종찰

왜구의 침탈과 중창

조선시대의 부석사

3장 ── 고려·조선시대의 부석사

국사가 주석한 해동화엄종찰

세월이 흘러 신라왕조는 몰락하고 새롭게 고려왕조가 들어섰지만 부석사는 여전히 해동화엄종찰로서의 위상을 굳건하게 지키고 있었다. 9세기 부석사에서 출가하고 수학한 여러 스님들은 신라 선종의 고승으로 추앙받았고, 이후 고려시대에 들어서서도 부석사는 국사國師가 주석하는 최고의 사찰로 자리매김하고 있었다.

918년 고려 개국이후 1392년까지 부석사에는 원융圓融국사, 현오玄悟국사, 충명冲明국사, 진각眞覺국사 등이 주지로 주석하면서 의상의 화엄을 계승 발전시켰다. 그러나 470여년의 고려 역사에서 부석사의 위상과 역사를 알만한 자료는 매우 드물다. 원융국사 등 여러 국사들의 비문에 간략하게 언급되거나 『고려사』나 기타 문헌에 단편적인 사건들이 기록되고 있을 뿐, 당시 부석사의 전모를 알 수 있는 자료는 찾기 힘들다.

고려시대 부석사에서 발생한 가장 큰 사건으로는 1203년 무신정권에 반발하여 승려들이 난을 일으킨 것과 1358년 왜구가 침입한 것을 들 수 있다. 이 두 사건으로 인해 부석사는 많은 어려움을 겪었을 것으로 보이지만, 1378년 진각국사 원응天熙이 부석사 중창을 주도한 것으로 보아그 위상마저 격하

28 1146~1179년 사이 부석사 주지를 맡았던 현오국사의 비. 보물 제9호. 경기도 용인 서봉사지에 비석이 있다. ⓒ이서현(용인시청 학예연구사)

되지는 않았던 것으로 보인다.

현재 남아 있는 자료를 바탕으로 고려시대 부석사의 역사를 정리해 보면, 1041년~1053년 원융국사가 부석사에 머물면서 대장경을 인쇄하였다. 1146년 이후에는 현오국사가 부석사 주지로 주석하였다.[28] 1201년에는 조사당 단청을 새롭게 올리고, 1203년 부석사 승도의 난이 일어 났다. 1250년에는 충명국사가 부석사 주지로 있으면서『불설아미타경』을 판각하였고, 1358년 왜구의 병화로 무량수전 등 주요 전각이 불에 탔다.※ 1372년 즈음에는 진각국사가 부석사에 주석하면서 무량수전과 조사당 등을 중건하였다.

진각국사 천희千熙. 1307~1382가 수원 창성사에서 입적하자, 국사의 비석을 건립할 때 그의 행적을 이색李穡에게 전달한 사람이 부석사 경남敬南이었다. 또한『신륵사 대장각기비神勒寺 大藏閣記碑』에 따르면 경남은 1383년 경기도 여주 신륵사 대장각 건립과 대장경을 인쇄할 때 부석사를 대표해 시주를 한 것으로 확인된다.

특히 부석사에는 고려 중기에 판각된 것으로 추정되는 거란본 '3종『화엄경』 40, 60, 80권본'목판 6백 여 장과 고려시대 판각한『묘법연화경』목판 등이 지금까지 전하여 이 중 화엄경판은 보물 제735호로 지정되어 있다.[29]

이외에도 1198년 사천감司天監 이인보 李寅甫가 경주도慶州道 제고사祭告使로서 산천을 돌며 제사를 지내고 돌아가려던 길에 부석사에 머물렀으며, 1202년 경주와 청도 운문산雲門山 일대의 민란民亂이 발생했을 때 진압군의 수제원修製員으로 자원해 종군한 이규보李奎報가 부석사에 와서 '부석사 장육丈六에 올리는 축원문'을 지어 부처님의 가피로 난리가 진압되기를 기원하기도 했다.

또한 보물 제1647호로 지정된 경북 성주 심원사 소장『길흉축월횡간 고려목판吉凶逐月橫看 高麗木板』이 고려 고종 6년1219 6월 부석사에서 원당주 願堂主 중태사重太師 지■知스님에 의해 편찬됐다.

※ 현오국사의 비문을 살펴보면 1146년부터 이후 귀신사(歸信 寺)·국태사(國泰寺)·중흥사(重 興寺)·부석사(浮石寺) 주지를 역 임했다고 적고 있다. 실제 국사 가 부석사 주지를 역임한 해는 '고려국(高麗國) 대화엄(大華嚴) 부석사(浮石寺) 주지(住持) 증시 현오국사(贈諡玄悟國師)'라는 비명(碑銘)을 근거로 추정해볼 때 그가 입적하기 직전인 1179 년 이전으로 보인다.

※ 천혜봉,『부석사의 삼본화엄 경판』,『불교미술 3호』, 동국대학 교 박물관. 1977. 43쪽. 『불설아미타경』권말간기(卷末 刊記)'…경술(庚戌, 고종 37년, 1250) 칠월일지(七月日誌) 부석 사 주지 승통 각응(浮石寺住持僧 統覺膺)…'

29 부석사 장격각에 있는 고려 화엄 경 경판. 보물 제735호. 600여장의 경판에는 거란본『화엄경』이 판각돼 있다. ©문화재청

이보다 앞서 1101년 고려 숙종의 명으로 의상대사를 '원교圓敎국사'로 추증하고 그 비석을 세우게 했다. 이즈음 대각국사 의천은 부석사를 참배하면서 '부석존자예찬문浮石尊者禮讚文'을 지었다.

그렇다면 고려시대의 부석사 가람 규모는 어느 정도였을까. 현재 남아 있는 건물 중 고려시대의 것으로는 무량수전과 조사당이 있지만 문헌기록과 출토 유물로 볼 때 이보다 많은 고려의 건물들이 있었을 것이다. 그중 대표적인 건물로 취원루聚遠樓를 들 수 있다. 조선 후기까지 전해오던 취원루는 본래 무량수전 서남쪽 축대 위에 있던 누각으로 빼어난 경치가 전국적으로 이름이 나 있었다.

비록 후대의 문헌이지만 1785년에 작성된 『예천 용문산 창기사용문사 만세루 상량문』에는 "장대하고 미려한 볼품은 취원루에 양보할지라도 크고 우뚝함은 조양루에 손색이 없네"라고 적어 취원루의 그 명성을 짐작케 한다.

고려후기 문신인 안축安軸1287~1348은 『죽계별곡竹溪別曲』에서 취원루에서 노닐었다고 한 것으로 보아 이 누각이 늦어도 고려시대부터 전해오던 건물임이 명확해진다.

이밖에도 부석사에는 다수의 승당僧堂과 함께 '대봉지원大鳳之院'과 대장당大藏堂, 천장방天長房, 수비원守碑院 등의 승원이 있었음을 출토된 글씨를 새긴 기와[銘文瓦]를 통해 확인할 수 있다. 이 가운데 '대봉지원'은 '중희重熙 9년'이라는 연호가 함께 새겨진 명문와편이 출토되어 1040년 즈음에 기와를 교체했거나 새로 지은 건물임을 알 수 있다.

이외에도 고려말 문신인 박효수朴孝修, ?~1337는 부석사를 찾아 다음과 같은 시를 남겼다.

새 울고 꽃 지니 꽃다운 나이는 저무는데	鳥啼花落減芳年
지나온 여정 홀연히 생각하니	客路光陰忘忽然
어느 때 용정수로 차를 마셔 볼까.	何月試茶龍井水
추녀 끝 소나무에 달이 매달려 있네.	滿軒松月共夤緣

왜구의 침탈과 중창

원나라 순제 17년 지정 무술년1358에 적들의 병화로 무량수전에 불이
나서 그 안에 있던 불상의 머리가 연기와 화염을 뚫고 날아가 무량수
전 서쪽 모퉁이의 문장석文藏石위에 놓였다.
元順帝十七年至正戊戌1358敵兵火其堂尊容頭面飛出烟焰中在
于金堂西隅文藏石上而奏于上泊……

「봉황산 부석사 개연기鳳凰山浮石寺改椽記」

1358년. 그때 부석사에서는 무슨 일이 있었던 것일까. 1611년에 작
성된 「봉황산 부석사 개연기」에는 '적병화' 즉 '적의 침입으로 인해 불이
났다' 정도로 해석할 수 있지만, 여기서 '적敵'이 누구인지에 대해서는 구
체적으로 언급하지 않았다. 그러나 이 묵서 외에 무량수전에서 발견된
또 다른 목조부재에서는 '왜화倭火'라고 밝히고 있어 1358년의 적병화는
왜구의 침탈에 의한 것으로 확인된다. ✽

이때의 무량수전 화재는 단지 무량수전만 불에 탄 것인지 아니면 부석
사 전체가 피해를 입은 것인지는 정확히 알 수가 없다. 다만 조사당에서
확인된 묵서에는 1377년 원응圓應국사에 의해 '입주立柱'하였다는 기록이
있어, 1358년 당시 조사당도 함께 피해를 입은 것으로 보인다.

1358년 왜구의 침탈 규모가 어느 정도였는지 확인하기 어렵다. 다만
1372년부터 1385년에 순흥 일대를 휩쓴 왜구의 침탈에 대해 『신증동
국여지승람』 '경상도 풍기군' 인물人物조에는 충주병마사였던 최운해崔雲
海:1347~1404가 1385년 왜구를 격퇴할 당시 왜구들이 객관客館에 웅거하
며 매일 침략을 일삼았다고 한 것으로 미뤄 그 피해 규모는 상상 그 이상
일 것으로 보인다.

이러한 대내외 상황에서 원응국사의 부석사 중창 규모를 가늠하기 어
렵지만 보물 제14호 〈창성사진각국사대각원조탑비彰聖寺眞覺國師大覺圓照塔碑〉
비문에 따르면 '임자년壬子年:1372부터 부석사에 주석住錫하면서 불전佛殿과
당우堂宇를 예전과 같이 복구하였다'는 것으로 보아 무량수전은 물론 왜구
의 침탈로 파괴된 가람 전반을 복구한 것으로 보인다. ✽30

30 1358년 왜구의 침략으로 큰 피해
를 입은 부석사를 중건한 원응국사의
비가 경기도 수원화성에 있다. 〈창성
사 진각국사 대각원조탑비〉(보물 제
14호). ©문화재청

아울러 이때의 전란으로 인해 현재 무량수전내 봉안돼 있는 국보 제45호 소조아미타여래좌상도 피해를 입은 것으로 보인다. 「봉황산 부석사 개연기^{이하 개연기}」에 따르면 홍무 9년¹³⁷⁶ 원융국사가 '불상을 개조^{改造}하고 개금^{改金}하였다'는 기록으로 보아 불상의 보수가 있었음을 확인할 수 있다. ❀

무량수전의 화재로 인해 불상의 머리가 화염과 연기를 뚫고 나왔다고 한 것으로 보아 그 피해가 불상의 전면적인 보수를 할 정도였을 것으로 보인다. 특히 2011년 실시한 이 불상에 대한 안전진단에서 목 부분에 미세한 균열과 접합했던 흔적이 발견되어 「개연기」에 기록된 내용과도 맞는 부분이 있어 불상을 복원할 때 남아 있던 부분을 최대한 활용한 것으로 보인다. ❀

이와 함께 무량수전 복원과 관련해서, 1361년 홍건적이 쳐들어와 개경이 함락되자 이 해 12월 복주^{福州:지금의 안동}로 공민왕이 피난을 왔다. 이후 1363년 1월 지금의 충북 청주로 옮겨갔고, 이해 윤 3월에 다시 개경으로 환도하였다. 이 피난 기간 중 공민왕은 부석사를 참배하고 무량수전 현판을 써준 것으로 알려져 있다.

조선시대의 부석사
임진왜란 이전의 부석사 ³¹

1358년 왜구의 침탈로 폐허가 된 부석사가 중창되고 얼마 지나지 않아 조선이 건국되었다. 특히 조선이 실시한 억불^{抑佛}정책으로 많은 종단들이 통폐합되고 승려의 출가와 사찰의 건립에 큰 제약이 따랐다.

화엄종찰의 위상을 지녔던 부석사는 태종 7년¹⁴⁰⁷ 12월 의정부^{議政府}에서 각 종단의 명찰^{名刹}로써 여러 고을의 자복사^{資福寺}를 지정할 때, 화엄종은 장흥^{長興} 금장사^{金藏寺}·밀양^{密陽} 엄광사^{嚴光寺}·원주^{原州} 법천사^{法泉寺}·청주^{淸州} 원흥사^{原興寺}·의창^{義昌} 웅신사^{熊神寺}·강화^{江華} 전향사^{栴香寺}·양주^{襄州} 성불사^{成佛寺}·안변^{安邊} 비사사^{毗沙寺}·순천^{順天} 향림사^{香林寺}·청도^{淸道} 칠엽사^{七葉寺}·신령^{新寧} 공덕사^{功德寺}가 있었지만, 부석사는 그 이름에서 빠져 있었다. 당

❀ ...洪武九年丙辰(1376)圓融國師改造改金... 여기에 등장하는 원융국사는 원응국사를 잘못 기록한 것이다.

❀ 『부석사 소조여래좌상 안전진단 및 기록보존 실시용역』, 영주시청, ㈜한경문화재보존, 2011. 86~90쪽.

31 1407년 조선 조정에서 각 종단의 명찰을 여러 고을의 자복사로 지정할 때, 화엄종에 속했던 강원도 원주 법천사지. 사적 제466호.

시 삼보사찰三寶寺刹중 통도사를 제외한 합천 해인사, 순천 송광사도 자복사찰에서 제외되었음을 생각하면 전국 각지에 위치한 비보사찰裨補寺刹에 대한 종단별 재편성 정도로 여겨진다. 도성을 제외한 지역의 역사와 전통을 간직한 유서 깊은 사찰들은 이 정책과 상관없이 나름 사세를 유지했던 것으로 보인다.

조선 개국부터 임진왜란 전까지 부석사의 역사적 사료는 많이 남아 있지 않다. 하지만 현존하는 건물 등에서 발견된 기록에 따르면, 조사당과 안양루, 취현암 등 많은 건물들에 대한 지속적인 보수가 이어져 왔던 것으로 파악된다. 또한 지역의 관리나 유생들이 부석사를 찾아 경관을 즐기고 시를 남기는 등 세인의 발걸음이 잦은 명찰로서 영남 제일사찰 중 한 곳으로 이름이 나 있었다.

현재 남아 있는 임진왜란 이전의 자료를 살펴보자. 먼저 조사당祖師堂은 1490년과 1493년 4월 단청을 하였으며, 1573년에는 대목大木 불명佛明과 대시주大施主 계욱戒旭스님 등이 주도해 서까래를 수리하고 단청을 올렸다. 조사당에는 그 부속 건물로 취현암醉玄庵이 있었는데, 1493년과 1613년, 1649년 중수를 한 기록이 있었던 것으로 알려져 있다.

조사당은 부석사 창건주인 의상대사보다 스님이 집고 다녔던 지팡이가 자라났다는 '선비화'禪扉花 혹은 仙扉花가 더 유명했다. 일찍이 퇴계 이황退溪 李滉:1501~1570은 1548년 풍기군수로 부임하자 이 나무를 보고 시를 남겼다.[32]

옥갈이 빼어난 줄기 절문에 기대있고	擢玉森森倚寺門
석장이 꽃부리로 화하였다고 스님이 일러주네.	僧言錫杖化靈根
지팡이 끝에 원래 조계수가 있어	枝頭自有曹溪水
하늘과 땅, 비와 이슬의 은혜는 조금도 빌리지 않았네.	不借乾坤雨露恩

66   다시 읽는 부석사

조사당과 더불어 현존하는 최고의 목조건물인 무량수전은 고려말 왜구들로 인해 화재를 당한 뒤 이렇다할만한 중수기록은 보이지 않는다. 다만 박종朴琮,1735~1793의 『청량산유록』에 조선시대 초서草書의 대가인 황기로黃耆老, 1521~1575가 무량수전 벽에 다음과 같은 시를 남겼다고 한다.

32 퇴계 이황의 「선비화」 시판.
34.7×62cm.

한 그루 복사꽃은 벌써 절반이나 져서   一樹桃花一半空
법당 앞에 꽃잎이 소복이 깔렸구려.   不堪狼藉梵王宮
산승은 청란미(대빗자루)를 손에 들고   山僧手把靑鸞尾
동녘 바람 등지고 떨어진 꽃잎을 쓸고 있네.   背却東風掃落紅.

임진왜란 이전의 부석사 관련 자료 중 상당수는 무량수전이나 조사당보다는 '취원루'와 관계된 것이 많다. 취원루는 무량수전 서쪽에 자리한 누각형태의 건물로 날이 좋은날 이 곳에 올라 남쪽을 바라보면 300리를 볼 수 있다고 할 만큼 전망이 좋은 곳이었다.

취원루와 관련된 기록을 살펴보면 『순흥지順興誌』등에 주세붕周世鵬, 1495~1554이 1543년 백운동서원白雲洞書院:지금의 소수서원(紹修書院)을 세울 즈음 부석사를 찾아 취원루에 올라 남긴 시를 소개하고 있다.

천년고찰 부석사 浮石千年寺

멀리 학가산과 평평하여   平臨鶴駕山
다락은 비구름 위에 있고   樓居雲雨上
종소리 북두성 사이에서 울리네   鍾動斗牛間
나무 깎아 멀리 은하수 나누어 끌어오고 剝木分河逈
바위 갈라 널찍이 옥을 심었네   開岩種玉閑
절에서 자는 것을 탐하는 것이 아닌데도 非關貪貧佛宿
시원하여 돌아감을 잊네.   瀟洒却忘還
만고의 사찰 부석사에   萬古珠琳浮石寺

백발로 찾아와 석양 속 누각에 기대리　　　白頭來倚夕陽樓
뜬구름 점점 저문 하늘로 사라지고　　　浮雲點點暮天外
지난일 살펴보며 생각에 젖네.　　　商略古今多少愁

『순흥지』에는 또 1549년 7월 퇴계 이황이 다섯째 형인 이징李澄, 1498~1582과 함께 부석사를 찾았다가 남긴 시도 소개하고 있다.[33]

취원루 시에 차운하다.　次聚遠樓

층층이 섬돌처럼 쌓인 구름 붉은 난간 감싸고　　　蟲成雲砌綠紅欄
신이 이룬 풍경 감탄하며 구경하네.　　　奔走神功偉覽看
천상 세계 놀랄까 큰 소리 내지 못하고　　　不敢高聲驚上界
뭇 산들이 남산에 자랑한 것을 이제 알았네.　　　方知衆皺詫南山
신선은 노을 밖에서 살고　　　好居仙客超霞外
흥겨운 나그네 세상 밖으로 나왔네.　　　乘興遊人出世間
고금이 일맥一貉인 것이 감회로우니　　　感慨古今歸一貉
술잔 앞에 두고 관직 생활 어려움 말하지 말게나.　　　樽前休説宦途難

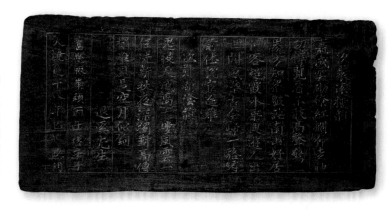

33 퇴계 이황의 차취원루운(次聚遠樓韻) 시판. 조선 1689년. 62×27cm. 원래 있었던 시판은 1672년 불에 타서 1689년 다시 판각하였다. 시판 뒷면에는 '강희32년 신미 6월 화원 영필(畵員 英珌)' 묵서가 있다. 이 묵서를 통해 1691년 영필 스님이 무량수전 현판과 퇴계선생 시판에 테두리를 만들어 장식했던 것으로 보인다.

또한 『순흥지』에는

✿ 정호음(鄭湖陰, 정사룡(鄭士龍), 1491년~1570년). 조선 전기의 문신·문인으로 저서로는 『호음잡고(湖陰雜稿)』·『조천록』 등이 있다.

부석사 취원루에서 정호음이 스님에게 준 시의 운을 빌리다. ✿
浮石寺聚遠樓鄭湖陰贈僧韻

다시 읽는 부석사

귀신과 하늘이 만든 옛 누각	鬼役天成萬古樓
바람과 구름이 씻어낸 새 가을.	風雲一任洗新秋
깊은 밤 홀로 고승과 마주한 자리	夜深獨對高僧榻
빈 하늘 하염없이 바라보며 달을 보네.	惟見長空月似鉤

　지금은 없어진 취원루와 함께 부석사에서 가장 사랑받았던 안양루安養樓 역시 중국 강남江南의 3대 명루名樓 중 하나인 악양루岳陽樓에 결코 뒤지지 않는다는 평이 있을 만큼 많은 이들이 찾던 곳이었다. 안양루가 처음 건립된 때는 알 수 없지만, 1555년 화재가 났다는 기록으로 그 이전에 세워진 것임을 알 수 있다.

　안양루와 관련된 기록으로 사명당 유정대사가 지은 「부석사 안양루 중창기浮石寺 安養樓重刱記 이하 중창기」가 남아 있다. 이 『중창기』에 따르면 1555년 봄 화재로 안양루가 불에 타자, 20년이 지난 1576년 석린石璘 스님이 주도해 복구하였다. 1578년 건축 공사가 마무리되자 경휘敬暉 스님이 화주로 나서 단청을 올려 그해 11월 완공을 보았다.

　이때의 심정을 사명대사는 다음과 같이 적었다.

　'안개가 끼고 서리가 내린 가을, 밝은 달이 하늘에 떠 있으면 날개가 돋아 신선이 되어 하늘로 올라가는 듯 하며, 길은 천리나 되고 몸은 푸른 하늘 위에 있어 하늘에 올라 구름을 타는 듯하다. 서쪽으로 소백산을 바라보면 저녁비에 고운 빛깔은 등왕각❋의 운치가 있고, 동쪽으로 청량산을 바라보면 가을 구름이 자욱해서 종산의 맛이 난다' 또한 '도사道士가 이곳에 오르면 환골換骨하지 않아도 곧바로 바람을 타게 될 것이요, 승려가 이곳에 오르면 공력을 들이지 않아도 선정禪定에 들게 될 것이다.'[34]

❋ 등왕각(滕王閣)은 중국 장시성 난창에 있는 누각으로 웨양의 악양루, 우한의 황학루와 함께, '강남 3대누각'으로 손꼽다. 박종의 『청량산유록』에는 명나라의 장수 이여송이 와서 보고는 '악양루(岳陽樓)'에 버금간다고 하였다는 일화를 소개했다.

34 1555년 봄 화재로 불에 탄 안양루 중수과정을 기록한 「부석사 안양루 중창기」. 1580년 사명당 유정이 글을 쓴 것을, 1644년 목판에 새겼다. 이 현판 뒷면에는 1578년 안양루 중창 당시 시주자들의 이름이 빼곡히 적혀 있다.

※ 「부석사 안양루 중창기」의
앞면에는 '경진(1580년) 가을 7
월 초순' 사명대사가 글을 쓰고 순
치 원년 갑신(1644년) 2월에 판
각한 것으로 되어 있다. 뒷면의 시
주자 명단 묵서가 1578년 작성
된 것으로 미뤄 볼 때, 먼저 시주
자 명부를 목판에 적은 후 다시
1644년 2월 이를 재활용해 뒷면
에 사명대사의 중창기를 새겨 넣
은 것으로 확인되었다.

「중창기」현판에는 그 뒷면에 1578년 11월에 작성된 안양루 중수에
참여한 시주자 명단이 적힌 「시주록」이 남아 있다. 「시주록」에는 약 130
여 명에 달하는 시주자 명단이 빼곡히 적혀 있다. ※

한편 부석사에서는 조선 전기 활발한 경전 판각불사가 이루어졌음을
현재 남아 있는 경판을 통해 알 수 있다. 그 중 가장 대표적인 경판 판각
은 1568년 1월에 이루어진 60권본 『진본 화엄경晉本 華嚴經』의 보각補刻이
었다. 이외에도 부석사에서는 『청문請文』1567, 『삼조대사신심명』, 『십현
담요해』, 『수륙무차평등재의촬요』 등의 경전이 판각되었다.

지금까지 살펴 본 조선 전기부터 임진왜란 전까지의 부석사는 영남제
일의 명찰로 단양, 순흥 등 인근지역에 부임하는 관리들이 꼭 찾아 유람
하는 승경처로 각광 받았음을 알 수 있다.

한편 세조 3년1457 여름, 금성대군과 순흥 부사 이보흠李甫欽 등이 단종
端宗 복위를 꾀하다가 실패로 끝난, 정축지변丁丑之變으로 순흥부가 혁파돼
풍기군에 예속되고, 관련자들이 대거 죽임을 당하는 비극적인 사건이 발
생했다. 이로 인해 순흥부에 속해 있던 부석사도 어떤 영향을 받았을 것
으로 보이지만 1490년대 조사당을 중수했다는 기록으로 보아 그 영향은
크지 않았던 것으로 보인다.

| 조선시대의 부석사
  임진왜란 이후의 부석사

17세기의 부석사

1592년 4월부터 1598년 11월까지
조선은 참혹한 전쟁으로 아비규환의 땅이 되었다. 당시 상황에 대해 일
본군 종군 승려인 케이넨慶念은 그의 일기인 『조선일기』에 이렇게 표
현하였다.

'산도 들도 마을도 모두 불타고 자식들 앞에서 부모를 칼로 죽이고
아이들은 묶어서 포로로 끌고 가는 지옥 같은 상황이었다'

왜군의 무자비한 총칼이 조선 팔도를 도륙하고 있었던 임진왜란 7년 간 부석사는 천행으로 큰 화를 면하였다. 김성일1538~1593의 『학봉속집』에는 왜군이 1592년 8월 강원도 영월로부터 영천榮川:지금의 영주의 부석사浮石寺 등지로 넘어 들어왔다가 우리 군사들에게 쫓겨 갔다고 적고 있어 당시 부석사는 피해를 입지 않은 것으로 보인다.

임진왜란 이후 한세대가 채 지나기도 전에 병자호란이 일어나 났지만 다행히도 부석사까지 전란의 불길이 미치진 못했다. 왜란과 호란이 끝나고 전후 복구가 한창이었던 17세기 부석사에서 이루어진 첫 번째 불사는 무량수전의 중수였다. 이 중수와 관련해서는 앞서도 언급된 「봉황산 부석사 개연기」에 당시 상황이 실려 있다.[35]

'만력 39년 신해년1611 5월말 비바람으로 대들보가 부러져 이듬해 임자년에 서까래를 고치고 단청을 새로 하니 옛것과 같이 되었다. 이에 불사에 참여한 장인과 시주자들을 적어 후세에 보이고자 한다. ❀

❀ ....萬曆三十九年辛亥(1611)五月晦日 風雨大作栿其中樑 明年壬子改椽新其畵彩儼若 制也 記其匠碩及勸緣人以示後世.

이 기록을 살펴볼 때 1611년 음력 5월말에 비바람이 불어 무량수전 대들보중량:中樑가 부러져 서까래를 고치는 등 피해를 입어 1612년부터 1613년까지 보수했다는 것이다. 당시 어느 정도의 폭풍이 일었기에 무량수전 중보가 부러지는 상황에 이르렀는지 알기 어렵지만 『조선왕조실록』의 기록이 참고가 된다.

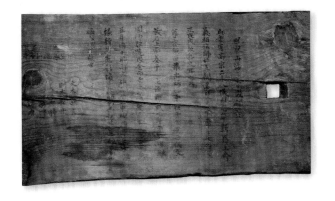

[35] 1611년 5월말 비바람으로 무량수전 대들보가 부러지자 이를 수리한 후 남긴 「봉황산 부석사 개연기」. 1608년에도 무량수전을 수리한 기록도 함께 남아 있다.

광해군 1년¹⁶⁰⁹ 7월19일에 영주지역을 포함한 경상도 일원에 큰 비와 함께 폭풍이 휘몰아쳐, 지붕기와가 모두 날아가고 산과 들의 나무들이 뽑히는 등 피해가 발생했다고 적고 있다. 아마도 무량수전 중보가 부러졌을 때도 이처럼 강력한 폭풍 혹은 태풍이 불었던 것으로 보인다.

그러나 「개연기」에 함께 수록된 또 다른 묵서에는 만력^{萬曆} 36년¹⁶⁰⁸ 기유^{己酉}년에 무량수전을 보수했을 것으로 보이는 내용이 남아 있다. 이 묵서에는 기존 세로 행의 글 옆에 가로 행으로 내용을 남기고 있는데 여기에는 각화사^{覺華寺} 의심^{義心}, 용수사^{龍壽寺} 지인^{智仁}스님을 비롯해 대목^{大木} 묘현^{妙玄}, 부목^{副木} 희열^{熙悅} 스님들과 기와 화주승까지 등장하고 있어 1611년 이전에 이미 무량수전에 대한 보수가 있었음을 보여준다.

이와 함께 1618년 5월에는 무량수전 수미단의 보개^{寶蓋}를 보수 혹은 신설을 했다는 기록이 보개 뒷면에 남아 있다.✽ 이후 무량수전을 비롯한 경내 여러 전각에 대한 기와교체, 즉 번와불사가 1656년에 이루어졌다.✽

17세기 중반 이후 부석사에서는 새로운 불사가 시작되었다. 현재 남아 있는 〈대승사 목각아미타여래설법상〉^{국보 제321호, 1675년 제작}을 비롯해 충북 제천 신륵사에 봉안되었던 〈사불회^{四佛會} 괘불도〉^{1684년 제작. 국립중앙박물관 소장}와 〈목조아미타여래 삼존상〉이 제작 봉안되었다. 또한 1689년에는 경내에 있던 약사전^{藥師殿}에 단청을 하고, 작은 〈불탁^{佛卓}〉을 만들어 봉안하였다.✽³⁶

한편 무량수전 현판의 글씨가 고려 제31대 공민왕^{1330~1374}의 친필을 판각한 것이라 고증된 것은 17세기 후반인 1690년의 일이다. 무량수전 현판 뒷면에는 다음과 같은 기록이 남아 있다.

✽ 무량수전 수미단 위 보개 뒷면 묵서:萬曆四十六年歲次戊午五月初十日於閣後芳御列示後……

✽ 무량수전 암막새 명문: 順治十三年乙未三月日 (1656년) 大施主 李太伊 ■山南 金龍介盧貴男 鄭信眞金種伊 呂允熙 ■■ ■■ ■一 金介云 別座 法均 ■■ 奉化 王英 ■■.

36 무량수전 불전 앞에 놓인 보탁 바닥에는 1689년에 경내에 있던 약사전에 단청을 하고, 작은 〈불탁(佛卓)〉을 만들어 봉안했다는 묵서가 남아 있다.

✽ 약사전 불탁 묵서:順興 浮石寺 藥師殿 獨辦成造丹青 功德主 宗志, 畵員 瑛玭, 靈雲, 印岑, 供養主 晴晴 康熙貳拾八年己巳(1689)閏三月 畢功於四月晼明也.

'옛날 신라 의봉 원년676에 부석사를 창건하였는데 금당의 액자 글씨는 공민왕이 쓴 것이다. 경오년1690에 왕족인 낭선군朗宣君이 부석사에 와서 그 액자를 건 뜻을 쓰고, 신미년1691 여름에 이 절 화승 영필이 액자 테두리를 다시 만들었다.' ✿

✿ 粤在新羅儀鳳元年創建浮石寺, 金堂題字, 恭愍王之親筆也, 當此庚午之時, 國族朗宣君到于浮石寺, 題于符板之意, 命其書鎭云, 到于辛未孟夏間, 寺畵僧瑛珌慨然傾心四雪角改造也. 『佛敎美術』-부석사 창건 1,300년주년 특집, Vol.3, 동국대박물관, 1977.

이 기록에 등장하는 왕족 낭선군1637~1693은 역대 임금과 이름난 명필들의 글씨를 모아 서첩을 만든 『대동금석서大東金石書』의 편찬자이자, 조선 제14대 왕인 선조宣祖의 손자 이우李俁이다.✿ 이 현판에 등장하는 낭선군은 당시 부석사를 혼자 온 것이 아니라 동생인 낭원군 이간朗原君 李偘, 1640~1699과 함께 왔다. 낭원군이 함께 했음을 알 수 있는 증거로 죽령 너머 단양군 사인암舍人巖에 '낭원군이 계유년 겨울에 다시 유람하다朗原君 重遊 癸酉冬'라고 쓴 바위글씨를 통해서 알 수 있다. 즉 낭원군이 사인암을 다시 찾았다고 한 것은 그 이전에 이곳을 왔었다는 뜻이다. 첫 번째 사인암을 찾았던 때가 1690년 낭선군이 부석사를 방문했을 때였을 것이다.

✿ 『조선왕조실록』에서는 '낭선군(朗善君)'으로 적고 있다.

낭원군이나 낭선군이 부석사를 찾은 이유는 단순한 유람이 아니라 공무를 수행하고 있었던 것으로 보인다. 무량수전 서쪽 귀퉁이에 있는 '부석浮石' 정면에 '선원록 봉안사 낭원군 계유동璿源錄奉安使朗原君 癸酉冬'이라는 바위 글씨가 남아 있어, 이를 확인할 수 있다.

낭원군이 『선원록』 봉안사였다는 사실은 『조선왕조실록』에서는 확인되지 않는다. 다만 부석사에 남아 있는 이 바위글씨를 통해 낭선군이나 낭원군이 조선왕실의 족보인 『선원록』을 태백산사고太白山史庫에 봉안하는 일을 맡았음을 알 수 있다.37

37 1693년 충북 단양 사인암을 찾은 낭원군의 바위글씨. 이 때 부석사도 방문하였음을 경내 부석에 남긴 바위글씨를 통해 알 수 있다.

왜란과 호란이라는 양대 전란을 거치면서도 건재했던 부석사의 17세기는 자연재해로 인한 피해를 딛고 새로운 불상과 불화를 제작하는 등 영남 제일의 사찰로 남아 있었음을 알 수 있다. 특히 1675년 부석사에서 제작된 〈대승사 목각아미타여래설법상〉국보 제321호은 조선 후기 목각탱木刻幀의 효시로 당시 영남지역 불교문화를 선도했던 부석사의 위상을 가늠할 수 있는 하나의 증거로 볼 수 있다.

18세기의 부석사

✻ 부석사 박물관 소장 명문 암막새:康熙 五十年 辛卯 三月日 施主 金承立 聖道 保体 盧三龍 片手 三益 道■ ■■ 妙熙 性行 ■■■ 竺謙 別座 斗祥 ■ 處■ 宗■ 都監 瑞悅.

18세기 부석사에서는 화재가 발생해 여러 건물이 소실되었다가 중건되었고, 기와를 교체하는 등 지속적인 경내 건물들에 대한 보수가 이루어졌다. 이와 함께 새로운 불사도 이루어져 부석사의 사세가 어느 정도 유지가 되었던 것으로 보인다. 1709년과 1711년에는 무량수전과 조사당을 비롯한 여러 건물의 지붕기와를 교체했음이 현재 남아 있는 명문암막새 등을 통해 확인되고 있다.✻

부석사는 아침저녁으로 예불이 행해지고 다양한 의식이 이루어 졌음은 당연한 일이다. 이러한 일상에 사용된 불구佛具 중 하나인 향로가 1739년 제작되었다. 이 향로는 철을 주재료로 하여 화려한 은입사銀入絲 장식을 하였으며, 현재 동국대 박물관에 소장되어 있다.39

또한 1745년에는 기존에 만들어 졌던 괘불을 보수하여 소백산 북쪽 너머의 충청도 제천 신륵사로 옮기고, 괘불을 다시 그렸다. 현재 보물 제1562호로 지정된 부석사 오불회五佛會 괘불도는 1684년에 그려진 괘불과 거의 유사한 도상을 보이고 있지만 중앙의 본존 하단에 노사나불을 표현한 차이를 보인다.

특히 괘불을 그릴 때 바탕천과 채색안료 등을 시주한 인물 가운데 평안도 은산 남면 화석리의 임진표林振杓라는 이가 눈길을 끈다. 부석사에서 멀리 떨어진 평안도에 거주하는 사람이 시주를 할 경우 시주자가 직접 부석사에 왔거나 화주승이 그 지역을 방문하여 시주를 받은 경우를 가늠해볼 수 있다.

18세기 부석사에서 가장 큰 사건은 1746년 발생한 화재다. 당시 상황에 대해 「부석사종각중수기浮石寺鐘閣重修記,이하 종각중수기」에는 병인년1746에 불이나 승당僧堂, 만월당滿月堂, 서별실西別室, 만세루萬歲樓, 범종각梵鍾閣 등이 모두 불에 탔다고 적고 있다. 이듬해인 정묘년1747 2월부터 무진년1748 6월까지 삼응三應스님을 중심으로 영춘현감永春縣監 유언탁兪彦鐸 등 200여명의 승려와 30여명의 재가자들이 불사에 참여하여 각 건물들을 차례차례 중건하였다.40

40 「부석사종각중수기」. 1746년 화재와 이에 대한 복구과정 등의 내용이 담겨 있다.

✹ 「부석사화감로회달마사급범종각심검당기(浮石寺畵甘露會達磨師及梵鐘閣尋劍堂記)」. 이 중수기는 와운당 신혜(臥雲堂信慧)스님이 지은 것으로 스님은 1741년부터 1770년까지 부석사를 비롯하여 상주 남장사, 영주 진월사, 안동 봉정사, 의성 대곡사, 예천 서악사 등의 불사에 참여한 것 확인되고 있다. 신혜 스님의 진영은 현재 경북 예천 용문사에 남아 있다.

✹「무량수전불상개금기(無量壽殿佛像改金記)」. 1723년 무량수전 불상 개금불사에 참여한 화원은 세균(世均), 인규(印奎), 신기(信機), 처습(處習) 자야(自冶), 성은(性�), 원식(元式), 도겸(道謙), 청임(淸稔), 응휘(應輝), 덕삼(德森) 등이다.

✹「무량수전불상개금기(無量壽殿佛像改金記)」.

✹「개와기(改瓦記)」

그러나 이때의 화재로 소실된 건물 중, 범종각을 제외하고는 현재의 사역寺域내에서는 그 흔적을 찾기가 힘들다. 따라서 당시 부석사의 가람 배치는 지금과는 현격한 차이가 있었던 것으로 보인다.

1746년 화재 복구 완료 후 2년이 지난 1750년에는 범종각과 심검당에 대한 단청과 함께 감로도甘露圖와 달마대사 진영을 조성하였다.✹

화재로 인한 복구와 더불어 낡고 퇴락한 전각과 불상에 대한 중수도 지속적으로 이뤄졌다. 1723년과 1763년에는 무량수전 불상의 개금과 안양루 중수, 1773년 무량수전 등 여러 전각의 기와를 교체했으며,✹ 1796년에는 영산전의 불상을 개금하기도 하였다.

1578년 중건된 안양루는 그로부터 150여년이 지난 1763년 즈음에 서까래와 추녀 등이 부러지자, 무량수전 불상을 개금을 하면서 함께 중수하였다.

무량수전의 무량수불은 1723년 개금을 하였지만 50년도 되지 않아 불상 머리의 나발螺髮이 떨어지고 개금한 것이 변색되자, 1767년 국일도대선사 와운 신혜國一都大禪師臥雲信慧스님의 증명證明으로 다시 개금을 하였다.✹41

1773년에 이르러서는 기존에 손을 보지 못했던 전각들에 대한 대대적인 기와 교체 즉 번와가 이루어 졌다. 이 번와 불사는 당시 해붕海鵬, 청매淸梅, 석현碩玄, 양합良合스님이 발심하여 공양주와 화주를 맡아 이루어졌다.✹

1796년에는 경내 암자인 영산전에 봉안된 불상들에 대한 개금이 이루어졌다. 「경상좌도순흥태백산부석사영산전미타후불탱급미타관음개금기慶尙左道順興太白山浮石寺靈山殿彌陀後佛幀及彌陀觀音改金記, 이하 영산전개금기」에 따르면 영산전에 봉안돼 있던 불상들이 조성한 지 오래돼 먼지가 쌓이는 등 차마 볼 수 없는 지경에 이르자 남방산인南方山人 승홍勝弘스님이 화주로 나서 경북 상주尙州에 있던 신겸信謙, 계관戒寬, 유심有心 등 화승畵僧을 모셔 1796년 음력 4월 개금을 시작하여 20여일 만에 일을 마쳤다고 한다. 또한 개금을 시작할 때는 상서로운 구름이 가득하더니 불사를 마치고 점안을 하던 날에는 상서로운 기운이 허공에 오랫동안 머물러 있는 등 영험함을 보였다고 한다.

이외에도 18세기에는 1710년 신숙주申叔舟. 1417-1475의 8대손 신필청申必淸. 1647-1710이 순흥도호부사로 재직할 당시 17권 5책의 『보한재집保閑齋集』을 중간하여 판목을 부석사 금당무량수전으로 추정에 보관하였다. 또한 조선 중기의 문사였던 이준경李浚慶. 1499-1572의 유집인 『동고유고東皐遺稿』, 고려 후기의 유학자였던 이달충李達衷. 1309-1385의 문집인 『제정선생문집霽亭先生文集』 등을 절에 보관하거나 중간重刊하기도 하였다.

19세기의 부석사

부석사는 19세기에 들어서서도 사세寺勢는 어느 정도 유지이 되었던 것으로 보인다. 그러나 1773년 경내 전각에 대한 번와翻瓦와 1796년 영산전 불상 개금 등의 상황을 살펴보면 그 이전 시기 보다는 사세가 점차 기울어져 가고 있음을 알 수 있는 정황들이 보이기 시작한다.

그 바탕은 1806년 무량수전을 비롯한 여러 전각들에 대한 중수를 이루고 난 뒤 작성한 「태백산 부석사 무량수전 급 제각 중수기太白山浮石寺無量壽殿及諸閣重修記. 이하 제각중수기」에서도 확인할 수 있다.[42]

41 와운당 신혜 진영. 조선 후기. 비단에 채색. 120.2×92.5cm. 용문사성보박물관 소장. ⓒ성보문화재연구원

✤ 임기영, 「부석사 간행의 판본 연구」, 『서지학연구』 59, 2014. 331~337쪽

「제각중수기」에 따르면 무량수전은 오랜 세월 풍상을 겪어 비가 새고 상한 곳이 상당히 많아 당시 주지였던 백화당 찬엽白華堂 讚曄과 일암당 경의一庵堂 警誼: ?~1830가 항상 근심에 차 있었다. 이에 당시 부석사의 어른老德이셨던 유선有禪스님이 반백금半百金에 해당하는 땅 7마지기를 경비로 내놓았다. 이를 기반으로 찬엽스님이 자재와 인부들을 모았고, 지성智誠스님이 도양공都良工을 맡았으며, 경한敬閒스님은 별좌와 대시주를, 학첨學沾스님이 불사를 총괄하는 도감都監을 맡았다. 이후 한 달도 안 되어 무량수전을 비롯한 다섯 전각이 모두 수리를 마쳤다고 했다. 하지만 중수기 말미에 절의 형세가 예전과 같이 회복되길 기원하고 있어 부석사의 당시 상황을 짤막하게나마 알 수 있다.

무량수전 등 여러 전각에 대한 보수가 있은 지 2년 뒤인 1808년에는 현재의 경내가 아닌 인근 암자 두 곳의 보전寶殿의 단청을 새롭게 하였다. 이 전각에 대한 중수는 「양보전단확중수기兩寶殿丹腹重修記, 이하 양보전중수기」를 통해 그 내용을 알 수 있지만 수리된 전각이 어느 곳인지 명확치 않다. 그러나 1849년 작성된 「영산전 응진전여승료중수기靈山殿應眞殿與僧寮重修記」에 따르면 여기에서는 영산전과 응진전을 보전寶殿이라 말하고 있다.✸

「양보전중수기」에서는 이 전각과 부속건물들의 상태에 대해 단청이 오염되고 여기저기 떨어져 나가 매우 보기 흉한 상태였다고 한다. 이에 1806년 3월부터 정율正律스님이 대시주 겸 화주로 나서 최선最禪·정민

✸ '夫寶殿之剙僧舍之建........'. '영산전 응진전여 승료 중수기'는 故황수영박사가 남긴 유고 자료집에 포함된 것이다. 이 중수기에는 도광(道光) 29년 임인년이라 하였지만 임인년은 도광 22년 즉 1842년이다. 도광 29년은 1849년 기유(己酉)년에 해당한다. 또한 본문에 병오년 봄(丙午春, 1846)이 등장하는 것으로 보아 도광 29년은 임인년이 아니라 기유년인 1849년으로 보인다.

42 「부석사종각중수기」. 1746년 화재와 이에 대한 복구과정 등의 내용이 담겨 있다.

다시 읽는 부석사

定敏·보찬甫贊스님 등 화공畵工을 초빙 해 보전과 부속건물들의 단청을 하고 1808년 10월 중수 사실을 기록하였다.

이후 30여 년 뒤인 1843년에 이르러서는 절이 잡초만 우거진 무인지경無人之境에 이르게 되자 도량 전반에 대한 중수를 하였다.✻ 이때의 중수 기록으로는 2가지가 전하고 있다. 그것은 도감都監 상준尙俊, 별좌別座 퇴일退逸, 화주化主 영환永環, 간사幹事 포운당 선활抱雲堂 善活 스님이 참여한 「부석사중수기浮石寺重修記」와 이해 4월 6일에 작성된 「범종루상량문梵鍾樓上樑文」이다. 이 두 기록에 함께 등장하는 건물이 바로 '범종루'인데 이때 범종루는 지붕까지 수리하는 대대적인 보수가 있었던 것으로 보인다.

✻ 「부석사중수기(浮石寺重修記)」.

이해에 부석사의 완허당 학첨玩虛堂 學添은 고을 내 부석사를 포함한 6개 사찰에 해마다 10여건에 이르는 각종 잡역雜役이 부과되어 승려들의 부담이 크게 되자 이를 구제하기 위해 500금金을 내어 해결하였다. 학첨 스님은 1806년 무량수전 등 경내 전각을 중수할 때 도감都監을 맡아 불사를 지휘하였으며, 1843년 당시 80세의 고령이었다고 한다.✻

✻ 「경내각사제역대유노덕완허당학첨대사영세국망기 境內各寺諸役大有勞德玩虛堂學添大師永世國忘記」.

또한 1849년에는 양보전으로 불렸던 영산전과 응진전 그리고 부속 건물들에 대한 중수가 다시 이루어졌다. 이때 상황을 보면 보전과 요사채가 오래되어 16나한상이 봉안된 보전 15칸이 동쪽으로 기울어졌으며, 서북쪽의 요사채은신암으로 추정는 박락이 심해 건물 전체에 대한 기와 교체가 필요했다. 이에 따라 포운당 선활抱雲堂 善活스님이 도감을 맡아 음력 3월부터 기와 7천 여 장을 구워 이들 건물을 보수하였다.

1861년에는 음력 3월부터 이듬해 봄까지 유학裕鶴스님이 화주를 맡고 무량수전 등촉계원無量壽殿 燈燭契員 31명 등이 주도하여 서까래와 기와 등이 심하게 훼손된 무량수전과 안양루를 중수하였다. 부석사의 여러 중수 기록에서 '등촉계'가 등장한 것은 이때가 처음이다.

19세기의 부석사는 시간이 지날수록 어려운 경제사정으로 사세를 유지하기가 힘들었다. 심한 경우 절에 1~2명의 스님들만 남거나 절 땅과 기물을 팔아 시급한 현안을 해결하기도 하였다. 이러한 상황의 원인으로는 앞서 학첨스님이 거금을 내어 사찰에 부과되는 잡역을 탕감하기도 했듯이 부석사에도 '태백산사고太白山史庫'를 유지하기 위한 세금이 부과됐

❀ 부석사의 사세가 급격히 몰락하게 된 이유로는 태백산사고를 지키기 위한 비용부담도 있었지만 1830년대와 1840년대 영주, 예천 등 경북 북부지역에 출몰한 명화적(明火賊)을 비롯하여 홍역과 장티프스 같은 전염병이 창궐하는 등 극도로 사회가 불안정했던 것도 그 원인으로 꼽을 수 있다. 『저상일월』, 박성수 주해, 서울신문사, 1993.

❀ 직지사성보박물관 소장.

❀ 『대승사 목각아미타여래설법상 및 관계문서』, 문경시·불교문화재연구소. 2011. 38~65쪽.

❀ 태허당 명학스님은 1862년 무량수전과 안양루 중수 때 시주로 활동하였다.

기 때문이다. 해마다 정조精租:도정된 쌀 100두斗를 각화사에 수납하는 것이 국법으로 정해진 바 있었지만 한동안 시행되지 않다가 1860년대에 들어서서 갑자기 부활하였다.❀43

1868년에 작성된 「부석사 토지매매문기浮石寺 土地賣買文記」❀를 살펴보면 이때 부석사에서는 각화사에 수납하기로 한 쌀을 납부하지 못할 지경에 이르자, 경내 서쪽에 있는 극락암의 이미 비어 버린 지 30여년이 된 건물을 헐어 그 재목과 기와를 팔아 쌀을 납부하였다고 한다. 그렇게 암자까지 헐어 공납을 납부했지만 이마저도 감당하지 못할 지경에 이르자 절에 남은 두어 명 승려들이 등촉계원들과 상의해 산지 일부를 안동에 사는 김참판에게 처분해 경비를 충당했다.

그야말로 폐사직전의 상황에서 1869년 1월에는 문경 대승사에서 부석사 무량수전에 봉안되어 있던 목각탱을 옮겨 갈수 있게 해달라고 각화사 총섭總攝과 순흥도호부 등에 상서上書를 올렸다. 그리고 1869년 3월 무량수전에 있던 목각탱은 대승사로 옮겨 졌다. 하지만 6년 뒤 1875년 부석사 주지 명학 스님 등이 순흥도호부와 순찰사 등에 소지所志를 보내 목각탱을 되돌려 달라고 호소하였다. 이후 양 사찰은 1년여 소송 끝에 대승사에 목각탱을 양도하는 조건으로 부석사는 조사당 수리비용 250냥을 받는 것으로 마무리되었다.❀

이렇게 부석사는 19세말에 폐사직전의 상황까지 이르게 되었다. 19세기 부석사의 마지막 불사는 1884년 음력 윤4월 보덕각普德閣 중수였다. 「보덕각중수기普德閣重修記」에 따르면 1875년 주지였던 태허당 명학太虛堂 明鶴이 찾는 사람조차 없어 다 쓰러져가는 건물을 보고 안타까워하던 중 순흥부에 사는 행수行首 박춘정朴春亭의 시주로 중수를 마쳤다고 기록하고 있다.❀

43 경북 봉화군 춘양면 석현리 태백산
사고. 20세기 초. ⓒ국립중앙박물관

20세기... 망각의 세월 속 부석사 그리고 현재

조선왕조의 몰락과 함께 일제 강점기가 시작되자 사찰의 재정과 시주자들의 지원에 의한 중수도 멈춰 있었다.

일제강점기 부석사 관련기록으로 처음 등장하는 것이 1915년 7월 21일 『부산일보』 부록 「경북일간慶北日刊」 기사에 조선총독부에서 총독부 직원인 기코 토모타카木子智隆가 7월 19일부터 한 달간 부석사 조사를 위해 출장을 왔다는 내용이다.

토모타카가 조사를 마친 직후인 9월 21일부터 무량수전 등에 대한 보수 공사가 시작되어 1919년 4월 21일까지 조사당 벽화 모사 작업을 제외한 모든 공사가 마무리 되었다. 이때 보수공사는 주로 무량수전과 조사당에 집중되었으며, 당시 공사금액은 23,566엔円이 소요되었다. 이 보수공사의 현장감독은 총독부 토목국 영선과의 기수技手 기코 토모타카, 기사技師 이와이 초자부로岩井長三郎, 그리고 내무부 제1과의 와타나베 아키라渡邊彰 등이었다. 이때의 수리공사는 1916년 조선총독부의 「고적급유물보존규칙古蹟及遺物保存規則」이 제정된 이후 시행한 최초의 공사였다.✻

✻ 彬山信三, 『韓國古建築の保存 -부석사·성불사 수리공사 보고」, 刊行會, 1998. 1~16쪽.

당시 현장감독을 맡았던 오가와 게이기치小川敬吉의 『부석사 보존공사 시업공정浮石寺保存工事施業功程』에 따르면 무량수전 전체를 해체 보수하기로 했다. 썩은 나무부재는 새것으로 교체한 것은 물론, 지붕의 암막새와 수막새 가운데 부족한 것은 기존의 기와를 본떠서 새롭게 제작하였다. 또한 건물 외벽은 모두 황토黃土와 적토赤土, 녹청綠靑을 새롭게 칠해 기존에 있던 외벽 벽화를 모두 지워버렸다.

조사당도 무량수전에 준하는 해체 보수 공사가 이루어졌다. 당시 건물 내부에 있던 범천, 제석천과 더불어 사천왕상 벽화에 대한 모사模寫작업이 이루어졌다. 이외에도 안양루와 범종루 등의 돌계단은 물론 1928년에는 범종루 아래 석축에 대한 대대적인 보수도 실시됐다.44-1, 2

무량수전 보수 공사과정에서 뜻밖의 유물이 다량으로 발견되었다. 이 내용이 1918년 5월 23일자 『매일신보』에 실려 있다.

다시 읽는 부석사

'4월 26일 아침에 공사 인부 윤국환尹國煥과 조용봉趙鏞鳳씨가 무량수전 수미단 아래를 치우던 중에 먼지 속에 덮인 청동 석가불을 비롯 21점의 불상을 발견했다'

44-1(좌) 무량수전 해체 보수공사 때 덧집을 설치한 모습. 『小川敬吉 조사문화재자료』(문화재관리국 문화재연구소. 1994

44-2(우) 제 1석축 (조계문 동쪽) 보수공사 모습(1920년대) ⓒ국립중앙박물관.

이후 무량수전 보수공사과정에서는 모두 36점의 금동불과 9층 청동탑 6기, 청동제 말馬, 철제 탄환 70여점 등 다량의 유물이 출토되었다.✳

역설적으로 보존사업이후 무량수전과 조사당을 보호한다는 명분 아래 부석사 가람배치에 변화가 생긴다. 그것은 바로 조사당 옆에 있던 취현암醉玄庵과 무량수전 동쪽에 있던 응향각凝香閣을 안양루 아래 동쪽과 서쪽으로 이건한 것이다.

취현암醉玄庵은 조사당에 딸린 선방 겸 조사당 예불을 담당했던 건물로 1613년 중건됐으며, 응향각은 당시 조선 전기 건물로 판명된 무량수전 부속 건물이었다. 응향각과 취현암은 화재의 위험성 등이 크다는 이유로 1930년대에 강제로 제자리를 떠나게 되었다.✳

이와 관련해 1916년 11월부터 1918년 5월까지 무량수전과 조사당에 대한 대대적인 보수공사가 실시되면서 조사당 안쪽 벽면에 있던 벽화가 완전히 분리되어 무량수전으로 옮겨져 별도로 보존되었다. 이후 벽화는 관리 소홀과 당시 보존기술의 부족 등으로 인해 심하게 훼손되기도 했다.

한편 일제강점기 부석사의 형편을 알려주는 자료가 하나 있다. 1935년 10월에 발행된 『금강산金剛山』 권2에 실린 보광 김유신葆光 金宥信의 「명승고적지부석사기행名勝古蹟地浮石寺紀行」이다. 이 기행문에 따르면 무량수

✳이때 출토 된 유물 중 철제 탄환은 1917년 조선총독부 박물관 진열품으로 기증되었다. 또한 40여점에 달하는 금동불보살상과 금동탑 등은 이후 그 수량이 점차 줄어 1938년 작성된 『부석사 보물 대장』에 19점이 남아 있다가 1961년 봄에 모두 도난당했다.(관련기사:『동아일보』 1962년 2월 27일 기사). 이들 불상의 자세한 현황과 사진은 『小川敬吉 조사문화재자료』(문화재관리국 문화재연구소. 1994)에 실려 있다.

✳ 응향각은 1944년 안양루 아래로 이건되었다.

전의 불단에 토병土甁, 기와, 청기와^{아마도 녹유전을 말하는 것으로 보임} 등 신라시대의 진기한 보물이 진열되어 있다고 했다. 또한 조사당 벽화도 진열되어 있는데 당시 총공사비 2,400엔을 들여 아메리카 회목檜木으로 틀을 만들고 유리를 덮어 벽화를 진열하였다고 한다.

이 기행문은 또 1935년 이전 부석사 상황에 대해 연간 총수입이 잡곡을 모두 합쳐 100두斗 내외로 절 살림살이가 매우 곤궁한 지경이었다. 이로 인해 사시마지巳時摩旨는 물론이고 법당에 등불도 제대로 켜지 못한 상황이었다. 하지만 당시 주지 주동이朱侗伊스님이 부임하면서 다시 사시마지는 물론 법당에 불을 켤 수 있게 되었다. 또한 절 주변에 무너지고 흩어져 있던 부도를 수습하여 정리하는 등의 노력을 기울였다고 한다.

부석사에 남아 있는 자료 중 『시주질施主秩』 현판에는 1944년 도편수都片手, 대목大木, 토공土工 기술자들이 참여한 불사가 있었던 것으로 확인되지만 구체적으로 어떤 공사가 있었는지는 알 수 없다.

1945년 해방이후에는 '단기檀紀 4289년' 명문이 있는 기와가 현재 자인당과 응진전 부근에서 출토된바 있어 1956년 즈음에 이들 전각에 대한 기와 교체 혹은 건물 증개축이 있었던 것으로 보인다. 1950년대 후반부터 60년대 후반에는 부석사 동쪽 법당터에 흩어져 있던 석탑과 석불을 경내로 이운하여 석불은 자인당, 석탑은 범종루 아래 등지로 옮겨 보존하였다.

1970년대부터 부석사는 정부 주도로 대대적인 '정화사업'이 벌어져 일주문과 천왕문을 비롯하여, 무량수전에 보관 중이던 조사당 벽화를 보존하기 위한 보장각寶藏閣, 종각鍾閣, 선방, 장경각, 종무소, 요사채 등이 새롭게 들어섰다.

2000년대에는 관람객을 위한 편의 시설과 경내 생활공간의 현대화 사업이 진행됐다. 대표적인 사례로 범종루 아래 서쪽에 있던 기존 공양간을 없애고 다목적으로 활용할 수 있는 설법전과 함께 소장 유물의 안전한 보존을 위해 항온항습시설을 갖춘 부석사성보박물관을 개관하였다.

※ 이 해에 무량수전 동쪽에 있던 응향각이 안양루 아래로 옮겨진 것으로 보아 이와 관련된 불사에 참여한 시주자들을 적은 것으로 보인다.

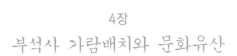

4장
부석사 가람배치와 문화유산

가람규모와 배치

자랑스런 문화유산

4장 ── 부석사 가람배치와 문화유산

가람규모와 배치
가람의 규모[45]

※ ...湘遂入寺...

※ ...奉旨創浮石寺...

※ ...奉朝旨創浮石寺...

부석사의 창건은 676년의 일이다. 그러나 이 창건연대가 부석사라는 사찰이 완공된 해인지, 아니면 그때부터 의상대사가 이곳에 터를 잡고 부석사를 짓기 시작한 때인지는 정확하지 않다. 특히 『송고승전』에 따르면 용이 된 선묘가 큰 돌로 변해 부석사 터를 선점하고 있던 권종이부 500명을 몰아내고 절로 들어갔다고 했다.※ 그러나 『삼국사기』에는 왕명을 받들어 부석사를 창건했다※고 했으며, 『삼국유사』에는 조정의 명을 받들어 부석사를 창건하였다고 적고 있다.※ 『송고승전』에 따르면 의상대사는 기존에 있던 절을 이어받아 그곳을 부석사로 만든 것이지만, 『삼국유사』, 『삼국사기』의 기사를 보면 아무것도 없던 곳에 절을 창건한 것으로 볼 수도 있다.

결국 의상대사가 기존의 사찰을 중창한 것 인지, 아니면 왕명으로 새로운 절을 창건한 것인지의 문제는 『삼국유사』와 『삼국사기』에 등장하는 사찰 창건 관련 기사를 통해 그 해답에 어느 정도 접근 할 수 있을 것으로 보인다.

※ ...創王興寺於時都泗城...

『삼국유사』 '법왕금살法王禁殺' 조에 당시 백제 수도인 사비성에 왕흥사를 지으려고 그 터를 닦다가 승하하였다는 기록이 있다.※ 따라서 이 기록의 왕흥사 창건은 곧 '절을 짓기 시작했다'는 뜻임을 알 수 있다.

창건과 관련된 『삼국유사』의 또 다른 기사에서는 기존의 절터나 불교적인 신이神異의 현장에 사찰을 지을 경우에 '창사創寺'를 라는 말을 쓴 경

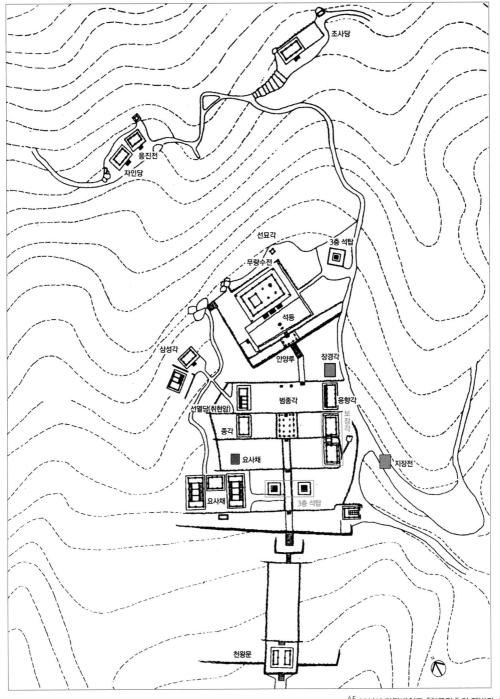

조사당

웅진전

자인당

선묘각

3층 석탑

무량수전

석등

삼성각

안양루

장경각

범종각

응향각

선열당(취현암)

보장각

종각

요사채

지장전

요사채

3층 석탑

천왕문

45 부석사 가람배치도.『한국건축의 재발견』3,
(주)이상건축.1999. 도면 인용 편집.

우가 많다. 사불산四佛山 대승사는 산정상에 사방불을 새겨 놓고 그 곁에 대승사를 창건하였다. 『남백월이성南白月二聖』조에는 '노힐부득과 달달박박이 수행하던 곳에 백월산 남사南寺를 창건하였다. 이때가 경덕왕 14년755으로 그 절의 완공은 764년에 이루어졌다'. ✱ 이외에도 '낙산이대성洛山二大聖'의 정토사淨土寺, 영취사靈鷲寺 등의 창건설화 등을 보면 신이를 보인 장소나 수행처 혹은 관청을 옮겨 절을 짓는 경우에도 '창사創寺하였다'고 적고 있다. ✱

『삼국사기』에서는 부석사 관련 기사를 제외하고는 거의 '절을 이루었다'는 표현을 쓰고 있다. 대표적인 사례로 '삼랑사三郎寺'를 들 수 있으며, ✱ 신라 원성왕元聖王 10년 '시창 봉은사始創 奉恩寺', 고구려 문자왕文咨王 7년 '창 금강사創金剛寺' 등지의 사례에서처럼 창건의 의미로 사용한 경우도 있다.

『삼국유사』와 『삼국사기』에서는 '창사創寺' 즉 '창건하다'로 썼지만 『송고승전』에서는 '입사入寺' 즉 '절에 들어가다'로 쓰고 있다. 이 문제는 부석사의 초창기 가람규모를 결정짓는 매우 중요한 사안이다.

다시 『송고승전』의 고승들의 전기를 살펴보면 여기서는 절의 창건과 기존의 절에 들어가는 것을 분명히 구분하고 있다. ✱ 따라서 『송고승전』에서 의상대사 권종이부가 물러난 절에 들어갔다고 한 것은 새로이 절을 창건한 것이 아니라, 기존에 있던 절을 중창하거나, 혹은 새로이 주석하면서 '부석사'라는 이름을 내걸었다는 뜻이다.

이렇게 되면 부석사라는 이름이 이 절에 걸렸을 당시 규모는 초가집 몇 채 수준의 아주 작은 규모가 아니었을 것이다. 또한 권종이부들이 당시 이 지역을 배경으로 활동하던 불교세력들이었다면 이들이 기존에 만들어 놓은 법당과 여러 시설들이 있었음은 분명하다.

그런 의미에서 『삼국유사』「진정사 효선쌍미眞定師孝善雙美」조는 시사하는 바가 크다. 이 기사에서 진정이 부석사太白山로 찾아와 의상스님의 제자가 된 뒤 3년이 지나 어머니가 돌아가셨다는 소식을 들었다. 이에 의상스님은 3천의 제자들을 모아 소백산 추동錐洞에서 90일 동안 화엄경을 강의했다는 사실은 많은 것을 생각하게 한다.

태백산에 있던 의상스님은 왜 소백산 추동에서 초가집을 짓고 3천명

(좌측 여백 주석)

✱ ...丁酉歲遣使創大伽藍. 號白山山南寺. 廣德二年 甲辰七月十五日. 寺成...

✱ ...移其縣於他所. 創寺於其地...

✱ ...三郎寺成...

✱ ①청량사 징관전(清涼寺澄觀傳)...新創雲花寺般若閣...
②청량사 도의전(清涼寺道義傳)...乃相隨入寺遍禮諸院...

의 제자들을 모아 그곳에서 강의를 했는가?

이 문제는 '창사創寺'와 '입사入寺'를 가르는 중요한 기준점이 된다. 만약 절을 창건했다면 기존 부석사 연구에서 밝혔듯이 초가 몇 채로 시작되었을 가능성이 크고, 이후 9세기 중창설이 유력해진다. 반대로 기존의 절을 중수 했다면 창건 초기부터 상당한 규모의 가람이 형성되었을 것이다.

의상대사가 태백산 즉 부석사를 두고 소백산 추동으로 가서 초가를 짓고 3천명의 대중에게 90일간 화엄경 강의한 이유는 바로 '물'문제였다. 이 문제의 답은 소백산 추동과 현재 부석사의 지리적 조건을 잘 살펴보면 금방 알 수 있다.[46]

46 방동 마을에 있는 봉황정. 1967년 보수 공사를 한 기록이 남아 있지만 현재 사용하지 않고 있다.

우선 부석사의 주변에는 큰 계곡이 없다. 현재의 부석사 경내와 인근에는 창건 당시부터 사용되었을 것으로 보이는 수량이 풍부한 우물이 4곳 가량 확인된다. 하지만 계곡에 흐르는 물은 날이 가물면 말라버리는 건천乾川과 다름없다.

이에 비해 소백산 추동으로 비정되는 소백산 비로사에서 욱금리 일원은 사시사철 계곡물이 풍부하게 흐르고 있다. 따라서 많은 대중이 모여 생활하기에는 물이 부족하지 않은 곳이다.

이처럼 의상대사의 부석사 창건은 완전히 새로운 터전을 닦아 절을 지었다기보다는 『송고승전』에서 밝힌 바와 같이 기존의 가람에 더해 중창을 한 것으로 보인다. 의상대사가 추동에서 설법을 하게 된 것 역시 500명 정도의 수용 공간에 3천 대중이 모여들면서 취하게 된 불가피한 조치였을 것이다.

기존에 부석사의 창건 규모를 현 부석사 터전에 초가 몇 채로 시작했다는 주장보다는 오히려 이미 조성된 가람에 더해 중창을 통한 상당한 규모로 시작했을 가능성이 크다. 이는 앞서 말한 바와 같이 『송고승전』에 등장하는 권종이부 500명이 모여 살만한 공간과 시설에 의상대사가 부석사 현판을 걸었던 것으로 보기 때문이다.

그렇다면 창건기 가람의 규모는 어느 정도였을까 라는 문제에 접근하기 위해서는 그곳에 살았던 사람의 수나 남아 있는 유적으로 가늠할 수 있을 것이다. 인원에 대해서는 『송고승전』에서 500명을 말하고 있다. 이들이 살았던 공간에 대해서는 사방 1리縱廣一里의 가람을 부석浮石이 덮었다고 하였다.

이 기록을 토대로 추정해 본다면 의상대사가 부석사를 창건할 당시 최소한 현재의 사역과 비슷한 가람이 있었고, 또한 이를 중심으로 500명의 무리가 봉황산 자락에 거주를 했다고 볼 수 있다. 하지만 아직까지 부석사 경내는 물론 주변에 대한 정밀한 고고학적 조사가 이루어진 적이 없어 섣불리 단정 지을 수 없다. 여기에 무량수전을 기점으로 동쪽 800m 가량 떨어진 봉화군 물야면 오전리 봉황산 동쪽자락에는 5~6세기 고분들이 여러 기가 남아 있다는 점을 고려한다면 현재 사역보다 약 3~4배 가량은 더 넓었을 것으로 추정된다.

가람규모와 배치
부석사 석축의 의미

부석사 가람배치에 대한 지금까지의 연구는 현재 남아있는 가람을 중심으로 무량수전, 안양루, 범종각, 일주문, 당간지주 등 남북 축선상의 공간을 분석하는 것이 주류를 이루었다. 이러한 연구과정에서 조선시대 기록 등을 근거로 '삼배구품三輩九品설'과 '화엄십지華嚴十地'를 근거로 한 정토淨土와 화엄사상을 구현한 것으로 보고 있다.※

'삼배구품三輩九品설'은 극락세계에 태어나는 사람을 수행修行에 따라 상중하로 나눈 것을 3배라고 하고, 각 3배마다 수행의 정도에 따라 상중하上中下가 있어 9품이 된다는 것이다. 화엄십지는 보살이 10지위十地位에 오르게 될 때 비로소 성인의 단계에 이르게 된다. 성인의 지위에 오른 보살은 수행을 통해 10단계의 지위에 오르게 되는데, 그 단계마다 제 1지 환희지歡喜地부터 제 10지 법운지法雲地까지 이르게 된다는 것이다.

※ 김보현 외.『부석사』, 대원사. 2008, 50~71쪽.

다시 읽는 부석사

그러나 이러한 시각은 부석사 가람 전반에 대한 좀 더 세밀하고 종합
적인 이해가 필요해 보인다. 현재 남아 있는 부석사의 사역과 가람배치
는 사실상 19세기말까지 남은 부석사의 일부에 지나지 않는다. 보다 정
확한 가람배치 이해를 위해서 부석사 역사 전반을 담고 있는『사적기寺蹟
記』등 관련 문헌이 잘 남아 있으면 좋겠지만 현실은 그러하지 못하다. 그
런 이유로 보는 이의 주관적 입장에 따라 가람배치에 특정한 불교 사상
이 결합, 반영되었을 것으로 보고 있다.

먼저 부석사 가람배치에 '삼배구품'이 적용됐다고 보는 견해는 현재
남아 있는 여러 단의 석축石築에서 비롯되었다. 즉 부석사 경내 진입 순간
부터 무량수전에 이르는 여러 단의 석축을 크게 삼배로 구분하고 이것을
다시 세분하여 구품으로 설정해 놓았다는 주장이다.

그러나 이러한 주장을 펴기 위해서는 먼저 조선시대 각 전각 중수기의
내용을 꼼꼼히 살펴볼 필요가 있다.[47]

> '대당 의봉연간에 구품도량을 새로 열고 무량수전을 지었다.'
> (...大唐儀鳳年中創開九品道場建無量壽殿...)
> 「태백산부석사무량수전급제각중수기」(1806년)

> '구품계의 신령한 돌이 꿈쩍도 하지 않아 운화사雲華寺의 영접이 삼가
> 임하는 것이다.' (...九品階神鱗不勝而雲和之靈接儼臨...)
> 「양보전단확중수기」(1808년)

중수기 2곳에서 확인된 '구품'과 이에 연결된 도량道場과 계階를 어떻
게 이해하느냐에 따라 현재 남아 있는 축대가 구품을 의미하는 것인지를
알 수 있다. 여기서 중요한 단서를 제공하는 자료가 있어 소개한다.

이 자료는 1935년 10월 발행된 금강산사金剛山社의 잡지『금강산』권2
에 보광 김유신葆光 金宥信이 당시 부석사 주지로부터 들은 얘기를 정리해
놓은 것이다.

47 무량수전 서남쪽 석축의 봄 풍경.
석축위로 하얀 배나무 꽃이 피어
있다.

다시 읽는 부석사

축석築石

'부석사는 극락국토를 표시하는 이유로서 국재國財로 3년간 전문축석
專門石築한 후 창건하였는데 구품연대九品蓮臺를 의미하여 9층으로 축석
하되, 제3층과 제8층은 3,4아람도리 농롱짝 같은 바위와 3,4발 천연
석으로 고高 4장丈, 장長 5,60발식式 엄청나게 크나큰 돌로 쌓아서 신
라시대의 견고한 민심과 예술상 웅장미를 자랑하는 동시에 불교가 그
얼마나 전국적으로 전성하였든 사실을 넉넉히 추측케 된 것이다.'

『금강산』권2에 실린 위 기사 내용을 보면 구품연대九品蓮臺를 상직적으
로 구현하고자 9층으로 석축을 쌓았는데, 그 중 제 3층과 제 8층의 돌은 그
크기가 상당하다는 것을 언급하고 있다. 또한 이러한 바위로 쌓은 축대의
높이가 10m가 넘고 전체 길이가 5,60미터에 이르는 것으로 이해 할 수 있
다. 즉 석축이 의미하는 바는 기존의 연구에서처럼 구품은 9곳으로 구분된
공간 개념이 아니라 축대가 쌓인 높이를 말하는 것이었다.

따라서 1806년과 1808년의 중수기에 등장하는 '구품도량', '구품계'
는 무량수전의 석축을 쌓은 층수를 의미하는 것으로 구품은 9층의 축대
위에 무량수전이 지어진 것이고, 그곳이 바로 구품도량 즉 구품연대였음
을 말하고 있다.

1930년대 당시 주지의 이러한 인식은 그가 아무런 근거 없이 지어낸
이야기라기보다는 절에서 전래되어온 석축의 이해를 그대로 보여준 것
으로 여겨진다. 경내의 모든 석축을 상품상생 상품중생 등과 같이 별도
로 구분된 공간개념으로 보지 않았다는 것이 분명해진다.

이러한 석축에 대해 박종朴琮의 『청량산 유록淸凉山遊錄』에는 '절은 모두
9층 석대에 있으며, 높이가 5, 6길이며 너비는 7, 80보 정도로 각 층에
전각이 들어서 있다'고 하였다.✷

✷ 경자년(1780년) 8월15일,
...寺凡九層石臺 高可五六丈 廣可
七八十步 每層排張殿閣...

이 글에서 볼 수 있듯이 『금강산』의 기사와 같이 층層은 공간 개념이
아닌 바위가 쌓인 높이를 의미하는 것이다. 박종은 현재 범종루 아래와
안양루의 축대 높이와 폭을 말하며, 이 두 석축 위에 무량수전을 비롯한
여러 전각이 있음을 밝힌 것이다.

결국 현존하는 부석사 석축은 기본적으로 2개의 거대 석축 그 중에서

도 무량수전이 자리한 석축 자체가 '극락구품' 혹은 '구품연대'를 구현한다고 조선후기까지는 그렇게 인식하고 있음을 확인할 수 있다.

가람규모와 배치
부석사로 가는 길[48]

현재 부석사 사역은 창건 이후 전성기로 여길 수 있는 고려말까지와는 사뭇 다른 규모였을 것으로 보인다. 그렇다면 우리가 현재 보고 있는 부석사의 그 옛날 모습은 어떠했을까?

이를 확인하기 위해서는 현재의 사역은 물론 주변지역까지 광범위하게 발굴 조사를 실시하거나 관련 내용이 구체적으로 담겨 있는 『사지寺誌』가 있어야 한다. 그러나 그렇지 못한 상황에서 과거 부석사를 다녀간 사람들의 기록을 살펴보면서 당시를 유추해내는 방법이 가장 근접한 답을 줄 수 있을 것이다. 이를 통해 최소한 그 당시 가람배치가 어떻게 이루어졌는지는 확인할 수 있기 때문이다.

부석사의 옛 모습을 어렴풋이 더듬어 볼 수 있는 자료로 조선시대의 기행문, 탐방기, 향토지리지 등이 일부 남아 있다. 이 가운데 대표적인 것으로는 김령金坽의 『계암일록溪巖日錄』1615년, 박종朴琮의 『청량산 유록清凉山遊錄』1780년, 신정하申靖夏의 『태백기유太白紀遊』1709년 등과 순흥지역의 역사를 담은 『재향지梓鄉誌』19세기 중반 등을 꼽을 수 있다.

이들 문헌에 대한 전체 소개에 앞서 필자들이 어떤 길로 부석사에 이르렀는가를 살펴보는 것도 부석사 가람배치를 이해하는데 중요한 열쇠가 될 것이다. 특히 부석사의 진입 동선이 어디에서 시작했는가를 정확히 알면 현재 남아 있는 각 전각과 지금은 사라지고 없는 전각들의 위치를 파악하는데 큰 도움이 될 것으로 보인다.

김령 조선 중기의 문신:1577~1641,『계암일록』

지금의 안동시 풍산읍에 살았던 김령은 1615년 7월 3일음력 부석사를 방문하고 다음날 돌아갈 때 유곡酉谷: 닭실마을으로 갔다는 것으로 보아 지금의 봉화읍을 지나 내성천을 따라 물

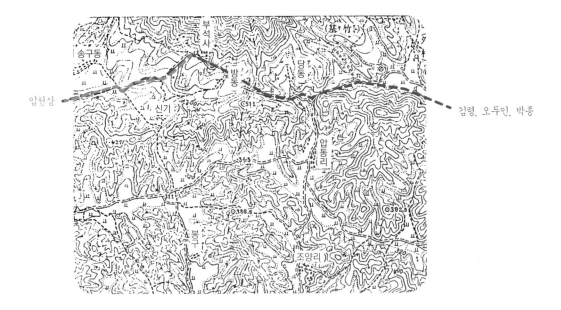

야를 거쳐 오전리로 해서 부석사에 당도한 것으로 보인다.

  이 길은 안동, 봉화 지역에서 부석사를 오는 가장 짧은 길로 다른 기행문에서도 여러 차례 등장한다.

48 기행문에 나타난 조선시대 부석사 진출입 동선. 조선총독부, 1918년 지도 편집.

오두인 吳斗寅, 조선 후기의 문신:1624~1689, 『양곡집 陽谷集』, 「부석사기 浮石寺記」

            오두인은 1651년 5월음력 부석사에 오기 전 봉화 청량산을 유람하였다. 이곳에서 이틀간 머물다가 부석사로 향했다. 그는 청량산을 출발하여 봉성현재 봉성면에 도착하여 1박을 하고 다음날 두곡杜谷:봉성면 동양리을 지나 봉화읍 청암정에서 일행과 합류하였다.

  이들은 이곳에서 북쪽으로 방향을 잡고 30리 쯤 더 가서 부석사에 당도하였다. 여기서 다시 다른 일행과 합류하여 천왕문을 지나 범종루에 올랐다.[49]

신정하 조선 후기의 문신:1680~1715, 『서암집 恕菴集』, 「태백기유」

            신정하는 1709년 태백산 사고에 보관 중이던 『선원록璿源錄』과 『실록實錄』의 포쇄曝曬를 마치고 한양으로 가던 중 청량산을 들러 부석사로 향했다. 청량산을 떠난 그는 9월 2일 고

49 조선후기 부석사를 찾아 기행문을 남기는 선비들 중에는 청량산을 경유하여 오는 경우가 많았다. 경북 봉화 청량산과 청량사 전경.

산정孤山亭. 안동시 도산면 가송리을 들렀다가 용수사龍壽寺. 안동시 도산면 운곡리를 탐방하고 저녁 무렵 영주에 도착하였다. 이튿날 영주시내 서천가에 있는 구학정龜鶴亭을 돌아보고 봉화 청암정靑巖亭을 찾았다. 청암정을 떠나 해질 녘에 부석사에 도착하여 경내 심검당尋劍堂에서 묵었다.

박종 조선후기 유학자:1735~1793, 『청량산 유록』. 1780년

청량산과 각화사, 그리고 태백산 사고를 탐방한 박종은 춘양을 지나 옥석산과 문수산 사이의 주실령을 넘어 봉화군 오전리에 도착하였다. 여기서 다시 서쪽으로 5리를 더 가 부석사에 당도하였다. 부석사에서 숙박을 하고 경내 곳곳을 둘러 본 그는 이튿날 절에서 아침을 먹고 남서쪽으로 10리를 더 가서 마구령 입구의 미륵당을 지나 백운동서원 즉 소수서원에 도착하였다.[50]

다시 읽는 부석사

정각 鄭塤, 조선후기 유학자:1799~1879, 『진암집 進菴集』, 「유부석사기 遊浮石寺記」.1849년

        정각의 진입 동선은 확인하기 어렵지만 그가 부석사를 유람하고 나갈 때는 지금의 일주문 방향이 아니라 범종루와 사천왕문 사이의 서쪽으로 난 산허리를 따라 이동한 것으로 확인된다. 그리고 여기서 몇 리를 더 가서 극락암을 거쳐 북지촌^{지금의 영주시 부}^{석면 북지 1리}을 경유하면서 이곳이 의상스님이 부석사를 창건하기 전에 먼저 머물렀던 곳이라 하였다.

임천상
任天常, 조선 후기의 문신·학자:1754~1806, 『궁오집 窮悟集』

        임천상은 순흥부를 떠나 '죽계 제월교^{竹溪霽月橋}'를 건너 20리를 더 간 후 부석사에 도착하여 범종루와 대웅전^{무량}^{수전}, 취원루 등을 유람하였다.

50 부석사를 찾아온 이들의 행적에서 소수서원도 빠지지 않는 명소다. 주로 부석사를 탐방하고 소수서원으로 가는 경우가 많았다.

  위의 기행문 등을 살펴보면 4사람의 부석사 탐방 길은 모두 봉화쪽에서 진입하는 길이었다. 이 중에 눈여겨 볼만한 동선은 「태백기유」에 등장하는 길이다. 신정하가 영주에서 부석사로 오는 길은 지금의 순흥면이나 단산면, 부석면 방향이 아닌 봉화쪽으로 길을 잡았다.

  앞선 다른 기록에서도 봉화를 지나는 길로 부석사에 이르렀다는 점은 이 당시 안동방면에서 부석사에 이르는 가장 편하고 빠른 길이 아니었을까 한다.

  안동에서 부석사에 이르는 길은 지금은 차량을 이용하면 안동에서 5번 국도를 따라 부석면소재지를 지나 부석사에 도착하는 길이 많이 이용된다. 이로 인해 대다수 관광객들은 중앙고속도로를 이용할 경우 영주시가나 풍기읍을 지나 부석사에 이르는 도로를 가장 많이 이용한다. 이 길을 이용하면 모두 부석면을 지나 부석사에 이르지만 신정하 등이 이용했던 탐방경로와 차이가 있다. 즉 지금은 무량수전을 기준으로 일주문과

천왕문을 지나는 남쪽 진입로를 사용한다. 하지만 과거에는 신정하 등이 이용했던 부석사성보박물관이 있는 동쪽 통로를 이용하였음을 확인할 수 있다.

　20세기 들어서도 봉화쪽 통로를 이용한 부석사 참배사례가 있지만, 1930년대 부석면 소천리에서^{현 면사무소 소재지} 부석사 입구까지 들어오는 차도가 생기면서 진입 동선에 많은 변화가 찾아 왔던 것으로 보인다. 특히 1937년 11월 부석사를 방문한 답사기에서는 봉화군 물야면 오록리

를 거쳐 영주시 부석면 용암리에서 진입하는 동선도 확인된다.✻

　따라서 현재 부석사 출입 동선과 17~19세기의 출입 동선은 큰 차이가 있었음을 알 수 있다. 이를 통해 『재향지』에서 밝힌 일주문一柱門과 현재 일주문의 위치가 상당한 차이가 있을 것으로 추정된다. 즉 현재의 일주 문을 통해 남북 축선 상으로 이어진 동선이 아니라 동쪽과 서쪽에서 출 입하는 게 부석사의 본래 출입 동선 이었을 가능성이 크다.

✻ 『동아일보』, 1937년 10월 29 일 '이일소선기-부석사탐승(二日 騷仙記-浮石寺探勝)'. 현재 이 길에 는 931번 지방도가 개통돼 있다.

가람규모와 배치
부석사 어디까지 보았니

　　　　　　　부석사의 가람배치를 설명하기 전
에 현재가 아닌 20세기 이전에 부석사를 방문한 선인들이 남긴 행적을
자세하게 살펴볼 필요가 있다. 이를 위해 조선시대 기행문과 향토사적지
내용, 그리고 부석사 주변 현장조사를 통해 확인한 유구와 유물을 바탕
으로 당시 부석사 가람배치를 살펴보기로 한다.

51 탑신이 부서져 귀부에 놓여 있던
원융국사비의 20세기 초 모습과 이
후 복원된 광경. 신언의 증언에 따르
면 16세기말에도 이 비석은 이미 부
서져 있었던 것으로 보인다. ⓒ국립
중앙박물관

－ 조선시대 부석사를 둘러보다

신언 申漹, 조선 중기 문신·상주목사 尙州牧使:1530~1598

『고산집高山集』 '유소백산기遊小白山記'
　　기묘년1579 여름 임진일4월 17일 혹은 6월 18일에 영
주향교榮州鄕校를 출발하여 군북郡北을 거쳐 부석사
에 도착하였다. 절은 매우 탁 트여있고 시계視界가
넓은데, 대개 신라의 큰 사찰이다. 산의 근맥根脈은
태백산에서 근원하는데, 주봉主峯은 봉황산이라고
한다. 절에서 가장 높은 곳에 위치하고 있으면서 고
금에 일컬어지는 곳이 취원루다. 취원루 위에 명현名
賢들의 제영題詠이 있다.(중략) 북쪽의 어느 집에 나
아가 잤는데, 극히 높고 시원하였다.
　　계사일4월 18일에는 날이 개였다가 흐려졌다가 하
였다. 절의 승려와 같이 지팡이를 짚고 조전祖殿:조사
당에 오르니, 또한 상쾌하였다. 벽 아래에 기이한 꽃
이 있는데, 세월이 오래되어 가지가 처마 끝에 닿았
고 꺾이고 굽어 바깥쪽으로 뻗어 나왔다.(중략) 또
돌아서 관음전觀音殿을 지나 취소암吹簫庵에 이르렀는데, 새로 지은 것이
볼 만하였다.(중략)
　　갑오일4월 19일 혹은 6월 20일에는 비가 그치기를 기다려서 고적을 두루
구경하였다. 식사정食沙井이 있는데, 승려가 말하기를 "무량수전에 용
정龍井의 옛터가 있었는데, 이곳으로 옮기고 모래를 모아서 용의 먹이
로 삼았습니다"하였다. 허탄하여 믿을 수는 없지만, 가뭄이 들면 군수

가 곧 여기에 제관祭官을 보내어 기우제祈雨祭를 지낸다고 하며, 우물가에 제단祭壇이 있다 .

절의 동쪽에 가시덤불 가운데 묻혀 있는 비석이 있었는데, 파손된 지 이미 오래되어 연대를 찾아보고 싶었지만 찾지 못하여 여기에 무리하게 적을 수 없다. 그러나 그 문체文體를 보니, 신라 때 세운 것이었다.[51]

부석浮石이라는 이름에 대해 물었더니 승려가 말하기를 "이 절이 아직 창건되지 않았을 때에 돌이 경주慶州에서 이곳으로 떠서 왔습니다." 하고 손으로 그 돌을 가리켜 보였는데, 그의 말이 황당하였다. 혹자는 이르기를 "이 절의 돌계단이 모두 9층이나 되니, 아마도 창건할 때에 떼어낸 바윗돌이 매우 많았으므로 힘을 썼던 노고를 드러내기 위해서 부석이라고 이름 붙였을 것이다." 하는데, 그 말이 이치에 조금 더 가깝다.(중략) 계단 앞에 석주石柱:당간지주가 있었으니, 길이가 한 길 남짓이었는데 옛날에 복죽卜竹을 세워 놓던 자리라고 하였다 .

또 돌로 만든 수조석용:石舂가 있었으니, 무게는 소가 만 마리는 되어야 돌릴 만하고 크기는 곡식 10휘斛:10가마를 부어 놓을 만한데 흙속에 묻혀 있었다.[52] 구경하고 나서 제생諸生들은 모두 내려가고 나는 사상과 함께 잠자리에 들었다.

을미일4월 20일 혹은 6월 21일에는 날씨가 청명하여 소백산을 향해 출발하였다.

52 쌀 10가마가 들어간다는 석수조. 다른 기록에는 이곳에 흥복료라는 요사채가 있었던 것으로 전한다.

신언의 『유소백산기』는 임진왜란이 일어나기 13년 전에 쓴 것으로 이를 통해 임란이전 부석사의 모습을 짐작할 수 있다. 여기서 눈길을 끄는 대목은 식사용정과 조사당과 관련 내용으로 식사용정의 옛터가 따로 있었다는 증언이다.

또한 조사당을 보고난 다음의 행적도 눈길을 끈다. 그는 '관음전觀音殿을 지나 취소암吹簫庵에 이르렀는데, 새로 지은 것이 볼 만하였다'고 했는데 현존하는 기록에는 이들 전각의 이름을 확인할 수 없다. 다만 '취소암'의 경우 조사당 옆에 붙어 있던 '취현암'을 말하는 것 같지만, 관음전과 함께 등장한다는 점에서 그럴 가능성은 희박해 보인다. 이 기행문의 기술 순서와 이동 경로로 보아 영산전과 그에 딸린 암자의 옛 이름으로 보는 것이 더 타당할 것이다.

당간지주와 돌통 즉 석수조石水槽 얘기가 등장하는데 당간지주는 현재

천왕문 아래 있으며 보물 제255호로 지정되어 있는 것을 언급한 것으로 보인다. 석수조는 당간지주로부터 남서쪽으로 100m되는 지점의 농막 앞에 대형과 소형이 각각 하나씩 남아 있다.

김령 『계암일록』

1615년 7월 3일

나는 일찍이 계묘년1603 가을에 이곳을 구경하였으니 이번이 두 번째로 온 것이다.

무량수전無量壽殿은 이 절에서 가장 큰 건물로 아미타불을 봉안해 놓았는데, 아주 웅대했다. 신라시대 의상선사義相禪師가 창건하였고 근래에 계욱戒旭스님이 중건하면서 웅장한 아름다움을 더하였다. 무량수전 양 옆으로 동서東西 회랑이 있는데 서쪽 회랑에 연결된 취원루聚遠樓는 높고 시원하게 확 트여 있어 한 눈에 백 여리가 보였다. 첩첩으로 쌓인 여러 산들이 눈 아래에 흩어져 있고, 아득한 시선 가운데 오직 학가산鶴駕山만 동남에 우뚝 솟아 있고, 소백산小白山이 잇달아 서북으로 걸쳐져 있었다.[53] (중략)

전殿:무량수전 남쪽 계단 앞에 작은 각閣이 있어 계단에 붙어있고 계단 아래에는 법당이 누각을 등지고 있다. 연이어 그 앞에는 종루가 있고 그 아래에는 중문中門이 있는데 문 안에는 사천왕四天王이 호위하고 있어 장대한 모습이 놀랍도록 사나웠다. 법당에는 작은 종이 걸려 있는데 아주 오래 전에 만들어진 것으로 계곡 모래밭에서 찾아낸 것이라고 한다. 이 절의 이름을 부석이라 한 것은 전해오는 말로는 절을 창건할 때 귀신이 실어 나르듯 큰 돌들이 날아와 하루가 채 되기도 전에 공사가 완성되었다고 한다. 식사용정 문밖과 취원루는 자연석을 가공한 돌로 축대를 쌓았는데 돌의 앞면은 마치 갈거나 연마해 놓은 듯 한 치의 오차도 없이 끝까지 차곡차곡 쌓여 있었다. 높이는 적을 막아낼 성벽과도 같으니 참으로 장대하였다.

동북쪽엔 숲길이 해를 가리고 조릿대가 온 산에 가득하였다. 조금 올라가 조사당祖師堂에 이르면 나무로 만든 불상이 의연하게 서 있으니 의상대사라고 한다. 처마 밑에 나무가 있는데 비와 이슬이 닿지를 않으나 사계절 늘 푸르다. 승려들은 처음에 의상대사가 아미타전무량수

계욱스님은 1573년 조사당 중수시 대시주로 등장한다. 조사당 도리하단 묵서: ...萬曆元年癸酉二月日更樑記錄 大施主 戒旭比丘... 또한 「봉황산부석사개연기」 가운데 1608년 중수기록에서 계욱스님은 화주(化主)로 활동하였다.

다시 읽는 부석사

전 건립을 마치고 스스로 여기에 상을 깎아 세웠으나 얼마 뒤에 암자는 허물어져 없어지고 간 곳을 알지 못했다. 다만 스님이 꽂아둔 지팡이에서 가지가 나고 잎이 생겨 수풀을 이루게 되었다고 하였다.

이곳에서부터 서쪽으로 수십 보 거리를 더 가면 영산전靈山殿이라는 작은 암자 하나가 있다. 그 암자의 주인은 덕장德藏이라는 승려로 지난해에 이미 죽었다.✹ 암자에는 나무로 만든 수로를 따라 졸졸졸 물이 떨어지고, 창 밖에는 해바라기가 무리지어 피어 있어 가냘프고 아리따워 구경할 만했다. 저녁 무렵에 내려와 밥을 다 먹고 선방으로 돌아오니 감실에는 이미 등불이 밝혀졌고 풍경소리가 울렸다.

『계암일록』을 통해 1611년 무량수전 중수를 주도한 인물이 계욱스님이라는 사실을 확인할 수 있었다. 또한 중수를 마친 무량수전 모습이 1603년 방문했을 때보다 더 웅장하게 보였던 것 같다. 무량수전 양 옆으로 '낭廊'이 있다고 했는데 이를 복도와 같은 회랑으로 판단하느냐, 혹은 무량수전에 딸린 부속건물로 보느냐에 따라 이곳의 가람배치와 건물에 대한 이해는 매우 다르게 인식된다. 그러나 무량수전의 위치와 현재 남아 있는 흔적으로 보아서는 복도형식의 회랑보다는 부속 건물이 있었던

53 무량수전 정면에서 가장 먼저 보이는 학가산(870m). 의상대사의 제자인 오진스님이 학가산 골암사에 살면서 밤마다 팔을 뻗어 부석사 경내에 불을 밝혔다는 얘기가 『삼국유사』에 전한다.

✹ 영산전은 현재 응진전과 자인당 자리에 있던 법당이다.

것으로 보인다. 즉 동쪽은 안양루 아래로 옮겨진 응향각과 서쪽은 취원루로 보인다.

이와함께 '무량수전 남쪽 계단 앞에 작은 누각(안양루)이 있어 계단에 붙어있고 계단 아래에는 법당이 누각을 등지고 있다'고 하였다. 그런데 『계암일록』에서 말하는 공간에는 괘불대와 낮은 축대, 그리고 그 앞에 범종루가 있을 뿐 다른 건물의 흔적을 찾기는 힘들다. 특히 현재 장경각이 있던 공간도 일제강점기 사진자료를 보면 낮은 언덕으로 바로 옆 산자락과 연이어 있어 법당이 들어서기에는 비좁고 경사진 공간이다.

이 법당의 존재는 『재향지梓鄕誌』에서도 언급되지만, 『계암일록』에서 언급한 공간에 과연 법당이 존재했는가는 발굴조사를 통해서만 전모를 밝힐 수 있을 것이다. 그렇지만 안양루가 있는 석축 주변에는 조선시대에 지어진 '삼성각三聖閣'이 있는데, 앞서 등장한 법당이 이를 가리키는 것으로 보인다.

『계암일록』에는 현재 자인당慈忍堂과 응진전應眞殿이 있는 자리에 '영산전靈山殿'이 있다고 하였는데, 이곳은 1796년 승홍勝弘스님의 화주로 아미타후불목각탱과 아미타삼존상에 대한 개금불사改金佛事가 있었던 전각임을 알 수 있다.🍁

오두인 吳斗寅, 『양곡집 陽谷集』, 「부석사기 浮石寺記」

1651년 음력 5월

부석사는 태백산 아래 있는데 신라 때 창건되었다. 천왕문을 지나 범종각에 오른다. 절의 북쪽에는 무량수전이 있고 그 현액縣額은 공민왕의 친필로 전해지고 있다. 일행과 더불어 북쪽(무량수전)에서 나와 취원루에 올랐다. 취원루 앞은 천지가 맞닿아 온 하늘이 끝없이 보이며 산들이 아스라이 모여 있다.

견여肩輿:이에 에는 가마를 타고 수십 보를 가니 조사전에 당도하였다.🍁 조사전에는 신라의 고승 의상의 상이 모셔져 있다. 의상스님이 부석사를 창건하였다. 『여지지輿地志』에 따르면 신라 문무왕 11년671 의상스님이 태백산에 이 절을 지었다고 한다.🍁 조사전 밖 처마에는 평범하

🍁 국보 제321호 문경 대승사 목각아미타여래설법상은 본래 부석사에 있었던 것으로 1869년 대승사로 이안되었는데 당시 관련 문서에 따르면 이 불상이 '금색전(金色殿)'에 있었던 것이라고 하였다. 따라서 1796년 작성된 '경상좌도 순흥 태백산 부석사 영산전 미타후불탱 급 미타 관음 개금기'를 통해 이 불상이 영산전에 있었던 것임을 밝히고 있어 금색전이 곧 영산전이었음을 알 수 있다.

🍁 조선시대 사대부와 관료들이 절에 행차하면 승려들이 이들을 견여에 태워 경내를 유람하였는데, 그 폐해가 심해 승려들이 겪는 고통이 이만저만이 아니었다.

지 않은 기이한 나무선비화가 있다.(중략) 해질녘에 돌아와 절 뒤에 이르니 기이한 바위가 하나 있는데 높이가 1장 가량 되고 열명이 앉을 만하다. 세간에 알려진 부석이 바로 이 돌을 가리키는 것이다.(중략) 일행과 함께 승당에서 잠을 자고 다음날 아침 일찍 돌아갈 것이다.

✿ 여기서 언급한 『여지지(興地志)』는 조선 현종대(1660~74)에 반계 유형원(柳馨遠)이 편찬한 것이 아닌 『동국여지승람』이나 『신증동국여지승람』을 말하는 듯하다.

신정하 『서암집』, 「태백기유」

1709년 음력 9월
3일 해질녘 부석사에 도착해서 심검당尋劒堂에서 잤다.
4일 밥을 먹은 뒤 절을 두루 돌아보았다.(중략) 종루鍾樓와 경각經閣이 구불구불 맞닿아 있어 들고 남이 복잡하다. 절 서쪽에 법당이 하나 있는데 이름이 '극락極樂'이라 하며, 용마루는 구름 속에 잠겨있다. 금불상 1구가 앉아 있으며 머리끝에서 발끝까지 5,6장이 되었다. 벽화에 그려진 신귀神鬼가 매우 웅장하였다. 법당 서쪽 벽에는 황고산黃孤山의 시가 남아 있다.(중략) 걸어서 절 뒤의 작은 암자조사당에 도착했다. 암자 안에는 의상스님의 상이 봉안되어 있다. 암자밖에는 3그루의 나무가 있으니 이름하여 '선비僊飛'다.(중략) 다시 내려와 취원루에 앉았다. 누각은 그다지 높지 않으나 산천山川 연운煙雲이 모두 궤석几席 사이에 있으니 무릇 이 절에서 가장 경치가 뛰어난 곳이다. 누각 뒤에는 판각板閣이 있는데 고승 18분의 진영이 봉안되어 있다.(중략) 해탈문을 나오면 서쪽에 작은 용정龍井이 있는데, 그 깊이를 헤아리기 어렵다. 우물 근처에는 모래를 쌓아 놓았는데 용이 이 모래를 먹는다고 하였다.(중략) 오후에 하산하여 백운동서원을 찾았다.

18세기 초 부석사의 가람배치와 관련하여 매우 중요한 단서가 신정하가 쓴 『서암집』에 있다. 1709년 음력 9월3일 부석사를 찾은 신정하는 심검당에서 하룻밤을 자고 이튿날 경내를 유람하며 그 풍경을 적었는데 "....종루鍾樓와 경각經閣이 이리저리 얽혀있어 들고 남이 복잡하였다. 절 서쪽에 법당이 하나 있는데 이름이 '극락極樂'이라 하며...✿

현재 부석사의 풍경에서는 이해가 되지 않는 부분이다. 경각은 경전 혹은 경판經板을 보관하는 장소이며, 종루는 범종 등이 걸려 있는 누각을

✿ ("...鐘樓經閣. 繞相接. 出入易迷. 寺西有一殿. 名曰極樂...")

말한다. 그런데 이 경각과 종루가 맞닿아 있어 출입에 혼선을 준다는 것이다. 또한 '이 절 서쪽에 법당이 하나 있다'고 하면서 현재 무량수전에 대한 설명을 이어간다.

여기서 주목해야할 것은 심검당과 종루, 경각의 위치다. 심검당에서 잠을 잔 김령은 이튿날 자신이 묵었던 곳을 중심으로 경내를 돌아보고는 심검당, 경각과 종루의 위치가 무량수전 동쪽에 있음을 밝혔다. 이글을 보면 우리가 현재 알고 있던 종루 즉 범종각의 위치는 크게 달라진다. 또한 범종각이 경각이라는 건물과 맞닿아 있다는 점에서도 현재의 범종루가 우리가 알고 있는 범종루가 아닐 가능성이 크다.

그러나 이보다 앞선 1615년에 부석사를 찾은 김령의 기록과는 사뭇 다른 서술이어서 검토가 필요하다. 이는 탐방객의 서술 오류인지 아니면 1615년과 1709년 사이에 어떤 사건이 있어 범종루의 위치가 변경이 된 것인지도 알 수 없다. 현재의 범종루는 1749년 화재로 인해 승당, 만월당 등과 함께 소실되어 1748년 복원되었고, 1750년에 단청을 하였다는 사실이 『중수기』 등을 통해 확인된다.

분명한 것은 신정하가 머물렀던 심검당이 무량수전 동쪽에 있던 요사채였다는 점이다. 이 요사채는 현재 동부도전 아래 사과밭 일원으로 추정된다. 또한 종루와 함께 언급됐던 경각 역시 이 부근으로 보인다. 이곳에서는 '대장당大藏堂'이라는 고려시대의 명문와편을 필자가 수습하여 현재 부석사성보박물관에 보관중인데, 이곳에 18세기 초까지 경판과 경전을 보관하던 시설이 있었던 것으로 추정된다.[54]

54 부석사 동부도전 아래 과수원에서 출토된 '대장당'명 명문와편과 기와류. 아마도 이곳에 경판을 보관한 대장당이라는 건물이 있었던 것으로 추정된다.

1780년 음력 8월 15일

봉화 오전리에서 서쪽으로 5리를 더 들어가니 수목이 하늘을 덮고 누각이 구름 속으로 들어가니 이곳이 부석사浮石寺다. 모두 9층의 석대로 높이가 5~6길이며 너비는 70~80보 정도다. 각 층에 전각을 설치하였다. 큰 길을 따라 들어가면 처음에는 일주문一柱門이 있고 그 다음에는 조계문曹溪門이 있으며, 좌우의 벽화에는 문수보살이 대중을 타고 있는 형상이 있다. 흥복료興福寮가 그 곁에 있고 그 다음에는 회전문回轉門이 있다. 좌우에는 사천왕상을 안치하고 있는데, 상이 매우 엄하게 보이니 실제로 다른 절에서는 보지 못한 것이다.

다음에는 범종각梵鐘閣이 있는데 쇠종을 매달았다. 종의 둘레는 몇 아름이어서 울리는 소리가 매우 장엄하다. 다음에는 안양문安養門이 아득히 구름과 하늘 끝에 있다.(중략) 위에는 불전佛殿이 있는데 가장 웅장하고 아름답다. 커다란 부처는 동쪽을 향하여 앉아 있다. 이것은 대개 서쪽에서 왔다는 뜻을 취한 것이다. 곁에는 미타전이 있는데 벽에는 8층의 금부처를 걸어 놓았다. 그 앞에는 취원루聚遠樓가 있다. 이것은 높은 층 가운데서도 가장 높은 누각이다. 눈앞이 탁 트여 아득하여 그 끝이 없다.(중략) 취원루 네 개의 문 좌우에는 모두 승방僧房이 있다.(중략) 가장 위에 있는 불전은 무량수전無量壽殿으로 금으로 쓴 네 글자 현판을 달고 있으니, 고려 공민왕恭愍王의 글씨이다.

전각의 계단 아래에는 땅에 솟아난 돌이 있는데 고기의 꼬리 형상을 하고 있다. 이 기반은 용혈이 되는데, 용 전체는 불좌佛座에 들어가 있고 아래의 꼬리는 계단 아래에 보이는 것이다.

앞에는 식사정食沙井이 있는데, 깊이는 4~5길이다. 위에는 작은 모래 언덕이 있는데 절을 지을 때에 신룡의 이적이 있었다. 의상이 비우로 하여금 경주慶州의 유사流沙를 가져와 한 곳에 모아 용의 먹이로 삼았다고 한다.

왼쪽에는 선비정仙妃井이 있는데 한 선녀가 물을 길어 의상에게 아침 저녁으로 제공하였다. 그러므로 선비로 이름을 지었다. 매번 입춘에 물이 차고 빠지는 것으로 풍흉을 점친다고 한다.

무량수전에서 동쪽으로 백여 걸음을 올라가면 조사전祖師殿이 있는데, 의상의 화상畵像을 안치하고 있다. 문 밖의 처마 아래에는 네 줄기의

112

푸른 나무가 계단 위에 서 있는데 이름을 선비화仙飛花라고 한다.

무량수전의 네 벽에는 고산孤山 황기로黃耆老가 쓴 시 한 수가 적혀 있다.(중략) 필획이 완연히 용과 뱀이 꿈틀거리는 듯 힘이 넘친다. 다만 몇 글자는 산의 아이들이 깎아내어 읽을 수가 없다. 밤에 동이방東二房에서 잤다.(중략)

8월 16일

부석사에서 서남쪽으로 10리를 가니 암자 위에 미륵당彌勒堂이 있다. 또 20리를 더 가서 무너진 다리를 건넜다.

『청량산 유록』은 다른 조선시대 기행문들에 비해 비교적 상세한 당시 상황과 가람배치를 기록하고 있어 18세기 후반 부석사 상황을 알 수 있는 중요한 자료다. 범종루에 있던 범종의 규모나 조계문·회전문에 봉안되었던 도상의 내용 등 지금은 그 흔적조차 확인할 수 없는 당시 가람 현황이 상세히 남아 있다.

특히 부석사의 상징 중 하나인 석축과 관련 '모두 9층의 석대로 높이가 5~6길이며, 너비는 70~80보 정도다. 각 층에 전각을 설치하였다'는 내용은 매우 중요한 의미를 담고 있다. 현재 부석사에는 기본적으로 2곳의 높은 축대와 그 외의 낮은 축대를 포함해 10개 가량의 석축이 있다. 따라서 박종의 기록대로라면 10개 가량의 석축 높이는 모두 5~6길이 되어야 하지만 실제는 그렇지 않다. 결국 여기서 언급된 '9층'이라는 뜻은 석축을 구성하고 있는 바위가 9단으로 쌓여 있다는 것이다. 이런 규모의 석축은 단 2곳 뿐이다. 결과적으로 '9층'은 이 2곳의 석축 높이를 말할 뿐 나머지 낮은 석축의 수를 포함한 것이 아니었다.

안정구 安廷球, 1803~1863 편집. 『재향지 梓鄕誌, 1849년』

부석사浮石寺 : 고을 북쪽 35리에 있다. 봉황산鳳凰山이 태백산太白山에서 시작하여 남쪽으로 내려오면서 여러 번 기복하다가 우뚝하게 솟았는데, 그 산 남쪽에 절이 있다. 영남에서 제일의 명승지로 꼽는다. 당나라 고종 의봉儀鳳 원년676, 문무왕16에 신라 문무왕이 의상에게 명하여

55 무량수전에서 서쪽으로 300여m 떨어진 계곡에 남아 있는 극락암 터에서 바라본 풍경.

창건하고 이름을 '부석浮石'이라 하였다. 동쪽에 선묘정善妙井이 있고 서쪽에 식사정食沙井이 있는데, 가물 때 기도하면 감응이 있었다.

절에 전하는 말에 의하면, 의상이 길지를 찾으면서 손으로 큰 돌을 떨치니 날아와 금당金堂 뒤에 떠 있다가 7일이 되어 땅에 내려졌다고 하는데, 그 말이 매우 허탄하다. 지금에 살펴보면, 금당 뒤에 실제로 큰 돌이 있는데, 뿌리가 땅에 붙어 있지 않고 반석이 여러 돌 위에 덮여져 있는 형상이 마치 떠 있는 듯하다. 부석이라는 이름은 아마도 그로 인하여 생긴 듯하다. 맨 위에 무량수전無量壽殿이 있는데, 일명 금당전金堂殿이라 한다. 안에 도금불상鍍金佛像이 안치되어 있으니, 바로 무량수無量壽이다.

무량수전에서 북쪽으로 1백 보쯤 올라가면 암자가 있는데, 조전祖殿: 조사당이라 하고 의상조사義相祖師의 상像을 안치하였다. 조전 처마 안에 나무 한 그루가 있는데 선비화禪扉花라 한다.(중략)

금당金堂 서쪽에 취원루聚遠樓가 있는데 돌계단을 깎아질러 높이가 10여 길이나 된다. 남쪽을 바라보면 온 산이 모두 눈앞에 펼쳐지는데, 시력이 좋으면 3백 리는 바라볼 수 있다. 취원루 북쪽에 장향대藏香臺가 있고, 금당 동쪽에 상승당上僧堂이 있고, 금당 뜰에 광명대光明臺가 있고, 그 앞에 안양문安養門이 있다. 문 앞에 법당法堂이 있는데, 법당의 왼쪽은 선당禪堂이고 오른쪽은 승당僧堂이다. 그 앞에 종각鍾閣이 있으며 역시 널찍하고 시원하다. 종각 아래에 또 대여섯 곳의 당실堂室이 있는데, 회전문廻轉門·조계문曹溪門이 있다. 그 앞에 큰 계단이 있다. 높이가 4~5길은 되고 길이가 1백여 보는 된다. 큼직한 돌을 층층이 쌓

다시 읽는 부석사

아 깎아지른 듯하고 옆으로 이어져 대臺를 이루어 온 절간이 그 위에
실려 있다. 귀신이 이룬 듯 역시 장관이다.[55]

　또 그 아래 수십 보쯤에 일주문一柱門이 있고, 그 아래 1리쯤에 영지
影池가 있다. 절의 누각이 모두 이 연못 속에 비친다. 조전祖殿 서쪽에
영산전靈山殿이 있고, 또 그 서쪽에 은신암隱神菴이 있다. 은신암 동쪽에
큰 돌이 우뚝 솟아 있는데, 높이가 몇 길 되고 위에는 10여 명이 앉을
만하다. 은신암 동서에 대臺가 있는데, 시야가 탁 트인 것이 이 산에서
가장 뛰어난 곳이다. 그 아래 골짜기에 극락암極樂菴이 있다. 조전 동쪽
골짜기에 동전東殿이 있고, 동전 뒤에 국사비國師碑가 있다.

『재향지』는 다른 기행문의 내용과 거의 일
치하고 있지만 그 중 눈여겨 볼 대목은 산내
암자의 현황이다. 앞서 『계암일록』에서 조사
당 서쪽에 영산전이 있음을 밝힌바 있다. 『재
향지』에서는 좀 더 자세히 적고 있는데 영산전
서쪽으로 은신암隱神菴과 극락암極樂菴이 있고,
조사당 동쪽 골짜기에 동전東殿과 국사비國師碑
가 있다고 하였다.

　여기서 동전과 국사비의 위치를 살펴보면 국
사비는 현재 원융국사비가 있는 자리이고, 그 동
쪽 골짜기에 동전이 있다고 기술하였다. 이 동전
이 있는 골짜기를 1960년대 자료『영주 부석사 동방

사지의 조사』,『고고미술』2(7) 통권 12호에는 약사곡藥師谷으로 명시하였다. 이곳은 현
재 자인당 내 가운데 봉안된 〈영주 부석사 석조석가여래좌상〉보물 제1636호
이 있었던 곳이다. 2017년 봄 이곳에 대한 지표조사결과 보물 제 1636호
의 하대 지대석으로 보이는 구조물이 확인된바 있다.[56]

56　원융국사비와 동부도전 사이 계
곡에 있었던 동전 혹은 약사전터에
대한 조사가 2017년 실시되어 보물
제1636호 석조여래좌상이 있었던
곳으로 보이는 흔적을 발견했다.

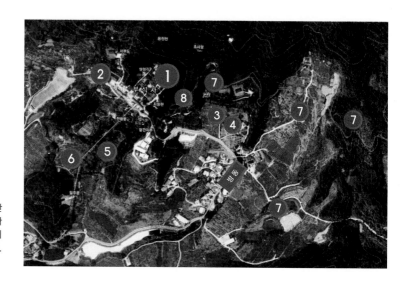

부석사 주변 곳곳에서는 다양한 시대의 기와와 자기 등의 유물이 확인되고 있다. 그 중 건물명칭 등이 새겨진 기와편들이 발견되곤 한다. ⓒ다음 항공사진

– 발로 찾은 부석사의 옛 모습

부석사의 전성기 모습은 어떠했을까. 그 전성기는 아마도 1358년 왜구들의 침탈로 무량수전을 비롯한 경내 전반이 불에 타기 전이었을 것으로 보인다.

부석사 주지로 왜구로 인해 불 탄 가람을 복구한 원응국사의 비문창성사진각국사 대각원조탑비. 1386년. 보물 제14호에 따르면 '임자년壬子年.1372부터 부석사에 주석住錫하면서 전당殿堂을 중수하여 옛날과 같이 하였다.…歲壬子住浮石重葺殿宇悉如舊盖…'고 적고 있다. 그러나 이때의 복구가 전성기 사역 모두를 복구했는지 여부도 사실상 불분명하다.

부석사의 전성기 사역에 대한 문헌자료가 없는 상황에서 구전 등에 따르면 무량수전을 중심으로 반경 10리가 모두 부석사 경내였다는 얘기가 있으니, 그 흔적은 어디든 남아 있을 것이다.✸ 이를 바탕으로 현재의 사역을 중심으로 동서로 각 2㎞, 남북으로 각 1㎞에 해당하는 구역에 대해 필자가 조사를 벌인 결과, 구전으로 전해 온 사역의 규모가 어느 정도 일치하고 있음을 확인할 수 있었다.

특히 무량수전 동쪽 직선거리로 400m 거리에 있는 북지리 방동 과수원 지역에서는 통일신라부터 고려시대의 것으로 보이는 토기, 청자, 기와류 등이 확인된다. 또한 현재 부석사 경내로 옮겨진 석불과 석탑, 석등 등이

✸ 송지향 편저.『순흥향토지』, 순흥면 발행. 1994. 164쪽.

있었던 곳이지만, 조선시대의 것으로 볼 수 있는 유물이 매우 적었다. 만약 이곳이 부석사 전성기 사역의 일부였다면 1358년 왜구들의 침입으로 심각한 피해를 입고 이후 복구되지 못했을 가능성이 있어 보인다.

부석사 전성기의 사역 확인을 위해 과거 부석사 경내로 추정되는 곳에서 발견된 명문와편을 근거로 그 범위와 시설물들을 표와 지도를 통해 밝혀본다.

천장방(天長房)

사진에서와 같이 부석사 경내는 물론이고 주변에서 다양한 명문와편이 출토되고 있어 해당 지역에는 명문에 등장하는 건물이 있었음을 추정할 수 있다.[57]

①은 무량수전 주변으로 다수의 '강당'명 와편이 발견되고 있다. 이는 무량수전이 조선시대 금당金堂으로 불렸던 것과는 달리 강당이었음을 확인시켜주는 근거다. ② '부석사에 사용된 기와를 만들었던 곳'이라는 뜻으로 이 부근에도 건물이 들어서 있음을 말해주고 있으며, 또 일제강점기 이곳에서 석재들을 채취해 천왕문 위의 대석단을 보수하였다.

중희9년(重熙九年)
대봉지원조(大鳳之院造)

출토 명문와편 현황

명문 번호	명문 내용	시대
❶	강당(講堂)	고려
❷	부석사와초방(浮石寺瓦草房)	고려
❸	중희9년(重熙九年) 대봉지원조(大鳳之院造)	고려 (1040년)
❹	대장당(大藏堂)	고려
❺	천왕(天王)	고려
❻	천흥(天興)	·
❼	천장방(天長房)	고려
❽	천관(天官)	고려

③, ④가 발견된 곳은 석축과 함께 초석도 일부 남아 있어 명문와편에
적혀 있듯 '대봉지원大鳳之院'과 '대장당' 즉 경판을 보관하던 시설이 있
었음이 확실하다. ⑤는 현재 천왕문과 멀지 않은 곳으로 고려시대에는
이 인근에 천왕문이 있었었음을 말해주고 있다. ⑥은 중국의 연호로 추
정되는데 해당하는 왕조는 북위의 도무제道武帝:398~403와 금나라 애종哀
宗:1232~1234때이다. 또한 이곳은 『청량산 유록』에서 언급한 흥복료가 있
었던 곳으로 추정된다.[58]

⑦의 명문와는 이 지역에서 광범위하게 확인되고 있는데, '천장방'이
라는 시설이 들어서 있었음이 확실하다. 이 명문기와가 이곳에서 소량으
로 확인된다면, 부근 다른 건물에 사용할 기와를 가져다 썼을 가능성도
있다. 그렇지만 이곳에서 집중적으로 발견된다는 것은 '천장방'이라는
시설이 있었음을 더욱 명확히 해준다.

이곳에서는 또 통일신라시대의 귀면와와 연화문와당은 물론 고려시
대의 연화문와당, 청자향로편 등이 출토되었다. 또한 현재 자인당에 봉
안된 영주 북지리 석조여래좌상보물 제220호과 삼층석탑 2기경북도유형문화재
제130호가 있었던 곳으로, 여기에 있던 다수의 초석이 부석사 경내로 이전
되어 종각과 선원 등의 건물 초석으로 재사용되거나 경작지 정비를 하면
서 사라졌다.[59]

✽ 임천(林泉). 『영주 부석사 동
방사지의 조사』. 『고고미술』2(7)
통권 12호. 1961. 7. 이 법당터는
정면 12m, 측면은 7m로 부석사
조사당보다 조금 더 큰 규모의 건
물이 있었던 것으로 보인다.

특히 이곳은 1958년 1월 영주 북지리 석조여래좌상보물 제220호. 당시 국
보 348호 2구를 부석사 자인당으로 이안하는 작업을 실시하면서 정면 3
칸, 측면 2칸의 법당터가 확인되기도 했다.✽ 또한 이곳에서 출토된 석

59 보물 제 220호 석불이 있었던 북지리 절터에서 발견된 통일신라와 고려시대의 귀면와와 연화문수막새.

등 부재의 일부는 안양루 아래 옛 취현암 건물 앞으로 옮겨놓았다.[60]

⑧의 와편이 출토된 곳은 원융국사비와 선묘정이 인접한 곳으로 얕은 구릉의 정상에서 다른 기와들과 함께 발견되었다. 원융국사비에는 '수비원守碑院'이라는 시설을 두었다는 기록이 있어 이와 관련된 시설에 사용되었던 기와로 추정된다.

이러한 명문와편의 분포 상황을 종합해보면 전성기 부석사의 사역은 크게 4곳으로 정리된다.

⑦의 명문와편이 집중 출토되는 구역은 현재 새로 건립된 비로암을 기점으로 남북 500m, 동서 300m에 해당하는 '천장방구역'과 ③, ④와편이 집중되는 '대장당 및 대봉지원구역', ①와편 지역은 '강당 구역', ②의 구역은 현재 설법전 부근에서 시작하여 서쪽으로 1km가량 산기슭쪽으로 이어지는 '암자구역'으로 구분할 수 있다.[61]

한편 봉화 오전리 석조아미타여래좌상경상북도 유형문화재 제154호이 있는 구역은 지형적인 특성과 현장에서 출토되는 기와 등 유물의 분포상태로 보아 통일신라부터 조선시대까지 사용된 특수한 시설이 있었던 것으로 추정된다. 현재 과수원으로 모두 개간되어 그 이전의 상황에 대해 섣불리 예단을 할 수는 없지만 원융국사 비문에 '부석사 동쪽 산등에서 장례를 치렀다浮石寺東崗禮也'고 한 점으로 미뤄 이곳이 부석사 스님들의 다비장茶毘場은 아니었을까?

60 화사석 위에 있는 석등 옥개석은 일제강점기 사진에서는 범종루 앞으로 옮긴 석탑부재와 함께 있었다.

이는 원융국사의 비와 그의 것으로 추정되는 부도가 부석사 동부도전에 남아 있는 점, 해당 지역이 현 부석사 경내에서 1㎞가량 떨어진 곳이라는 점 등을 고려한다면 전혀 가능성이 없는 것은 아니다.[62]

61 응진전 서쪽 계곡에 있는 은신암과 극락암터에는 지금도 석축과 샘터가 남아 있다. 사진은 은신암(위)과 극락암터 원경(아래).

다시 읽는 부석사

62 봉화 오전리 석조아미타여래좌
상(경상북도 유형문화재 제154호).
석불이 있는 이곳 주변에서도 연화
문 수막새와 같은 통일신라시대와
그 이후 유물들이 발견되고 있다.

부석사 금당은 어디에?

현재 무량수전이 금당金堂이라는 이름으로 처음 등장한 것은 1611년 작성된 『봉황산부석사개연기』에서부터다. 이후 1806년 무량수전 등을 중수하면서 작성된 『태백산부석사무량수전급제각중수기』 등에서도 금당이라는 표현이 등장한다.

그러나 무량수전 주변에서 '강당講堂'이 새겨진 명문와편이 다수 확인되고 있어, 과연 무량수전이 금당일까 하는 의문이 든다. 특히 무량수전 내부구조의 특이함도 여타 다른 사찰과 절터에서 발견되는 금당과는 큰 차이를 보이고 있어 그러한 의구심은 커질 수밖에 없다.

현재의 부석사 사역만을 놓고 볼 때 금당의 조건은 충분히 갖추었다고 볼 수 있지만 1358년 왜구의 침탈 이전의 부석사 사역이 어디까지였느냐 라는 문제를 놓고 본다면 얘기가 달라진다. 일주문에서 천왕문-조계문(회전문)-범종루-안양루-무량수전으로 이어지는 남북 축선상의 현재 가람배치와 사역이 지금까지 부석사의 전부였는가라는 문제에 대해 진지하게 고민해볼 필요가 있다.

1748년 작성된 『부석사종각 중수기』에 등장하는 승당僧堂, 만월당滿月堂, 서별실西別室, 만세루萬世樓, 범종각梵鍾閣과 『서암집』의 '심검당尋劒堂', 종루鍾樓, 경각經閣 등의 건물들에 대해도 어떻게 이해해야할지 의문이다.

결론부터 말한다면 '무량수전'은 강당이고, 금당에 해당하는 건물과 사역은 별도로 존재했다는 것이 필자가 그동안 주변답사와 조사를 통해 얻은 결과다. 그렇다면 부석사 금당의 위치는 어디였을까.

그 위치를 단정 짓기에 앞서 금당의 조건에 대해 살펴보자.

삼국시대부터 통일신라시대의 주요 사찰들의 금당에 대해 살펴보면 금당 앞에 탑이 있고, 법당 안에는 독존獨尊이 아닌 보처補處나 협시脇侍가 함께 봉안된다. 이러한 예로 경주 황룡사 금당지, 경주 불국사 대웅전, 경주 흥륜사 금당의 아도, 원효, 자장 등의 소상塑像 봉안한 것이나 고려 전기에 김제 금산사 광교원에 일금당一金堂을 두고 노사나불盧舍那佛과 현장玄奘과 규기窺基 두 스님의 상을 봉안한 사례를 들 수 있다.

현재 부석사 무량수전에는 아미타불 장육상만 독존으로 봉안되어 있

다시 읽는 부석사

으며, 법당 앞에는 석등만이 있고 탑이 없다. 그렇지만 필자가 부석사 금당지로 지목한 경북 영주시 부석면 북지리 178 번지^{이하, 방동 절터}는 북지리 석조여래좌상^{보물 제220호}와 범종루 아래 쌍탑^{경북도유형문화재 제130호}이 있었던 곳이다.

63 북지리 석조여래좌상(보물 제 220호)과 범종루 아래 쌍탑(경북도 유형문화재 제130호)이 있었던 절터 전경. 경사진 비탈을 이용하여 그 위 에 석축을 쌓고 법당 등을 세웠던 것 으로 보인다.

특히 이 불상의 최초 봉안모습이 담긴 사진 자료를 보면 3구의 불상이 나란히 봉안되어 있어 국내 최초의 삼신불^{三身佛}이 봉안되었던 사례로 주목되며, 앞서 언급한 금당의 조건과도 일치하고 있다.[63]

특히 방동 절터의 지표에서는 통일신라부터 조선시대에 사용되었을 것으로 보이는 다량의 기와조각과 청자, 토기 등 유물이 확인되지만, 이 가운데 조선시대의 유물은 매우 드물다. 또한 이곳에서는 통일신라부터 고려시대에 제작된 연화문 수막새, 귀면와^{鬼面瓦}, 치미편^{鴟尾片}등도 발견돼 일반적인 건물이 아닌 상당한 격식을 갖춘 중요한 시설이 있었던 것이 분명하다.

1358년 왜구의 방화로 큰 피해를 입은 부석사는 1372년 원응국사에 의해 중창이 되어 불전과 당우를 예전과 같이 복구하였다고 한다. 이는 「창성사진각국사대각원조탑비」 비문을 통해 확인되지만, 당시 왜구들로 인한 피해규모가 어느 정도인지 확인되지 않고 있다. 1613년 무량수전을 중수하고 남긴 「부석사개연기」에도 왜구의 침략으로 인한 무량수전과 불상의 피해사실만 밝혔을 뿐 다른 전각들에 대해서는 언급이 없었다. 현재 남아 있는 거의 모든 기록들이 무량수전을 중심으로 한 현재의 사역에 국한돼 있어 어느 것 하나도 속단하기 어려운 실정이다.

지금까지 이곳은 동방사지東方寺址로 불리며, 부석사와는 별개의 사찰로 알려져 왔다. 그러나 이곳에서는 '동방사'라고 규정할 만한 아무런 유물도 근거도 발견되지 않았다. 다만 임천林泉1908~1965. 고고미술사가·동양화가의 『영주 부석사 동방사지의 조사』『고고미술』2(7) 통권 12호에서 부석사 동쪽에 있는 절터라는 뜻으로 쓴 '동방사지'를 고유명사로 오인한 결과다.

한편 금당으로 지목한 방동절터는 1958년 1월 당시 국보당시 국보 348호로 지정된 석불좌상 2구를 부석사 자인당으로 이안하는 작업을 하였다. 그러면서 건물의 터만 확인하는 간략한 조사가 실시된 이후 세인들의 이목에서 사라져갔다. 일설에는 이곳에 이들 석불과 석탑을 있었던 곳임을 알리는 표지석을 세웠다고 하지만 과수원경작과 농지개간 등의 과정에서 모두 사라져 버렸다.

또한 최근까지 법당터에 남아 있던 초석 등도 경지정리를 하면서 사라지는 등 급격한 지형변화가 이루어져 향후 발굴조사가 실시된다고 하더라도 완전한 사역 혹은 가람배치 상황을 확인하기는 어려울 것으로 보인다. 지금이라도 주변에 남아 있는 건물터 등에 대한 조사와 보존대책이 수립되어 창건이후 부석사의 사역을 보존하기 위한 대책이 시급하다.

'천장방'이란?

방동 절터에서 출토된 유물 중 아직까지 미스테리로 남은 것이 '천장방天長房'이라 새겨진 기와조각이다. 『삼국유사』에서 사찰의 부속시설로 '방房'이란 글자가 들어간 자료를 찾아본 결과, 암자 혹은 작은 규모의 사찰을 의미하는 경우가 많았다. 또한 『삼국사기』에서는 '직금방織錦房', '운공방輝工房' 등과 같이 공방을 의미하는 사례가 많았다.

이 가운데 눈여겨 볼 기사는 『삼국유사』「광덕엄장廣德嚴莊」조에 등장하는 황룡사의 '서거방西去房'이다. 이 서거방의 정체에 대해서는 알 수 없지만 '서거西去'가 의미하는 것 중 서방극락세계로 간다는 뜻이 있다는 것을 고려한다면, 승려들의 죽음과 관련된 열반당涅槃堂의 역할을 하던 시설이 아니었을까? 또한 『삼국유사』 「김유신」조에 '재매부인財買夫人이 죽자 장사를 지낸 그곳을 재매곡이라 불렀고, 그곳에 송화방松花房이라는 암자를 짓고 원찰願刹로 삼았다고 한다.

'천장天長'은 말 뜻 그대로 하늘처럼 영원하다는 의미를 포함한 사례가 있어 관심을 끈다. 고려시대 사경寫經이나 금고金鼓, 옥등玉燈 등에서 확인되는 명문 중에 '성수천장聖壽天長' 즉 임금의 만수무강을 기원하는 발원문에 보이는 '천장天長'이다. 부석사에는 이와 관련된 사건이 하나 있어 주목된다.

궁예가 부석사에 와서 신라왕의 초상을 칼로 내리친 사건이 있었다. 궁예는 고구려를 멸망시킨데 대한 복수를 하겠다고 다짐하고 남쪽으로 순행할 때 흥주興州:현재의 경북 영주시 순흥면 부석사에 이르러 벽에 신라왕의 초상이 그려져 있는 것을 보고 칼로 내리쳤다고 한다.

이때 벽화에 그려진 주인공을 문무왕으로 추정을 한바 있다. 문무왕의 명으로 부석사 창건이 이루어졌다는 점에서 경내에 문무왕과 관련된 어떤 흔적이 남아 있음을 추정하는 것은 충분한 가능성이 있다고 본다.

또한 『삼국유사』 「신충봉관信忠掛冠」조에서 763년 신충은 단속사를 창건하고 그 절 금당金堂 뒷벽에 왕경덕왕의 진영을 모셔두고 복을 빈 사례와 문무대왕릉비文武大王陵碑에 '크나큰 이름, 하늘과 더불어 길고 땅과 더불어 오래리라...鴻名與天長兮地久...'라는 문장 또한 무시할 수 없는 부분이다. 따라서 천장방은 김유신 일가가 세운 송화방처럼 문무왕 혹은 신라 역대 왕들의 명복을 비는 원당願堂과 사찰 내 부속 전각이 아니었을까 한다. ✿

이와 함께 경주 분황사 동쪽 구황동사지에서 '천장天長'명 명문와편이 출토된바 있다. 경주에도 부석사의 '천장방'과 같은 시설이 있었을 가능성이 있다. ✿64

사찰과 관련한 '방房'의 의미는 암자 혹은 불교관련 시설로 보이는데, '천장방'을 직역을 하면 『노자老子』의 '천장지구天長地久' 즉 하늘과 땅은 영원하

64 경주 분황사 동쪽 구황동사지에서 1974년 6월 발견된 '천장(天長)' 명 명문와편.

✿ 부석사 인근의 풍기 용천사에도 고려 태조의 진영이 봉안되었던 예가 있다. 『조선왕조실록』에 선조 9년(1576) 5월 15일 '풍기豊基 용천사龍泉寺에 소장된 고려 태조高麗太祖의 화상畵像을 숭의전崇義殿으로 이안移安하라고 명하였다'고 동년 6월 10일 풍기의 용천사에 소장된 왕 태조의 진영眞影을 역군을 조발하여 요여腰輿에 싣고 마전麻田에 있는 숭의전(崇義殿:경기도 미산면에 있는 고려 태조 왕건의 사당)에 안치시키되, 경유하는 모든 고을에서는 의장(儀仗)을 갖추도록 명하였다. 또 이안제(移安祭)를 지내게 하였다고 한다.

✿ 『동아일보』, 1974년 6월 13일자 7면. '慶州서 『天長』명문기와 발견'

다는 의미와 같이 하늘과 관련된 시설이 아니었나도 생각해볼 수 있다.

현재 '천장방'과 연계시킬 수 있는 기록으로 이색李穡:1328~1396의 『목은고牧隱藁』에 '종이 열세 폭을 사천대司天臺의 장방長房에 보내서 역일曆日을 베껴오다' 라는 시가 있어 천장방이 '사천대司天臺의 장방長房'의 다른 이름은 아닐까?

또한 『보한제집補閑齋集』에 고려의 사천감司天監 이인보李寅甫가 1198년 경주도慶州道 제고사祭告使로서 산천을 돌며 제사지내고 돌아가려던 길에 부석사에 머물렀다는 일화가 전하고 있어 천장방이 사천대와 관련이 있을 가능성도 아주 배제할 수는 없다.

이완관련 고려 고종 6년1219 6월에 원당주願堂主 중태사重太師 '지■知■' 스님이 역서曆書이자 농업관련 내용이 포함된 「길흉축월횡간 고려목판吉凶逐月橫看 高麗木板」을 부석사에서 판각하였다. 이 목판의 내용은 앞서 이색이 밭에 심을 채소 모종을 하려고 길일吉日을 선택하기 위해 사천대에서 역일을 베껴오게 한 이유와 관련이 있다. 즉 부석사에서 천문관련 역서를 판각했다는 사실에서도 천장방과의 관련성을 생각해 볼 수 있다.65 ❋

❋ 『삼국사기』에 효소왕(孝昭王) 원년(692) 도증(道證)스님이 당에서 귀국하여 천문도를 바쳤다고 하였으며, 『고려사』에는 공민왕 (恭愍王) 15년(1366년) 8월 왕이 봉선사(奉先寺)에 가서 성상도(星象圖)를 보았다는 기록이 있다.

65 고려 고종 6년(1219) 6월에 부석사에서 판각한 길흉축월횡간 목판으로, 길일(吉日)과 흉일(凶日)을 가리기 위한 택일력(擇日曆)이다. 보물 제1647호.

다시 읽는 부석사

가람규모와 배치
부석사 가람배치의 원리

일주문-천왕문-조계문-범종루-안양루-무량수전으로 이어지는 남북 축선상의 현 가람배치와 더불어 지금까지 의상스님이 부석사를 창건한 이후 통일신라, 고려까지의 가람배치 현황을 살펴보았다.

현재 남아 있는 사역의 가람배치는 사실상 19세기 이후까지 남아 있는 현상에 지나지 않는다. 초창이후 사세가 가장 크게 확장되었던 고려 말 왜구의 침탈이전의 상황을 고려한다면 현재 무량수전을 중심으로 동서 각 2㎞에 이르는 광대한 구역에 부석사 가람이 펼쳐져 있었다. 현재의 가람배치에 대해서는 극락구품 혹은 화엄십지에 의한 석축의 구성에 따른 것으로 파악해왔다. 그러나 실제 가람배치가 지금과는 달리 동서로 넓게 퍼져 있는 상황에서는 극락구품이나 화엄십지와 같은 교리의 대입은 큰 의미가 없다. 오히려 부석사를 이해하는데 방해가 되거나 실상을 왜곡하는 논리로 작용한다.

그렇다면 부석사 가람배치는 어떠한 불교교리 혹은 사상에 의해 전개되었을까?

지금까지 밝혀낸 가람배치를 종합해보면 방동 절터와 석조석가여래 좌상보물 제1636호 출토지이하 약사곡, 무량수전 구역, 그리고 암자구역으로 총 4곳으로 구분 지을 수 있다. 이들 구역은 태백산맥의 한 줄기인 봉황산 자락에 부채살 모양으로 펼쳐진 산줄기로 구분되어 있다. 이로 인해 산줄기로 구분된 구역에 있는 각각의 전각과 시설들은 마치 독립된 별개의 사찰로 구성된 듯 보인다. 그렇지만 봉황산 중턱에 동서로 이어져 각 승원僧院으로 연결된 길들을 연결하면 「화엄일승법계도」에서 가로와 세로로 연결된 '도인圖印'을 연상케 한다

이렇게 「화엄일승법계도」의 모양을 따라 가람 전체가 이루어진 것이 의상대사가 부석사를 창건하면서 그러한 의도를 담았는지, 아니면 우연의 일치로 가람이 확장되면서 그런 모습이 되었는지는 알 수 없다.

그러나 현재 남아 있는 혹은 있었던 흔적들을 토대로 보았을 때 부석사

가람배치에는 『화엄경』을 바탕으로 하는 불교사상이 스며있음을 확인할 수 있다. 먼저 남아 있는 유적과 유물의 현상을 열거해보면 다음과 같다.

가장 동쪽에 있는 방동절터의 석불^{보물 제220호}과 동부도전 부근 약사곡의 석조여래좌상^{보물 제1636호}, 그리고 현재 사역인 무량수전과 여기서 서쪽으로 이어지는 암자구역 등이다. 이를 펼쳐 놓으면 비로자나불-노사나불-약사여래-석가여래-아미타여래-미륵불을 포함한 제불보살로 나열된다.

이러한 도상의 배치는 『화엄경』을 근거로 한 예경의식인 『향수해례香水海禮』와도 일치를 한다. 또한 의상대사의 저술로 알려진 『투사례投師禮』에서도 노사나불盧舍那佛, 시방삼세제여래十方三世諸如來, 삼십오불三十五佛, 오십삼불五十三佛, 석가모니불, 약사여래, 아미타불, 미륵불 등이 등장한다. ✹

『향수해례』와 『투사례』에 등장하는 여러 불보살의 세계를 부석사에 대입해보면 방동 절터에 비로자나불·노사나불·석가여래가 봉안되어 비로해회毗盧海會·사나해회舍那海會·석가해회釋迦海會를 상징하고, 약사곡에 있던 약사전은 약사해회藥師海會가, 이어 아미타불이 봉안된 무량수전은 미타해회彌陀海會 등과 연결된다. 특히 무량수전에서 서쪽으로 이어진 암자구역에는 영산전, 응진전 등이 이어져 있어 「향수해례」의 제불보살과 역대 조사祖師의 내용을 봉황산 자락 동서로 펼쳐 놓은 것과 같이 된다.[66]

봉황산자락에는 이처럼 향수해세계의 제불보살세계가 펼쳐져 있고, 그 앞으로 남쪽 3백리의 광활한 풍광은 『화엄경』「화장세계품華藏世界品」에서 말한 '화장장엄세계해華藏莊嚴世界海'가 펼쳐진 것으로 볼 수 있다. 「화장세계품」에 '마니로 된 묘장꽃妙藏華 널리 흩으니 옛날의 원력으로 허공에 있고 가지가지 견고한 장엄 바다에 광명 구름 드리워 시방에 가득하네'라고 하였다. 또 「노사나불품」에는 '불자들이여, 여러 세계해世界海에는 갖가지 형상이 있으니, 혹은 모나기도 하고, 혹은 둥글기

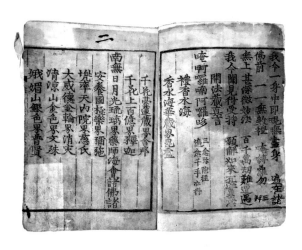

66 『염불작법』, 용천사 1575년 간행, 송광사성보박물관 소장.

도 하며, 혹은 모나지도 않고 둥글지도 않으며, 혹은 소용돌이치는 물 같
기도 하고, 혹은 꽃 모양 같기도 하며, 혹은 온갖 중생의 모양 같기도 하
니라'고 표현하였다. 이처럼 봉황산 중턱에 자리 잡은 부석사에서 바라
본 풍광에서 「화장세계품」과 「노사나불품」의 화장장엄 세계가 그대로
드러난 것으로 볼 수 있다.

부석사의 가람배치는 지상에 「화엄일승법계도」 도인圖印의 구성 원리
를 바탕으로 『향수해례』의 불보살 세계를, 그리고 그 앞에 펼쳐진 풍경
은 '화장장엄 세계해'를 드러낸 것이라 볼 수 있다.

부석사의 자랑스런 문화유산
부석사 무량수전 앞 석등(국보 제17호) [67]

부석사에서 통일신라시대의 아름다
움을 격정적으로 느낄 수 있는 문화유산 중 하나가 바로 국보 제17호로
지정된 무량수전 앞 석등이다.

아침과 한낮의 태양, 그리고 소백산 연봉으로 기우는 저녁 노을, 때로
는 봄날 무량수전 서쪽의 배나무 꽃과 석양이 어우러진 주변 풍경과 함
께 너무나 잘 어울리는 매력을 가지고 있다.

이와 함께 이 석등에는 그동안 알려지지 않은 비밀 두 가지가 있다. 그
첫 번째 비밀을 알기위해서 먼저 『불설무량수경』의 내용을 다시 살펴보
기로 한다.

'법문을 들은 대중들은 환희에 넘치며 마음이 열리고 진리를 깨닫지
않은 이가 없느니라. 이때 사방에서 자연히 미풍이 불어와서 보배나무
에 살랑거리면 다섯 가지의 미묘한 음악이 울려 퍼지고, 헤아릴 수 없
는 천상의 꽃들이 바람에 날려 와서 비 오듯이 온 세계에 흩날려 춤을
추느니라. 이와 같이 자연의 공양이 끊임이 없는데, 모든 천신天神들도
백천 가지의 꽃과 향과 천만 가지의 음악으로 아미타불과 여러 성문과
보살들을 공양하고 꽃과 향을 뿌리며 갖가지 음악을 연주하면서 서로
앞뒤를 연달아 오고가고 하는데 이때 대중들의 즐거움은 말로는 다할

수 없느니라.'

4월 하순 부석사 무량수전 앞 석등에 서면 경전의 내용을 온전하게 느낄 수 있다. 무량수전 주변의 배나무와 산벚나무들이 그 즈음에 활짝 피고, 또한 꽃잎이 바람에 흩날리는 때이다. 부석사 석등의 상징성을 가장 명료하게 알 수 있는 시기이기도 하다.

먼저 부석사 무량수전 앞 석등의 구성을 살펴보자.

석등의 기본적인 구조는 맨 아래 지대석을 포함한 하대석과 간주석, 상대석, 그 위에 화사석, 옥개석, 상륜 등으로 구성된다.

무량수전 앞 석등도 동일한 구조로 먼저 하대석의 형태를 보면, 2매로 구성된 지대석위에 8각의 하대석이 놓여 있다. 하대석은 연꽃 모양의 안상이 새겨져 있으며, 그 위에 연잎과 더불어 8각의 모서리마다 귀꽃이 장식되어 있다. 모두 8개의 귀꽃이 있었으나 그 중 하나는 훼손되었고 나머지 7개 중 하나는 그 모양새가 좀 남다르다. 7개 중 6개는 돌출되게 조각되었지만 나머지 하나만 음각처럼 저부조로 조각되어 있다. 왜 그랬을까. 조화속의 부조화를 노린 의도적인 것인지, 아니면 조각 도중 석재에 문제가 생겨 하는 수 없이 저부조로 조각을 하게 된 것인지 알 수 없는 일이다.

8각의 간주석은 아주 늘씬하게 뻗어 상대석과 화사석을 받치고 있지만 결코 가냘프다는 느낌이 들지 않는다. 이 석등의 전체적인 비례도 매우 훌륭하지만 석등의 8각 화사석 4면에 새겨진 공양보살상들은 신라조각의 아름다움을 잘

67 무량수전 앞 석등. 국보 제17호.
높이 2.97m. 비례와 조각이 아름다워 신라시대 석등 가운데 걸작으로 손꼽힌다.

보여준다. 세월이 흘러 다소 마모가 되었지만 얼굴에 남아있는 온화한 미소는 마치 석굴암의 본존불 주변에 조각된 보살상들을 보는 듯하다.

여기서 석등 앞에 놓인 일명 '배례석拜禮石'도 살펴보자.[68]

이 석조물은 흔히 '배례석'이라 불리는데 공양물을 올려놓거나 여기서 절을 했다고 하지만 조금은 틀린 얘기다. 『불국사고금창기』에서는 이러한 석조물을 '봉로대奉爐臺'라고 하고, 석등은 '광명대光明臺'라고 밝혔다.

[68] 봉로대. 배례석이라고도 불리지만 정확한 명칭은 봉로대(奉爐臺)이다. 이곳에 향로를 놓아 향공양을 올렸다.

즉 배례석은 바로 절을 하는 곳이 아니라 향로를 진설한 곳이다. 지금이야 성냥 등 점화도구가 있어 향공양을 올리기 쉽지만 옛날에는 그렇지 못했다. 향을 피우기 위해서는 향로에 숯불과 같은 화기가 꼭 있어야 했다.

목조건축은 특성상 화재에 매우 취약하여 작은 불씨라도 날리게 되면 큰 불이 날 위험성이 크다. 또한 향 그 자체가 금金과 같이 매우 비싸고 귀한 물건이므로 누구나 언제든지 사용할 수 있는 것이 아니었다.

〈옥룡사통진대사보운탑비玉龍寺洞眞大師寶雲塔碑〉와 〈보원사법인보승탑비명普願寺法印寶勝塔碑銘〉에 따르면 법당 앞의 마당을 '향정香庭'이라 하였다. 이는 법당 앞 봉로대에서 향을 피웠음을 의미하는 단서다. 이처럼 실외에 향로를 두는 것이 화재예방을 위해 최선책이지만 여기에는 또 다른 이유가 있다.

불교의식에서 부처님께 올리는 공양물 가운데 가장 중요한 것이 향香과 등燈이다. 향과 등은 공양에 있어서 빠지지 않는다. 석등이 등을 공양하는 의식구라면 배례석 즉 봉로대는 바로 향을 공양하는 의식구다.

따라서 석등과 봉로대는 별개의 공양의식구가 아닌 향과 등을 공양하

기 위해 하나로 조합된 의식구라는 점에서 현재 남아있는 사찰의 석등 앞에는 봉로대가 대다수 놓여 있다. 봉로대 중앙에 연꽃이 조각되어 있는데 바로 이곳에 향로를 올려놓는다. 중국 안서 유림굴安西 榆林窟 제 25굴 북벽 〈미륵경변상벽화〉 등에서 이러한 사례를 찾을 수 있다.[69]

그렇다면 무량수전 앞 석등에는 등과 향공양 외에 다른 의미는 없는 것일까. 석등의 팔각 화사벽에 부조된 공양보살상들의 지물을 살펴보면 통일신라 당시 육법공양六法供養의 한 단면을 엿볼 수 있다.[70]

먼저 동남방의 보살상을 보면, 화관花冠을 쓰고 있으며 양손을 가슴에 모아 공양물을 받들고 있다. 손에 들고 있는 지물의 형태로 보아 꽃을 들고 있는 것으로 보인다.❷

동북면에 있는 보살상은 오른 손은 길게 늘여 천의자락을 잡고 있으며 왼손은 엄지와 검지를 모아 뭔가를 쥐고 있다. 얼핏 보아 보주寶珠같이 보이지만 이 보살상이 취하고 있는 자세는 경주 석굴암 내 문수보살상과 매우 유사하다. 두 도상의 크기가 현격한 차이를 보이지만 문수보살상의 잔을 쥐고 있는 모습이나 석등의 공양보살상이 거의 동일한 자세를 취하고 있다. 특히 한 손을 내려 천의 자락을 쥐고 있다는 공통점도 있어 이 공양보살상은 차茶공양을 올리는 것으로 볼 수 있다.❶

69 중국 안서 유림굴(安西 榆林窟) 제 25굴 북벽 〈미륵경변상벽화〉.『中國石窟-安西榆林窟』. 敦煌硏究院. 中國 文物出版社. 1997. 5. 인용

서북면의 공양보살상은 다른 공양보살상에 비해 비교적 상태가 양호한데 오른 손을 오른쪽 가슴위에 두고 왼손은 왼쪽 어깨까지 올려 손바닥 위에 공양물을 받들고 있다. 왼손바닥에 올리어진 공양물을 연꽃으로 볼 수도 있지만 그 형태나 기존의 도상들과 비교해 볼 때 연꽃 보다는 과일 등의 공양물로 보인다.❹

서남면의 보살상은 양손을 명치부분에 모으고 공양구를 양손으로 감싸고 있는데, 뚜껑이 있는 그릇을 들고 있는 것으로 보인다. 양손으로 감싼 물건 위에 작은 돌기가 보이는데 이는 뚜껑이 있는 그릇의 뚜껑 손잡이로 해석할 수 있다. 따라서 이 공양상은 음식 공양하고 있는 보살상으로 보인다.❸[71]

다시 읽는 부석사

❶　　　　　　❷　　　　　　❸　　　　　　❹

지금까지 화사석火舍石에 부조된 보살상과 주변 석조물들을 살펴보았다. 이를 종합해보면 봉로대는 향공양, 석등은 등공양을 의미한다. 이와 함께 화사석의 공양보살상들은 꽃, 차, 과일, 음식(쌀)을 각기 공양하고 있는 모습으로 이는 육법공양六法供養을 표현해 놓은 것으로 볼 수 있다. ✿

한편 이 석등에는 통일신라시대에 사용된 유체역학의 사례를 보여주는 장치가 있다. 석등의 윗부분인 옥개석에는 상륜부를 꽂을 수 있는 구멍이 있는데, 이 구멍 좌우에는 한쪽은 넓고, 다른 한쪽은 좁은 형태의 크기가 다른 홈이 파여 있다. 이 홈은 공기의 흐름을 원활히 하여 등불이 안정적으로 연소되는 것을 도와 항상 일정한 밝기를 유지시키는 동시에 그을음으로 인한 내부 오염을 줄이는 일종의 환기구 역할을 한 것으로 보인다.

70 석등화사석 보살상

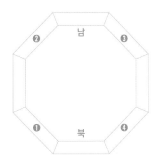

71 경주 안압지 출토 청동합(靑銅盒). 통일신라. 높이 11㎝. ⓒ국립경주박물관.

72 부석사 무량수전. 고려. 국보 제18호.

⁷³ 충남 부여 정림사지 강당. 새로 복
원한 강당 건물에는 석조여래좌상(보
물 제108호)이 봉안돼 있다.

부석사의 자랑스런 문화유산
국보 제18호 무량수전 [72]

> 취원루 곁에 무량수전이 있다. 이것은 신라 때 지어진 오래된 전각이어서
> 중수를 하려고 하여도 무량無樑:대들보가 없이으로 지어진 것이므로, 지금의
> 목수들이 그 제도를 알 수 없어 손을 쓸 수 없다고 한다. ✿
> 1739년 음력 8월 10일, 『청대일기』, 권상일權相一:1679~1759

✿ ...樓小北有無量壽殿. 此是新
羅古殿. 欲重修而無樑所成. 今時
梓匠莫知其制. 不得下手云....

첨단장비와 기술로 무장한 21세기에 무량수전은 과연 어떤 의미로 우
리의 곁에 있는 것일까.

옛 건축을 전공하지 않은 입장에서 건축학적인 내용을 설명한다는 것
은 관련 전공자료를 베끼는 것 같아 상당히 조심스럽다. 그래서 옛 건축
으로서의 무량수전을 얘기하는 것 보다는 무량수전의 성격에 대해 살펴
보고자 한다.

현재 부석사의 중심건물 즉 금당에 해당하는 무량수전은 과연 '처음부터
금당이었느냐'에 대해 앞서 강당이었을 가능성이 커 보인다는 입장을 밝
혔다. ✿

무량수전이 강당이라는 확신을 갖게 된 것은 그 주변에서 출토된 '강
당講堂'명 명문와편이 발견되면서 부터다.

먼저 무량수전과 강당이 관련된 기록부터 살펴보기로 한다.

『삼국유사』「남백월이성 노힐부득 달달박박南白月二聖 努肹夫得 怛怛朴朴」
조에 광덕廣德 2년764 7월 15일에 백월산 남사南寺가 완공되자 소조미륵
존상을 만들어 금당金堂에 모시고 액자를 '현신성불 미륵지전現身成道彌勒之
殿이라 했고, 또 소조아미타불상을 만들어 강당講堂에 모셨는데 그 액자에
'현신성도무량수전現身成道無量壽殿'이라 했다.

또한 『고운집孤雲集』의 『대화엄종 불국사의 아미타불상에 대한 찬 병서
大華嚴宗佛國寺阿彌陀佛像讚 並序』에 '.....불국사 담사譚舍:강당의 서쪽 벽에 무량수
불無量壽佛의 화상畫像을 경건히 그리게 되었다...'고 하여 9세기말에도 강
당에 아미타불을 봉안한 사례가 있었음을 확인할 수 있다.

부석사의 경우 무량수전과 관련된 금석문 자료로 경내에 남아 있는

✿ 필자는 무량수전의 성격과 관
련하여 2015년 5월 '문헌과 문물'
제4회 학술대회와 『문물연구(文
物研究)』 No.28(2015)에서 『영주
부석사 무량수전의 성격에 대한
고찰』이란 주제로 논문을 발표한
바 있다.

「원융국사비 비문」에 무량수전을 강당이라 하지 않고 '상전像殿'이라 하였다.

'상전像殿:무량수전에는 오직 아미타불상만 봉안하고 좌우보처左右補處도 없으며 또한 상전 앞에 영탑影塔도 없다.'

상전과 관련한 다른 자료를 살펴보면 다음과 같다.
보원사 법인국사 보승탑비普願寺法印國師寶乘塔碑에서는

"내가 보원사에 있을 때, 삼본 화엄경三本 華嚴經을 경건한 마음으로 받들어 지니고, 날마다 한밤중에 상전像殿에서 경행經行하기를 몇 년을 계속하였다" ✿

✿ 법인국사가 행했던 경행은 탑돌이와 같이 법당 안 불상을 중심으로 시계방향으로 걸으며 행한 수행법으로 보인다.

「법인국사 비문」에 등장하는 상전이 어떤 건물인지 알 수 없지만, '경행'을 하였다는 것으로 보아 상전은 강당일 가능성이 크다. 이는 『대비구삼천위의경大比丘三千威儀經』에 경행하기 좋은 장소 5곳을 꼽고 있는데 그 중 하나가 바로 강당 앞이다. ✿ 따라서 법인국사가 경행을 했던 상전은 곧 강당으로 볼 수 있다.

✿ 『대비구삼천위의경』에서 말한 경행하기 좋은 장소 5곳은 고요한 곳(閑處), 집 앞(戶前), 강당 앞(講堂前), 탑 아래(塔下), 법당 아래(閣下)이다.

또 다른 비문에서는 상전과 함께 경루經樓 혹은 영당影堂이 함께 등장하고 있다. 「성주사 낭혜화상 비문」에는 '상전영당像殿影堂', 「숭복사비문」에서는 '상전경대像殿經臺', 「홍경사비문」에서는 '상전경루像殿經樓'가 등장한다. 이러한 표현은 사찰내 여러 건물을 소개하면서 상징적으로 표현했을 수도 있겠지만, 두 건물의 연관성 때문에 함께 사용했을 가능성도 크다.

즉, 「법인국사비 비문」에서와 같이 3종 화엄경을 받들어 지니고 경행을 했다는 것은 상전과 경전을 보관한 경루가 인접해 있음을 말하고 있는 것으로 보인다. 특히 영당과 함께 사용된 것에 주목할 필요가 있는데, 조선시대 부석사 무량수전의 경우 법당 서쪽에 취원루가 연이어 있었고, 그 안에 역대 고승들의 진영을 봉안하기도 하였다.

무량수전이 다른 사찰의 금당과 다른 사례가 있으니 그것은 전각 앞에 설치된 계단의 개수이다. 무량수전의 진입계단은 현재 3곳으로 이러한

다시 읽는 부석사

사례는 아래의 표에서 보는바와 같이 금당과 강당의 계단 수가 차이를 보이고 있다.

순번	사찰명	금당 계단 수	강당 계단수	비고(강당)
	영주 부석사		전방 3	정면 5칸
1	익산 미륵사지	전후방 각 1	전방 3, 후방 1	
2	부여 정림사지[73]		전방 3	
3	경주 불국사	사방 각 1	전방 4	정면 8칸
4	경주 감은사지	사방 각 1	전방 2	정면 8칸
5	경주 황룡사지	미상	미상	정면 9칸

특히 강당의 계단이 정면에 3곳이 설치된 예는 백제계 사찰에서 중점적으로 확인되고 있다는 점도 특이한 현상이다. 현재까지 확인된 신라의 강당 중 황룡사 강당지를 제외한 나머지 강당지의 칸수가 모두 짝수지만 백제의 경우 강당의 칸수가 모두 홀수라는 공통점이 확인된다. 예외적으로 경주 황룡사 강당지가 9칸으로 홀수 인데 이는 『삼국유사』 「황룡사 구층탑」조에 이 탑을 건립할 때 백제의 공장 '아비지阿非知'를 초청하여 그 일을 주관케 했다는 것도 주목된다.

그렇다면 강당은 어떤 용도로 사용되었을까. 앞서 살펴 본 「법인국사 비문」에서처럼 경행經行을 하는 장소로도 이용되었을 것이다. 『삼국유사』에서는 「자장정율慈藏定律」조에 '황룡사에서 『보살계본菩薩戒本』을 7일 밤낮동안 강연을 하니, 하늘에서는 단비가 내리고 구름과 안개가 자욱하게 끼어 강당을 덮었다'고 하였다. 『보살계본菩薩戒本』의 강연은 단순한 설법이 아니라 수계 혹은 자자自恣와 포살布薩 의식과도 관련이 있는 부분이어서 이를 강당에서 강연했다는 것은 눈여겨 볼 부분이다.

강당에서의 의식과 관련, 일본의 승려 엔닌圓仁:794~864이 남긴 『입당구법순례행기入唐求法巡禮行記』에는 838년 12월 8일 당唐 경종敬宗의 기일忌日을 맞아 양주揚州 개원사開元寺에서 '국기지일國忌之日:왕의 제삿날'의 재를 강당에서 봉행하는 모습을 상세히 적고 있다.[74]

이와 같이 강당은 단순히 경론을 강의하는 설법처가 아니라 사찰 내에서 행해지는 여러 의식이 이루어지는 곳으로, 무량수전의 독특한 구조가

[74] 엔닌圓仁 : 794~864

어떤 이유에서 비롯되었는가를 확인할 수 있는 단서가 된다.

특히 무량수전의 아미타불이 동쪽을 향하고 있는 것은 아미타불이 서방정토의 교주로서 서방극락세계에서 사바세계의 중생을 인도하기 위한 방편으로 동쪽을 향한 것만은 아니라는 것이다. 즉 현재 무량수전의 구조와 관련해서는 『불설관무량수경佛說無量壽經』에 '무량수불께서 여러 성문과 보살들 그리고 일체의 대중들을 위하여 법문을 설하실 때에는 모두 다 칠보로 된 강당에 모이게 하여 성불하는 가르침을 자세히 말씀하시며 미묘한 진리를 밝히신다'고 하였다.

또한 『원융국사비 비문』에 '아미타불과 관세음보살로부터 관정灌頂과 수기授記를 받은 이가 법계法界에 충만하여 그들이 모두 보처補處와 보궐補闕이 된다'고 하였다. 이렇듯 무량수전을 찾는 모든 이들이 성문과 보살로서 아미타불의 보처가 되므로 아미타불의 설법을 듣는 대상이다. 따라서 이들은 아미타불에 대한 예경으로 우요삼잡右繞三匝:부처님의 오른쪽 방향으로 세 번 돌며 예를 올리는 예법의 예를 올리게 된다. 이때 무량수전에는 아미타불 한분만이 주불主佛로써 자리하게 된다. 그러므로 우요삼잡의 의식을 위한 동선과 설법공간 합리적인 배치를 위해서는 아미타불이 서쪽에 배치되어 동쪽을 향하게 된다. 이것이 무량수전의 아미타불이 서쪽에 배치되어 동쪽을 향하게 된 가장 주된 이유다.

75 1916년부터 1918년까지 실시한 해체보수때 사라진 외부 포벽 등에 그려진 무량수전 외벽 벽화. 용과 초목, 연꽃을 비롯하여 숲속의 호랑이와 사슴 등이 그려진 다양한 벽화가 있었음을 알 수 있다. 『小川敬吉 조사문화재 자료』, 국립문화재연구소, 1994. 12. 인용.

무량수전이 처음 건립된 시점에 대해서는 의상스님이 부석사를 창건하면서 부터였을 것으로 여기지만, 그때의 모습이 지금과 같은 형태였느냐에 대해서는 단언하기 힘들다. 다만 현재 무량수전 내부에 남아있는 불단 주변의 녹유전綠釉塼 혹은 유리전琉璃塼 등의 유물로 볼 때 8세기에 처음 건립되었을 것으로 추정된다.

다시 읽는 부석사

현재의 무량수전은 1916년 일제강점기 해체보수의 후유증으로 외부
에는 단청이 거의 남아 있지 않다. 법당 내부에는 비록 먼지에 뒤덮인 기
둥과 서까래 등에 붉은색과 푸른색 등으로 채색된 단청이 남아 있어 옛
단청의 흔적을 찾을 수 있다. 이러한 단청 외에도 원래 외부 포벽에는 용
과 초목과와 연꽃을 비롯하여 숲속의 호랑이와 사슴 등이 그려진 다양한
벽화가 있었다.[75]

이와 관련 1916년 일제의 무량수전 보수공사 관련한 기록 중에 관심
을 끄는 기사가 있어 소개한다.

> 1917년 2월 2일
> 순흥 부석사를 일인日人들이 훼철하였고 그 터에다 새로 사찰을 크게
> 지었으나, 선비仙批:조사당 선비화나무가 고사枯死했다고 한다.
>
> 『저상일월渚上日月』🌺

🌺 박성수 주해 『저상일월』下,
서울신문사, 1993. 148쪽.

이처럼 20세기 초 일본인에 의해 해체 보수된 무량수전을 본 당시 사
람들의 시선은 보수가 아닌 다 뜯어내고 완전히 새로운 건물을 지었다고
본 것이다.

1376년 무량수전이 중건된 이후 1916년 일제에 의해 해체 보수되기
전까지 무량수전은 단청과 기와를 고치는 수준의 보수가 계속 이어져
왔다. 1611년 폭풍으로 인해 부분적이 피해가 있었지만 600년이 넘도
록 원형을 비교적 잘 유지해 왔다. 최근 들어 동쪽과 서쪽의 벽면에 배부
름 현상이 나타나 정밀 조사를 실시하고 있으며, 이 조사 결과를 바탕으
로 대대적인 보수가 이루어질 것으로 보인다.

76 부석사 조사당. 고려. 국보 제19호.

부석사 사방세계와
문화유산

145

조사당[76]

부석사 조사당은 창건주인 의상대사의 상을 모신 곳으로 정확한 초창연대가 확인되지 않고 있다. 다만 조사당에 남아 있는 석조연화대석과 석조 수조水槽로 볼 때 스님이 입적한 이후 얼마 되지 않아 건립된 것으로 보인다.

조사당은 1916년 수리과정에서 발견된 도리의 묵서를 통해 1201년과 1493년에 개채開彩를 했다는 내용과 화원畵員이 등장하는 것으로 보아 단청을 했던 것으로 보인다. 또한 장여에서는 1377년 원응국사의 주도로 조사당의 중수가 있었음을 보여주는 묵서가 확인된 바 있다.

장여의 묵서에는 선광宣光 7년[1377] 정사丁巳 5월 3일에 입주立柱를 하였다고 하였으며, 동참대중에 대목大木으로 선사禪師 심경心鏡스님 등이 등장하는 것으로 보아 대대적인 중수가 이루어진 것으로 보인다. 이와 함께 '조사개화祖師改畵'라는 구절이 등장하는데 이것이 단청을 다시 했다는 의미인지, 조사상이나 진영을 보수하였는지 명확하지 않다. 다만 개화改畵를 불상에 금을 입히는 개금改金과 같은 의미로 본다면 퇴색된 의상대사상에 채색을 다시 했다는 의미로도 받아들일 수 있다.

현재 조사당에 봉안된 의상스님 존상은 언제 조성 봉안된 것인지는 알 수 없으나 일제강점기 기록이나 17,8세기 부석사 기행문 등을 고려해본다면 1377년에 이미 존상은 존재했고 그에 대한 보수가 이루어졌던 것으로 보인다. 일설에는 이 조사상이 1970년대 석고로 만들어진 것이라 하였다. 그러나 앞서 언급한 자료를 종합해보면 여기에는 어떤 혼선이 있었던 것으로 보인다. 즉 1975년에 봉안된 조사당 내 일부 탱화들의 조성연대와 혼동을 한 것으로 보인다. 따라서 조사당에 봉안된 의상조사상은 늦어도 14세기말에는 이미 조성되었던 것으로 보아야한다.[77]

한편 이때 중수에는 경남 합천 가야산 하거사下鉅寺 등 5개 사찰에서도 중수에 동참하였다. 또한 묵서 말미에는 1363년 홍건적 침입으로 안동으로 피난 온 공민왕을 호종扈從한 김용金龍이 등장하고 있어 눈길을 끈다.

✤ 前開彩承安六年(1201)壬子三月 日 後開彩弘治六年(1493)癸丑四月 日書畵員禪師 義戒 惠淸 化主戒云 一禪.

1377년 이후 1490년과 1573년에도 중수되었다는 기록이 확인되었다. 1573년 중수 때 대시주로 등장한 계욱戒旭스님은 이후 1608년 무량수전 중수 때는 화주로 활동하여 당시 부석사 중수과정에 큰 역할을 담당했던 것으로 보인다.

조사당 내부에는 현재 흙으로 빚은 의상조사 좌상과 1985년 모사한 벽화와 함께 후불탱화로 「화엄종조사회권華嚴宗祖師絵巻」의 그림 중 일부를 차용하여 1975년 제작한 의상대사 설법도가 있다. 또한 그 즈음에 조성된 서산대사와 사명대사, 원융국사 그리고 선묘낭자의 진영, 신중도가 함께 봉안돼 있다.

한편 1950년대까지 조사당 안에는 과거 취원루 영각에 있던 역대 고승들의 진영이 옮겨져 있었던 것으로 확인된다. 당시에 있던 진영들은 서산대사·사명대사를 비롯하여, 18세기 부석사 중수에 지대한 공헌을 한 단하당丹霞堂 쾌봉夬鳳, 경운당景雲堂 명의明義, 긍암당肯巖堂 관영琯橳✳, 봉암당鳳巖堂 관정貫定스님✳의 진영들이 함께 봉안되었지만 현재 모두 도난당해 하나도 남아 있지 않다.[78]

77 조사당에 봉안된 의상대사 소상(塑像). 높이 89cm. 일설에는 석고로 만들어졌다고 하나 흙을 빚어 만든 소조상이다.

78 조사당에는 1960년까지 서산대사를 비롯하여 6분의 고승 진영이 있었지만 모두 사라졌다. 현재 1970년대 만든 원융국사 등의 진영이 조사당 안에 봉안돼 있다. ⓒ국사편찬위원회 한국사데이타베이스

✳ 1773년 번와 불사시 시주
✳ 1745년 괘불 조성시 대종사

조사당은 맞배지붕으로 정면 3칸 측면 1칸의 규모로 가운데 칸에 출입문을 설치했다. 또한 좌우에는 살창을 끼운 창문을 두고 안에서 나무문을 여닫는 구조로 되어 있다. 또한 내부 바닥은 무량수전과 마찬가지로 모두 전돌이 깔려 있다.

중국까지 알려진 선비화[79]

부석사를 찾은 조선시대 기행문에서 거의 빠짐없이 등장하는 것이 조사당의 선비화仙扉花, 仙飛花 혹은 비선화(飛仙花)다. 선비화의 정식 학명은 '골담초骨擔草, Caragana sinica로 조사당 처마 밑에서 자라고 있다. 매년 5월 초에 노란 꽃이 피며, 가지에는 잔털과 같은 가시가 있다.

조사당 선비화의 유래는 의상스님이 입적하기 전 짚고 다니던 지팡이를 꽂아 놓은 것이 자라난 것 이라고 조선시대부터 전해오고 있다.

조선후기 실학자였던 이규경李圭景: 1788~?의 『오주연문장전산고』에는

[79] 학명은 '골담초(骨擔草, Caragana sinica)'로 매년 4월말부터 5월초에 노란 꽃이 피고, 겨울에도 푸른 잎이 남아 있다. 문헌 기록으로만 계산해도 최소 500년 이상 조사당 처마 밑에서 자라고 있다.

의상이 득도得道한 뒤에 서역西域의 천축天竺으로 돌아가려 할 때 평소 거처하던 방문 앞 낙수落水 지는 자리에 주장자拄杖子를 꽂으면서, '내가 떠난 뒤에 이 주장자에 반드시 가지와 잎이 생겨날 것이며, 이 나무가 말라죽지 않으면 내가 죽지 않았음을 알 것이다' 하였는데, 그가 떠난 뒤에 사승寺僧들이 흙으로 그의 상像을 만들어 그가 거처하던 방안에 안치하였다. 창문 밖에 꽂아 놓은 주장자는 바로 가지와 잎이 생겨나 아무리 해와 달만 내리비치고 비와 이슬이 내리지 않아도 죽지 않고 집 높이의 길이로 자랐다. 그렇다고 집 높이보다 더 자라지도 않고 겨우 1장丈 남짓하며 천 년이 지난 오늘에도 변함이 없다.

또한 『재향지』에는

무량수전 북쪽으로 1백 보쯤 올라가면 암자가 있는데 조전祖殿이라 하
고 의상조사義相祖師의 상像을 안치하였다. 조전 처마 안에 나무 한 그
루가 있는데 선비화禪扉花라 한다. 스님이 말하기를, 의상義相스님이 절
을 떠날 때 지팡이를 꽂으며 '내가 떠나면 이 나무에 싹이 나올 것이
다. 이 나무의 영고榮枯를 보아 내 생사生死를 징험하라' 하였는데, 과연
그 말대로 싹이 나왔다. 지팡이가 산 나무로서 비를 맞지 않고도 꽃
과 잎이 피고 지면서 지금까지 1천여 년을 살고 있다.

또한 조선 후기 실학자 연암燕巖 박지원朴
趾源 1737~1805은 『열하일기熱河日記』에서 '중
국 사람이 나에게 선비화仙飛花란 어떤 것인
가를 물었으나, 나는 그 나무는 다른 종류가
없을뿐더러 일이 영괴靈怪에 가까웠으므로
대답하지 않았다'고 하여 선비화의 명성
이 중국까지 알려져 있었음이 확인된다.

조선후기 문인인 신좌모申佐模:1799~1877

80 퇴계 이황의 「선비화」 시판.
34.7×62cm.

의 『담인집澹人集』에서 선비화의 유래를 언급하면서 부석사 스님들이 이
나무 주변에 울타리를 만들어 보호하고 있다고 하였다. 이러한 보호대책
은 조선 광해군 때 경상감사 정조鄭造. 1559~1623가 선비화를 잘라 지팡이
를 만들었다가 1623년 인조반정 당시 역적으로 몰려 죽게 되자 '이 나무
를 베면 죽는다'는 소문이 퍼지게 되었다. 이후 1720년에는 조선후기 문
신인 박홍준朴弘儁. 1704~?이 이곳에서 공부를 하다가 선비화의 신이함에
의혹을 제기하면서 줄기를 하나 잘랐다가 훗날 죄를 지어 곤장을 맞아
죽었다고 『열하일기』에 전하고 있다. 이로인해 당시 부석사 스님들과 세
인들의 선비화에 대한 생각이 매우 남달랐음을 알 수 있다.

선비화와 관련된 퇴계退溪 이황李滉. 1502~1571의 시가 전한다. 이 시는
퇴계선생이 풍기군수시절 부석사에 와서 선비화를 보고 지은 것으로,
이 시판詩板이 지금도 부석사에 남아 있다.[80]

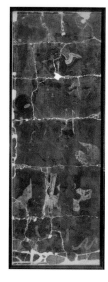

제석천   **동방** 지국천왕(추정)   **남방** 지국천왕
                  – 지물:칼   –.지물:활

이 시외에도 수많은 시인묵객들이 부석사를 찾아 선비화를 보고 남긴
시가 있다.

선비화禪枇花『죽하집竹下集』, 김익金熤. 조선 후기의 문신:1723~1790.

여러 줄기 가지는 난간에 기대 섬돌을 쓸고	拂砌依欄着數枝。
푸른 잎 천년이 지나도 시들지 않았네.	靑華千載不曾衰。
어찌 아는가 비와 이슬 처마를 뚫고 들어오는 것을	却知雨露透簷入。
누가 선가의 도력 기이하다 하는가.	誰道禪家法力奇。

영남지역 민요인 '꽃노래花歌'『개벽開闢』 제36호(1923년 6월 1일,『朝鮮文化의 基
本調査』)에도 아래와 같이 선비화가 등장한다.

당실당실 연적화花는 단순호치丹脣皓齒 단장하고,
부석사중浮石寺中 선비화仙扉花는 의상대사義相大師 지팽이고
호박꽃과 박꽃은 사촌형제四寸兄弟 희도랏네.

출
입
문

서
西

서방 증장천왕(추정)
-.지물·칼

북방 다문천왕(추정)
-.지물·창

범천

퇴계선생이 풍기군수로 재직하던 때가 1550년 전후이니, 현재 선비화
의 나이는 아무리 적게 잡는다고 하여도 470살이 넘는다. 그러나 아직도
400 여 년 전 보았던 그 크기와 거의 변함이 없으니 신비함 그 자체다.

81 부석사 조사당 벽화. 고려. 국보
제46호.

부석사 조사당 벽화(국보 제46호)[81]

조사당 안에는 부석사 창건주인 의
상대사를 수호하는 사천왕과 범천 제석천 벽화가 그려져 있었다. 이 벽
화는 1201년에 개채開彩를 하였다는 기록이 있어 이 때 조사당의 벽화와
단청 등에 대한 보수가 있었던 것으로 보인다. 이후 1916년 11월부터
1918년 5월까지 무량수전과 조사당에 대한 대대적인 보수공사 때 벽화
를 떼어 무량수전으로 옮겼다.

1923년 조선총독부가 벽화의 보존대책을 마련하는 과정에서 확인된
바로는 그림이 그려진 벽은 점토와 가는 모래에 볏짚과 삼베를 잘게 썰
어 혼합하여 만들어졌다고 한다.

조사당 벽화의 원래 배열 상황은 표에서와 같이 동쪽과 서쪽 끝에 제

82 조사당 벽화 적외선 사진

석천과 범천이 그려져 있고, 출입문 좌우에 사천왕이 각각 2구씩 배치되어 있었다.

범천과 제석천은 특별한 지물持物이 없이 복부에 양손을 모으거나 합장을 한 채 서있다. 사천왕의 경우 이름을 정확히 알 수 있는 것은 벽화 상단에 '남방천왕南方天王'이라는 존명尊名 남아 있는 '증장천왕'뿐이다.

이에 따라 오른 손에 칼을 들고 있는 사천왕을 동방 혹은 서방천왕으로 보고 있으며, 왼손으로 칼을 쥐고 있는 도상을 서방 혹은 동방천왕으로 보고 있다.

사천왕상은 모두 갑옷과 투구를 쓴 무장형武將形으로 모두 악귀를 발로 밟고 서있는 모습이다. 지금은 많이 퇴색되고 훼손되었지만 아직도 살아있는 듯 한 눈매와 얼굴의 세부적인 표현 등이 남아 있어 고려불화의 아름다움을 전하고 있다.

한편 1926년 10월 6일자 『동아일보』를 보면 '조사당의 고벽화古壁畵는 고려시대의 작품인데 1925년 5월 동경東京 문부성 기사가 이 벽화를 목제함속에 넣었지만 1년도 안되어 조각조각 썩어버렸다'고 관리부실과 훼손상황을 안타까이 적고 있다.

그러나 이미 그 이전부터 문제가 있어 조선총독부에서 대책을 마련하고 있었던 것으로 보인다. 1922년 12월에 작성된 『부석사 조사당 벽화 조사보고』에서는 이미 석고와 무수규소無水硅素, 천연수지 등을 이용하여 균열과 안료의 박락을 방지하는 작업을 진행하고 있었음이 확인되고 있다.※ 이때의 보존처리를 거친 이후 1985년 표면의 오염물을 제거하고, 적외선 촬영 등의 조사를 실시하였다.[82]

※ 국립중앙박물관 조선총독부 박물관 문서 『浮石寺 祖師堂 壁 保存調査報告』-A113-025-001-005.

부석사의 자랑스런 문화유산
부석사의 석탑들

현재 부석사에는 모두 3기의 석탑이 전하고 있다. 첫 번째 탑은 무량수전 동쪽 언덕위에 세워진 〈영주 부석사 삼층석탑〉이하 삼층석탑. 보물 제249호과 범종루 아래의 〈영주 부석사 삼층석탑〉이하 방동 출토 쌍탑. 경북도유형문화재 제130호이 바로 그것이다.

먼저 범종루 아래 쌍탑은 원래 방동 절터부석면 북지리 178번지에 무너져 있던 것을 옮겨온 것이다. 본래 1958년 11월 이 탑에 대한 복원이 이루어졌으나, 1964년3월 하순경 부석사 경내로 이전하여 1966년 현재의 위치에 세워졌다.※83

이 석탑 앞에는 탑의 이운과정은 기록한 작은 비석이 있는데 이에 따르면 익산 왕궁리 오층석탑에서 출토된 석존사리 5과를 1966년 8월 11일 서쪽 탑에 봉안했다고 적고 있다.

83 영주 부석사 삼층석탑. 통일신라. 경북도유형문화재 제130호. 높이 동탑 3.6m, 서탑 3.77m

※ 진홍섭, 『신라 북악 태백산 유적 조사보고』[3], 『한국문화연구원 논총』, 이화여자대학교 한국문화연구원. 1980. 385쪽

84 석탑이 원래 있었던 방동절터에서 발견된 석탑 옥개석과 상륜부 석재. 옥개석은 동탑의 기단 모서리에 해당한다.

※ 황수영, 『부석사 조사 노트(1949.2.5.)』,

동탑은 높이 3.6m, 서탑은 3.77m로 비교적 작은 규모지만 신라석탑의 전형적인 양식을 따르고 있다. 석탑의 상륜부는 모두 유실되었지만 2014년 4월 원래 석탑이 있던 곳에 대한 긴급구제발굴을 통해 상륜부의 보개寶蓋:동양대박물관 소장 일부가 발견된 것은 물론 이후 석탑 옥개석부석사성보박물관소장도 출토되었다.84

보물 제249호 삼층석탑은 탑이 있는 위치 때문에 다른 곳에서 옮겨왔을 것이라는 추측이 제기되기도 한다. 통상 석탑은 불전 앞에 정면에 하나가 있거나 2기 혹은 3기가 있는 경우가 있다. 그러나 이 삼층석탑은 무량수전 정면이 아닌 동쪽에 별도로 세워져 있어 많은 이들의 의문을 자아내, 결국 다른 곳에서 옮겨온 것이라는 설이 제기되었다.85

특히「원융국사비 비문」에 '부처님께서 열반에 들지 않으신 까닭에 아니 계신 때가 없으므로 좌우보처상을 모시지 않았으며 영탑影塔을 세우지 아니한 것은 화엄華嚴 일승一乘의 깊은 종지宗旨를 나타낸 것'이라고 적어 놓아 이 탑이 경내에 없던 것을 옮겨왔을 가능성에 무게를 두고 이 탑의 위치에 대해 여러 주장들이 제기되곤 했다.

탑의 높이 5.26m, 폭3.56m로 규모가 제법 있는 석탑이다. 1910년대 자료 사진에서는 현재의 위치에 탑의 기단 일부가 벌어지고, 탑 전체가 동쪽으로 기울어져 있었음이 확인된다. 이를 1956년 9월 5일부터 10일까지 황수영 박사의 감독하에 보수공사가 실시되어 오늘에 이르고 있다.

일제강점기 부석사 경내의 성보문화재를 기록한『부석사고물대장浮石寺古物臺狀:이하 고물대장』(1938년 6월 10일 작성) 필사본에 이 석탑 앞에 있는 석등을 부재를 일러 '선종표석禪宗票石'이라 하였다. 그 연번은 79번으로 되어 있고 그 다음이 여래탑如來塔 즉, 삼층석탑으로 연번 80번에 해당한다.※

통일신라 때 석탑 앞에 석등을 세운 사례가 많은데 이 대장에는 석등이라 하지 않고 '선종표석'이라고 했는지 의문이다.『고물대장』이 작성된 해가 1938년이니 사중에서는 그 이전부터 이 석등을 그렇게 불러왔음을 알 수 있다. 현재 이 석등은 화사석과 상대석이 없어지고 옥개석과 간주석 그리고 하대석과 지대석만 남아 그 모양이 마치 버섯과 같다. 참고로 국보 제17호 석등은 연번 78번에 '석등石燈'으로 등재되어 있다.86

그렇다면 왜 이 석등을 '선종표석'이라 명명했을까. 어쩌면 보물 제249호 삼층석탑의 상징성을 내포하고 있는 것은 아닐까.

분명 원융국사 비문에는 '영탑影塔을 세우지 아니한 것은 화엄華嚴 일승一乘의 깊은 종지宗旨를 나타낸 것'이라고 했음에도 이렇게 동쪽에 삼층석탑을 세운 데는 분명한 이유가 있을 것이다. 이 석탑에서 100m가량 올라가면 의상스님의 상을 모신 '조사당祖師堂'이 있다. 이와 연관지어 생각할 수 있는 유적들이 몇 군데 있다.

부석사에서 화엄을 공부하고 선문禪門에 들어간 동리산파의 개조開祖 적인선사 혜철惠哲 785~861의 태안사 부도, 희양산파의 개조인 지증대사 도헌道憲. 824~882스님의 봉암사 부도, 사자산파의 징효대사 절중折中. 826~900의 영월 법흥사 부도 등의 경내 위치를 고려한다면 보물 제249호 삼층석탑이 의상스님의 '부도탑'일 가능성이 전혀 없는 것은 아니다. 『송고승전』에서도 말미에 '탑역존언塔亦存焉'이라하여 의상대사의 부도가 있음을 밝히고 있다.

앞서 언급한 9세기에 부석사에서 화엄을 수학했던 선문의 개산조開山祖들의 예를 보면 적인선사는 삼나무로 관을 만들어 장사지냈으며, 지증대사도 임시로 유체를 모셨다가, 1년 뒤 장사를 지냈다. 또한 낭혜화상은 선실禪室에 2년간 모셨다가 부도를 만들었으며, 징효대사는 다비하여 사리를 석분石墳에 안치하였다.

이와 함께 신라의 불교 공인 이후『삼국유사』에 실린 승려들의 장례를 살펴보면 화장이 아닌 매장을 한 경우가 많이 나타난다. 다만 자장慈藏스님의 경우 화장을 한 뒤 유골을 석실石室에 안치하였고, 혜현惠現스님의 경우 시신을 석실에 안치하여 호랑이가 다 먹어버리고 남은 해골과 혀만 석탑에 간직하였다고 한다.

기록에 나타나는 통일신라시대의 승려 장례법으로 매장과 이차장二次葬이 주류를 이루고 있었다는 점을 고려한다면, 의상스님도 입적 후 유골을 따로 모아 탑 등에 봉안하였을 가능성도 배제할 수 없다.

85 1938년작성된『부석사고물대장』에는 이 석등재를 '선종표석'이라고 적고 있다.

86 부석사 삼층석탑. 통일신라. 보물 제249호.

또한 『삼국유사』에서는 원효대사가 입적하자 아들 설총이 그 유해를 부수어 소상塑像으로 진용真容을 만들어 분황사에 봉안했다고 하였다. 현재 조사당 내에 있는 의상대사상이나 이 석탑이 어떤 성격을 가지고 있는지 깊이 고민해봐야 한다.

부석사의 자랑스런 문화유산
부석사 당간지주(보물 제255호)[87]

부석사 당간지주는 현재 천왕문 아래 남쪽으로 50m 가량 떨어진 곳에 위치해 있다. 높이는 4.28m로 두 개의 돌기둥이 마주서 있다. 기둥사이에는 연화문으로 장식된 간공杆孔이 있어 간주杆柱를 꽂았을 것으로 보인다. 그 주변으로는 큼직한 자연석이 박혀 있어 당간지주가 고정되도록 하였다. 당간지주 서쪽에는 흥복료興福寮로 추정되는 건물들이 있었던 곳으로, 현재 대형과 소형 석조石槽가 남아 있다.

당간은 크게 두 개의 구조물로 구성되어 있는데 당간을 고정시켜주는 돌로 만든 지주와 나무나 금속으로 만든 깃대모양의 당간이다. 현재 당간과 지주가 모두 남아 있는 예로서는 청주 용두사지 철당간국보 제41호·속리산 법주사 철당간, 계룡산 갑사 철당간보물 제256호, 나주 동점문 밖 석당간보물 제49호, 담양읍 석당간보물 제505호 등이 있다.

당간지주의 용도는 설법이나 법회 중임을 표시하거나 혹은 이곳이 신성한 영역임을 표시하는 역할을 했다고 하지만 당간지주는 그런 용도로 사용되었다기보다는 도량을 장엄하기 위한 도구로 활용되었다고 보는 것이 올바르다.

87 부석사 당간지주. 통일신라. 보물 제255호. 높이 4.28m.

다시 읽는 부석사

국보 제 41호 용두사龍頭寺 철당간기鐵幢竿에 남아 있는
명문에 그 역할이 밝혀져 있어 참고가 된다.

'일찍이 듣건대 당간幢竿이 만들어진 바는 불문佛門을 꾸
미는 옥갈은 표지이며, 번개幡蓋의 유래는 법당을 장엄하는
신령스런 깃발이라 하였다. 그 모양은 학이 푸른 창공을
날아오르고 용이 푸른 하늘을 뛰쳐 오르는 것과 같다. 세
운 사람은 크게 신심信心을 일으키고 바라보는 사람은 반
드시 충정의 정성을 기울일 것이니 진실로 마귀를 항복받
는 쇠지팡이요, 도적을 물리치는 무지개 깃발임을 알겠다'

이와 함께 경전에 기록된 당간을 살펴보면『묘법연화
경』'분별공덕품'에서는

'...깃발과 일산을 들고 차례대로 범천에 오르며 한 문, 한
분의 부처님들 앞에는 보배로 된 당간에 부처님의 위덕을
상징하는 깃발이 걸려 있는데...' 라고 하였다.

『화엄경』'입법계품'에서는

'다시 한량없는 갖가지 보배 깃대幢를 세웠으니, 이른바 보
배 향 깃대 · 보배 옷 깃대 · 보배 번 깃대 · 보배 비단 깃
대 · 보배 꽃 깃대 · 보배 영락 깃대 · 보배 화만 깃대...(중략)...일체 법계
의 영상을 나타내는 마니왕 깃대들이 시방에 두루하여 열을 지어 장엄하
였다'

88-1 부석사에는 보물로 지정된 당
간지주 외에 또다른 당간지주가 있었
던 것으로 보인다. 범종루 서쪽 요사
채와 종각 사이의 축대에 있는 당간
지주 부재.

88-2 경주 불국사 당간지주. 통일신
라. 경상북도유형문화재 제446호.

당간이 어떻게 사용되었는가에 대해『고려도경』흥국사조興國寺條에는
'개성 흥국사에 높이 10여장丈, 즉 30여m 되는 동주당간銅鑄幢竿이 법당
뒤 마당에 세워져 있었는데, 당간 표면에는 황금칠을 하고 당간 정상에
는 봉황의 머리로 장식을 하였으며 그곳에 비단으로 된 당을 달았다'고
하여 사찰을 장엄하기 위한 시설임을 알 수 있다. 그렇기 때문에 당간과
지주는 1개가 아니라 그 이상의 개수로 건립되는 경우가 있다. 익산 미
륵사지나 경주 불국사의 경우 2개가 나란히 설치되었고, 부석사도 보물
제255호 외에도 1개가 더 있었을 것으로 보이는 잔재가 남아 있다.[88-1, 2]

89 무량수전 소조아미타여래좌상.
고려. 국보 제45호. 높이 2.75m.

부석사의 자랑스런 문화유산
무량수전 소조아미타여래좌상(국보 제45호)[89]

국내 현존하는 소조여래좌상 가운데 가장 규모가 크고 오래된 〈무량수전 소조아미타여래좌상〉은 무게는 7톤, 높이는 2.75m이다. 무량수전 서쪽에 가부좌를 틀고 앉아 있는 불상은 고려시대의 것으로 조선시대 제작된 대형 소조불상과는 다른 특징을 가지고 있다.

일반적으로 소조불은 나무로 그 틀을 만들고 그 위에 흙은 덧붙여 나가는 방식으로 제작된다. 소형의 경우 틀에 찍어 불에 구워 만드는 경우도 있지만, 대형의 소조불은 그렇게 만들기 어렵다. 1986년 충남 청양군 본의리 백제시대 가마터에서 발견된 불상대좌와 같이 여러 조각을 분할하여 구워 만드는 경우가 드물게 확인되고 있다.

대형 소조불은 진흙이라는 재료 자체의 한계로 인해 내부에 틀이 없으면 대형 상을 만들기가 거의 불가능하다. 그러나 부석사 무량수전에 봉안된 소조아미타여래좌상은 오른쪽 팔을 제외한 몸통 등에서는 목조로 만든 구조물이 확인되지 않았다. 이는 2011년 실시한 '부석사 소조여래좌상 안전진단'에서 x-ray 촬영 등을 통해 확인한 바 있다.[90]

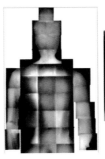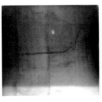

이때 확인된 결과로는 오른쪽 팔 부분만 목조 구조물이 오른쪽 어깨와 연결되어 있지만 이것이 불상의 수리와 관련이 있는지는 의문이다. 몸통과 머리 그리고 왼쪽 팔은 모두 일체형으로 제작되었다. 다만 오른쪽 팔만은 공간을 두고 입체적으로 조성되었다. 따라서 구조상 오른쪽 팔은 목조 틀이 반드시 설치되어야만 이를 결합할 수 있기 때문으로 보인다.

1358년 왜구의 방화로 인해 무량수전이 불탈 때 불상의 머리 부분이 불길 속에서 솟구쳐 나와 서쪽의 문장석文藏石 위에 놓였다고 한 「개연기」 기록처럼 2011년 조사에서도 목 부분에 균열이 있음이 확인되었다.

90 2011년 실시한 '부석사 소조여래좌상 안전진단'에서 γ-ray 촬영을 통해 불상의 목부분에 균열이 발견돼, 1358년 화재 당시의 흔적을 확인한 바 있다.

무량수전 소조여래좌상과 관련하여 많은 이들이 가장 많은 의문을 제기하는 것 중 하나는 항마촉지인을 한 불상이 아미타불로서 무량수전에 있느냐하는 문제다. 흔히 항마촉지인상은 석가여래가 보리수 아래서 마왕魔王의 항복을 받을 당시 취했던 깨달음의 순간을 표현한 모습이기에 이 수인은 석가여래를 상징하는 수인으로 널리 알려져 있다. 즉 항마촉지인 불상은 곧 '석가여래'라는 공식이 불변의 진리처럼 알려져 있다.

무량수전에 본존불만 봉안된 것 또한 특이한 사례로, 이에 대해「원융국사비문」의 내용이 널리 인용된다. 이 비문에는 무량수전에 봉안된 불상에는 왜 좌우 보처가 없으며, 법당 앞에 탑이 왜 없느냐는 질문에 의상대사는 '아미타불阿彌陀佛은 열반에 들지 아니하고 시방정토十方淨土를 체體로 삼아 생멸상生滅相이 없기 때문이다.'라고 하셨다. 또한『화엄경』'입법계품入法界品'에 이르기를, '아미타부처님과 관세음보살로부터 관정灌頂과 수기授記를 받은 이가 법계法界에 충만하여 그들이 모두 보처補處와 보궐(補闕)이 되고, 부처님께서 열반에 들지 않아 아니 계신 때가 없으므로 영탑影塔을 세우지 아니하였다. 이는 화엄일승華嚴一乘의 깊은 종지宗旨를 나타낸 것'이라고 하였다. 이를 통해 무량수전에 봉안된 불상이 아미타불임을 분명히 하고 있다.

이와 같이 본존상만 단독으로 봉안한 배경은 의상대사의 법문을 통해서도 확인할 수 있다.

91 감산사 석조아미타불입상. 통일신라. 국보 제82호. 높이 174cm. 국립중앙박물관.

의상대사는 『화엄경문답』에서 '『인왕경仁王經』에 이르기를 삼현십성三賢十聖은 과보토果報土에 머물고, 오직 부처님 한 분만이 정토에 거주한다...唯佛一人居淨土...'고 하였다. ❋ 즉 무량수전은 아미타불이 거주하는 정토로 그 안에 과보토에 머무는 삼현십성의 보처보살 등은 없다는 것이다.

또한 『화엄경문답』에서는 '오직 부처님만이 금강삼매金剛三昧에 이르러 모든 번뇌를 항복받지만, 부처님만이 번뇌를 끊을 수 있다'고 하였다. 따라서 무량수전의 아미타불이 부처로서 정토에 거주하는 그 모습은 모든 번뇌를 끊은 부처의 모습으로 표현했을 것이다. 이는 석가여래가 보리수 아래서 마왕魔王의 항복을 받고 깨달음을 성취하여 부처가 된 모습이 '항마촉지인상降魔觸地印像'인 것처럼, 무량수전에 봉안된 소조여래좌상 또한 깨달음을 성취하여 정토에 거주하는 오직 한분의 부처로 동일한 모습으로 표현하였을 것이다.

한편 항마촉지인을 한 아미타불로는 7세기후반 제작된 경북 군위의 석굴암 아미타삼존상의 본존상국보 제109호 사례가 있어 주목된다. 7세기 후반은 의상대사가 부석사를 창건할 즈음으로 당시 시무외여원인이 주류를 이루고 있던 불상 제작에 어떤 변화가 있었던 것이 아닌가 한다. 즉 신라가 삼국통일을 이룩한 직후라는 점을 감안한다면 새로운 불상도상이 전래되어 유통되었던 것으로 보인다.

이는 인도 붓다가야 마하보리사의 항마촉지인 도상이 중국에 전래된 시기는 의상대사가 당에 유학을 가서 지엄화상 문하에 있었던 때와도 일치한다. 따라서 의상스님이 신라로 돌아와 새로운 불법 즉 화엄을 펼칠 즈음에는 이러한 영향을 받은 도상이 구현되기에는 충분한 여건이 형성되었다고 볼 수 있다. ❋ 현존하는 통일신라 이전 7~8세기 석불 좌상의 경우 항마촉지인 아미타불이 확인되지만, 입상의 경우 720년 조성된 감산사 석조아미타불입상국보 제82호과 같이 다른 형태의 수인도 나타나고 있다.[91]

소조아미타여래좌상 뒤에는 나무로 만든 높이 3.84m, 폭 2.49m의 광배가 있다. 이 광배의 조성연대는 정확히 알 수 없지만 1378년 무량수전을 중건하면서 새롭게 조성한 것으로 보인다. 둥근 형태의 두광頭光과 신광身光 주변은 불꽃무늬가 조각돼 있으며, 그 안에는 보상화문과 더불어

❋ 『교감번역 화엄경문답』, 의상 강의 · 지통 기록. 김상현 교감번역. 씨아이알. 2013. 5. 52쪽.

❋ 이주민, 『영주 부석사 소조불좌상과 신라 화엄종 도상의 전파』, 『신라사학보』제29집, 2013.12. 463~468쪽.

화불化佛을 부착했던 흔적이 남아 있다. 본존상의 광배와 동일한 형태의
이 화불광배는 두광과 신광에 작은 구멍을 내어 별도로 만들어진 불상을
부착할 수 있도록 하였다.

　이와 함께 본존상 위에는 다포가 겹겹이 조립된 화려한 닫집이 있는데
이곳에 남아 있는 묵서에 '1618년 5월에 만들었다萬曆十六年歲次戊午五月初十
日……'는 기록이 남아 있어 조선시대 제작된 것임을 알 수 있다.

┃ 부석사의 자랑스런 문화유산
부석사의 석불들

자인당의 석조여래좌상들[92]

　　　　　부석사에는 현재 무량수전 뒤 산자
락에 자리한 자인당에 3구의 석불과 함께 종무소 앞마당에 파손된 채 다
른 석조물들과 함께 남아 있는 불상 1구가 있다. 자인당에 봉안된 불상
들 중 2구는 1963년 〈영주 북지리 석조여래좌상이하 220호 동(서)석불〉으로
보물 제220호로, 나머지 1구는 〈영주 부석사 석조석가여래좌상이하 1636
호 석불〉으로 보물 제1636호로 각각 지정되었다.

국립중앙박물관에 소장된 2종류의 일제강점기 『부석사재산대장』에는 이들 석불이 모두 4구로 4곳의 밭에 있다고 했으며, 각각의 크기도 기록해 놓았다. 그러나 현재 남아 있는 불상의 크기를 고려한다면, 그 중 1구는 〈봉화 오전리 석조아미타여래좌상〉경상북도 유형문화재 제154호로 추정된다.

오랜 세월 노천에 방치되었던 이들 석불은 얼굴과 손을 비롯하여 광배나 중대석, 하대석 등도 부분적으로 훼손되었지만 다수의 조각들은 온전히 남아있다. 특히 220호 석불의 광배에는 국내에서는 보기 드물게 천개天蓋가 표현돼 있다.[93]

93 220호 서쪽 석불의 광배 윗 부분.

자인당 안 중앙에 봉안된 1636호 석불이 본래 있었던 곳을 지역에서는 '약사곡藥師谷'이라 불렀는데, 아마도 약사전藥師殿이라는 법당이 있었던 것으로 보인다. 이와 관련된 유물이 무량수전 불단 앞 탁자로 남아 있다. 특히 불상에서는 국내에서 가장 오래된 지장보살반가상 조각이 남아 있어 주목된다.

이들 석불을 볼 때마다 안타깝게 여겨지는 것은 원 봉안처에서 자인당으로 옮겨지는 과정이 담긴 기록이 없다는 것이다. 그래서 이들 불상의 출토지를 인용하는 자료에 따라 제각각 이었다. 심지어 220호 석불과 1636호 석불이 같은 장소에 있었다는 주장이 등장하기도 했다.

특히 부석사의 사역을 현재의 구역으로만 국한해 바라보는 시각으로 말미암아 그나마 남아 있던 법당터와 석축 등의 흔적은 찾기 힘들고, 그나마 남아 있는 유구도 사라져 가고 있다.

영주북지리석조여래좌상(보물 제 220호)[94]

94 원봉안처인 방동절터에 있던 석조여래좌상(자인당 내 서쪽)의 일제강점기모습 ⓒ국립중앙박물관.

220호 동서東西 석불 좌상은 쌍둥이라 불릴 정도로 그 외형이 판에 박은 듯 똑같은 형태다. 일제강점기 이 불상들의 사진을 보면 서쪽의 석불은 본래 삼불三佛 중 중앙에 위치한 것으로 보인다. 발견

* 보물 제220호 동불

중대석

⑤ ⑥ ④ ⑦ ③ ⑧ ② ① 정면

하대석

⑤ ⑥ ④ ⑦ ③ ⑧ ② ① 정면

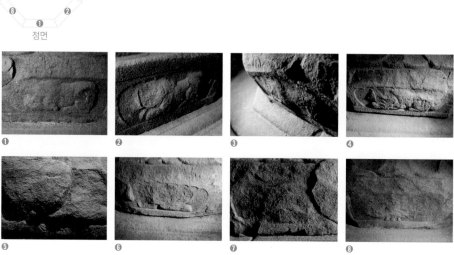

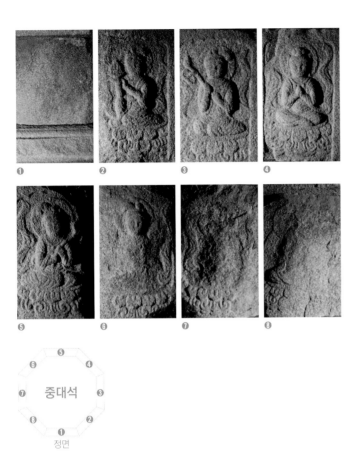

❶ ❷ ❸ ❹
❺ ❻ ❼ ❽

```
      ❺
   ❻     ❹
❼    중대석    ❸
   ❽     ❷
      ❶
     정면
```

❋ 보물 제220호 서불

```
      ❺
   ❻     ❹
❼    하대석    ❸
   ❽     ❷
      ❶
     정면
```

❶ ❷ ❸ ❹
❺ ❻ ❼ ❽

95 대구 동화사 비로암 삼층석탑(보물 제247호)에서 출토된 것으로 알려진 〈금동판불(金銅板佛)〉의 보관(寶冠)형 여래좌상을 통해 엄지형 지권인을 한 수인을 확인할 수 있다.

96 보물 제220호 동불 광배의 삼존 화불.

97 보물 제220호 동불 광배의 십자 화문.

당시 양 손은 모두 결실된 상태이고 좌대는 중대석 중간부터 매몰되어 있었지만 전체적인 보존 상태는 양호한 편이었다.

두 불상 모두 당당한 어깨와 균형 잡힌 몸매, 그리고 살짝 미소 지은 입가에는 턱 선이 가늘게 드러나 있다. 머리에는 반구형半球形의 나발이 표현돼 있고, 서쪽 불상보다 동쪽 불상의 머리가 약간 더 솟아 있다.

법의는 양쪽 어깨를 덮은 통견通絹이며, 어깨에서부터 물결치듯 촘촘하게 흘러내린 법의法衣자락은 양 무릎사이에 모아져 있다. 노출된 오른쪽 발과는 달리 왼쪽 발은 오른쪽 넓적다리 위 법의 속에 표현돼 있다. 두 불상의 다리는 동쪽 불상이 더 넓게 벌어져 다리가 길게 보이지만, 발의 표현은 오히려 서쪽 불상이 더 커 보인다.

양손이 모두 훼손되었다가 복원된 이 불상들은 현재 지권인을 하고 있지만 왼쪽 팔목을 자세히 살펴보면 두께의 차이가 나타난다. 즉 서쪽불상의 팔목이 가는 반면 동쪽 불상은 굵게 표현되어 있다.

이러한 차이는 손 모양에 따라 나타나는데, 일반적인 오른 손으로 왼손 검지를 쥔 지권인은 바깥쪽 팔 날과 안쪽 팔 날이 수평에 가깝다. 그러나 왼손 검지가 아닌 엄지를 쥘 경우에는 수직으로 바뀌게 된다. 따라서 이 두 석불 중 팔목이 가늘게 표현된 쪽(서쪽)은 검지를, 두껍게 표현된 쪽(동쪽)은 엄지를 쥔 지권인이었을 것으로 보인다.

엄지를 쥔 지권인 도상은 대구 동화사 비로암 삼층석탑에서 출토된 것으로 알려진 〈금동판불金銅板佛〉의 보관寶冠형 여래좌상과 〈강원도 홍천 물걸리사지의 석조비로자나불상〉보물 제542호에서도 오른손 엄지를 감싼 사례가 확인된다.[95]

신체표현이 거의 비슷한 이 석불들에 있어서 가장 큰 차이를 보이는 것은 광배光背다. 동불은 광배가 대각선으로 금이 가는 훼손이 있지만 내부에 표현된 도상은 잘남아 있다. 동불에는 가운데 본존불과 좌우에 보살상이 배치된 삼존 화불三尊化佛이 조각돼 있다.[96]

각각의 화불은 구름을 탄 연화대蓮華臺에 앉아 있으며, 맨 위 중앙

다시 읽는 부석사

의 화불 본존상 머리위에는 천개가 드리워져 있다. 불상 왼쪽 화불 본존은 촉지인과 비슷한 형태를 취하고 있지만 왼손에 둥근 물체가 조각돼 있어 약사여래를 상징하는 것으로 보인다. 오른쪽 화불의 본존은 촉지인상이지만 오른손이 아니라 왼손이 땅을 가리키고 있다.

연꽃잎이 펼쳐진 듯한 광배에는 꽃무늬 가득한 2중 두광頭光과 여기에 두 줄로 이어진 신광身光이 표현돼 있다. 광배 아래 좌우의 화불 아래에는 회오리모양의 구름과 십자화문十字花文의 꽃들이 조각돼 있다.[97] 구름무늬에 둘러싸인 십자화문 꽃은 경주 불국사 다보탑 상륜의 앙화仰花에도 같은 형태로 등장한다.[98]

서불의 광배는 외형은 동불과 비슷하지만 좌우에 각각 3구의 화불이 있고, 중앙 맨 위에 삼불三佛이 있다는 차이를 보이고 있다. 이 광배의 화불들도 구름 위 연화대를 타고 사방에서 날아오는 듯 표현하였고, 그 사이에 불꽃과 같은 구름이 채워져 있다. 맨 위의 삼불 화불은 동불과 마찬가지로 중앙 본존상 머리위에만 천개가 드리워져 있다.

이 광배에서 가장 눈여겨 볼 부분은 두광 중앙에 남아 있는 작은 홈이다. 이 홈은 이 광배 외에도 건물 기둥을 받친 둥근 초석礎石에서도 발견된다. 석불의 두광에 이런 홈이 남아 있는 경우는 전북 〈익산 연동리 석불좌상〉보물 제45호, 〈대구 동화사 비로암 석조비로자나불좌상〉보물 제244호, 〈합천 법수사지 출토 석조광배〉, 〈경북대 박물관 석조 비로자나불좌상〉과 일본 호류지法隆寺 〈석가삼존불釋迦三尊佛〉623년 제작, 중국 운강석불雲岡石窟 제 10굴5세기 후반의 천정에 조각된 〈연꽃과 비천상〉 등에서도 확인된다. 또한 충남 서산 보원사지普願寺址에서 발굴된 둥근 초석에서도 나타난다.[99-1,2,3]

연꽃잎으로 장식된 팔각의 하대석과 그 위에 있는 중대

98 경주 불국사 다보탑 상륜의 앙화
(仰花)에 조각된 십자화문.

99-1 중국 운강석불(雲岡石窟) 제
10굴(5세기 후반)의 천정 중앙에 있는 홈.

99-2 익산 연동리 석조여래좌상의
두광 한 가운데 있는 홈. 원을 그리기 위한 중심점으로 보인다.

99-3 자인당 석조여래좌상(서쪽) 두광에 있는 홈의 모습.

100 경주 금장대 출토 공양석상. 국립
경주박물관.

✽ 국립경주박물관에 소장된 이
석상의 도상에 대해 '사리공양(舍
利供養)'이라 하지만 탁자에 올려
진 용기 위로 구름무늬를 표현한
것은 향연(香煙)을 나타낸 것이
다. 이같은 도상은 중국 돈황 막고
굴 12번굴의〈무량수경변상벽화〉
에서도 확인이 된다.

✽ 통일신라시대 하대석의 사자
상 조각은 불상은 물론 석비(石
碑, 경주 창림사터 석비)는 물론
석등(石燈, 합천 청량사 석등(보
물 제253호)), 승탑(僧塔, 곡성 대
안사 적인선사 조륜청정탑(보물
제273호)) 등에서도 확인된다.

석에는 사자와 여래상, 공양보살상이 조각돼 있다. 동불에 비해 서불의 중대석과 하대석의 일부 도상은 마멸이 심해 형체를 알아보기 힘들지만 그래도 일부는 명확하게 남아 있다. 서불의 하대석에는 정면에 향로와 나머지 7면에 사자상이 조각돼 있다. 이들 사자상은 다른 석불이나 승탑과는 달리 평면적으로 부조되어 있다.

하대석 정면의 도상은 중앙에 향로가 있고 좌우에 또 향을 담는 향합香盒이 구름무늬 위에 올려져 있다. 이렇게 향로가 구름무늬와 함께 표현된 것은 향구름香雲을 나타내기 위한 것으로 보인다. 이러한 표현은〈경주 금장대 출토 공양석상〉에서도 확인된다.✽ 100

하대석 정면의 향로 도상 좌우로는 사자상이 조각돼 있다.✽ 1면을 제외한 6면의 사자상들은 모두 엎드린 채 앞발을 다소곳이 모아 그 위에 얼굴을 올려 놓았다. 얼굴에는 기쁨, 슬픔, 분노 등과 같은 감정표현이 해학적으로 묘사돼 있다. 또한 목주변의 갈기도 부채형, 직모형直毛形, 곱슬형 등으로 다양하게 나타나고 있다.

중대석에 조각된 공양보살상의 도상은 동불의 광배에서도 나타나고 있다. 보살상들은 모두 구름을 타고 연화대에 가부좌를 하거나 혹은 오른쪽 무릎을 땅에 댄 우슬착지右膝着地을 자세를 취하고 있다. 이들은 합장을 하거나 연잎이 달린 연꽃 혹은 받침이 있는 접시에 공양물을 올린 모습을 하고 있다.

8개면 가운데 7면이 공양보살상이 조각돼 있지만 서불에서 두광과 신광이 부분적으로 남아 있는 좌상이 있어 아마도 이 면이 중대석 정면에 있었던 것으로 보인다. 안타깝게도 동불의 하대석은 마멸이 심해 사자상들의 자세한 모습을 파악하기 힘들다. 또한 중대석도 8면 가운데 4면만 도상 확인이 가능하다.

동불과 서불의 불상은 물론 중대석, 하대석, 광배의 도상이 서로 비슷한 점으로 미뤄 볼 때 동일한 조각가 혹은 그 집단에 의해 조각된 것으로 보인다.

한편 일제강점기 자료사진과 『고고미술』2(7) 통권 12호의 『영주 부석사 동방사지의 조사』에는 220호 석불과 함께 파손된 채 남아 있던 석불이 하나 더 있었음을 확인할 수 있다. 대좌는 물론 광배와 불상의 머리 등은 모두 사라진 상태로 사진으로 남아 있던 이 불상은 현재 부석사 종무소 앞 화단에 있다. 현재 이 불상은 다리와 몸통 그리고 광배 일부만 남아 있다. 광배는 4조각으로 분리된 것을 붙여 놓았으며, 불상의 높이는 67㎝, 광배는 높이 80㎝, 폭57㎝이다.[101]

아울러 2014년 경내 시설물 공사 과정에서 반만 남은 팔각 하대석가로 105㎝, 세로 59㎝, 높이 24㎝이 확인되었다. 이 하대석은 220호 석불 하대석과는 매우 다른 양상을 띠고 있는데 지금까지 확인된 석불 외에 또 다른 석불이 있었거나, 아니면 인근 지역 절터에서 가져온 부재로 보인다. ✸

✸ 진홍섭, 『신라북악태백산유적 조사보고』[3], 『한국문화연구원 논총』, 이화여자대학교 한국문화연구원. 1982. 386~387쪽. 이 破佛像과 더불어 팔각 蓮臺石, 光背편 등의 석조물들이 부석사 동방의 사지, 즉 북지리 178번지 일대에서 보물 제220호 석불과 함께 부석사로 옮겨진 것으로 보인다. 아울러 부석사 경내에는 부석면 일대에 흩어져 있던 석불과 부재를 모아 부석사박물관 야외 전시장에 봉안해 놓았다.

101 보물 제220호 석조여래좌상과 함께 있었던 석불(높이 67㎝)과 광배(높이 80㎝). 부석사 경내에 남아 있는 석불 하대석. (가로 105㎝, 세로 59㎝, 높이 24㎝)

영주 부석사 석조석가여래좌상(보물 제1636호)[94-1, 2, 3]

　　　　　　　　　한동안 이 석불은 출토지가 불명확
하여 보물 제220호와 함께 있었던 것으로도 오인되어왔다. 또한 항마촉
지인 불상이라하여 석가여래상으로 알려져 있지만 조선 후기의 기록이
나 1960대까지 전해온 구전으로는 약사전에 봉안된 불상으로 파악된다.

102-1 영주 부석사 석조석가여래좌
상(보물 제1636호)

102-2, 3 영주 부석사 석조석가여래
좌상의 일제강점기 모습. ⓒ국립중앙
박물관

2010년 10월 보물로 지정될 당시의 자료를 보면 보물 제220호와 같은 자리에 있었다고 하거나 이안 시기도 사실과 다르게 전해져 왔다. 『영주 부석사 동방사지의 조사^{이하 조사보고서}』에 따르면 '부석사 자인당에 이안된 3구 좌상 중 광배가 없는 일좌^{一座}는 부석사 동강^{東崗} 넘어의 속칭 '약사골^{藥師골}'에서 옮겨온 것이라고 밝히고 있다. 이 기록대로라면 1636호 석불도 220호 석불들과 같이 1958년 11월에 함께 이안된 것으로 추정된다. 그렇지만 자인당 중앙에 모셔진 1636호 석불의 좌우에 220호 석불이 있는 것을 보면, 1636호 석불이 먼저 봉안 된 것으로 보인다. 특히 220호 석불이 1963년 1월 지정문화재로 되었지만, 보물 제 1636호 석불은 2010년 2월에 보물로 지정되었다는 점도 이들 불상이 별개의 석불로 각각 따로 자인당에 봉안되었을 가능성이 있다.

　　석불의 원 봉안 장소에 대해서는 앞서 언급한 『조사보고서』와 함께 1949년 작성된 황수영^{黃壽永:1918~2011}박사가 남긴 유고 자료에는 '동방^{東方} 부도군 사이에 1구의 석불이 있고 항마촉지인에 동향^{東向}을 하고 있으며, 하대^{下臺}는 매몰되어 있고 중대석의 8면 안상에는 8부중이 조각되었다'고 하였다.

　　석불이 있던 이곳은 약사곡^{藥師谷}으로 불리던 곳으로 이곳에 약사전이라는 법당이 있었음을 의미한다. 이와관련 무량수전 내에 있는 보탁^{補卓}에 묵서가 남아 있는데,

> '순흥 부석사 약사전 단청불사에 종지스님이 단독 시주하였다. 화원은 영필 · 영운 · 인령스님 공양주는 청청스님이다. 강희 18년^{기사년:1689} 윤삼월 시작하여 4월에 마치니 매우 화려하였다.
>
> 順興 浮石寺 藥師殿 獨辦成造 丹靑功德主 宗志 畵員 瑛玭 靈雲 印岑 供養主 晴晴 康熙 貳拾八年己巳閏三月 畢功於四月眺晃明也.

　　약사전의 위치와 관련하여 『재향지^{梓鄕誌}』에 '조전^{祖殿.조사당} 동쪽 골짜기에 동전^{東殿}이 있고, 이 전^殿 뒤에 국사비^{國師碑}가 있다'고 하였다. 『재향지^{梓鄕誌}』의 기록대로라면 동전은 바로 약사전을 의미하는 것이고, 약사전 안에 이 석불이 봉안되어 있었던 것이다.

약사전에 봉안된 불상이라면 약사여래藥師如來라고 하겠지만, 이 석불은 약사여래로 규정할 수 있는 지물인 약함이 없어 현재 항마촉지인을 한 석가여래로 불리고 있다. 그러나 항마촉지인 석불 가운데 경북 의성 고운사의 〈석조여래좌상〉보물 제246호과 같이 약사전에 봉안된 사례가 있어 주목된다.

보물 제 1636호 석불은 높이는 87㎝이며, 상체가 비교적 짧고 다리가 두껍게 조각됐다. 머리는 220호 석불과는 달리 정수리가 높게 솟아 육계肉髻가 분명하게 표현되었다. 두 눈은 두툼한 눈두덩에 매우 가늘게 표현돼 깊은 삼매에 들어 있는 상태를 나타내고 있다. 입술 양 끝과 턱에는 보조개가 얕게 표현돼 있고 턱선도 가늘게 조각돼 있다. 양손 또한 손가락이 일부 훼손돼 부분적인 보수가 있었지만 왼손바닥에는 손금이 잘 남아 있다.103-1, 2

법의는 양어깨에 걸친 통견으로 양 팔의 법의 주름

103-1,2 경북 의성 고운사 약사전과
석조여래좌상(보물 제246호).

다시 읽는 부석사

은 凹凸모양으로 단이 져 있다. 가슴에 U자형으로 표현된 법의 사이로 꽃무늬가 새겨진 승각기가 드러나 있으며, 그 아래에는 띠매듭으로 법의를 고정하였다.

오른쪽 발이 외부에 노출되어 있는 반면 왼쪽 발은 오른쪽 허벅지 위를 덮은 법의 속에 발가락만 그 윤곽이 드러나 있다. 또한 양 무릎 사이의 법의는 그 끝이 대좌에 따로 조각돼 있다. 등에는 광배꽂이 구멍이 있어 본래 광배도 있었던 것으로 보인다.[104]

8면의 중대석에는 안상이 마련돼 있고 그 안에 불보살상이 돋을새김으로 1구씩 조각되어 있다. 중대석 정면에는 육계와 함께 두광과 신광이 모두 표현된 여래상이 구름 위 연화좌에 앉아 양손을 모아 법의 속에 감추고 있다.[105-1, 2]

나머지 7면에는 가부좌를 푼 유희좌遊戱坐를 하고 합장을 한 보살상과 왼쪽 다리를 내리고 오른쪽 다리를 편안하게 연화좌에 둔 지장보살유희좌상이 조각돼 있다. 중대석에 조각된 보살상들은 얼굴의 이목구비 뿐만 아니라 옷자락, 장식 등이 세밀하게 표현되어 있다. 얼굴에는 기도하듯 간절하고 애절한 마음이 묻어난다.

중대석[106]의 도상 중 가장 특이한 예로 왼쪽 다리를 내려 연화대에 올리고 오른발을 왼쪽 무릎부근에 댄 '승형僧形 지장보살유희좌상'이다. 오른쪽 어깨를 드러낸 편단우견偏袒右肩 가사 입고 오른손과 왼손에 보주를 쥐고 있다. 이 도상은 중국 당唐 함형咸亨 원년670 제작된 〈최선덕 조상비崔善德 彫像碑〉과 고려시대 제작된 원주역사박물관 소장 〈원주시 일산동 석조여래좌상〉강원도 유형문화재 제4호 등에서도 확인할 수 있다.✹ 1636호 석불 중대석의 '지장보살유희좌상'은 현재 국내에서 가장 이른 시기에 조성된 도상으로 관련 연구에 중요한 자료가 되고 있다.[107]

하대석에는 정면에 향로를 중심으로 사자상들이 고부조로 조각돼 있다. 정면의 향로 도상은 중앙에 둥근 구슬로 장식된 향반香盤 위에 다리가 여럿인 다족多足향로가 있고, 향로 몸통에는 2중의 원형장식이 연결돼 있다. 구연부에는 ♠모양의 귀꽃과 원형의 장식이 달려있고, 뚜껑의 윗부분은 연꽃 봉우리 같은 연봉형 꼭지가 표현되어 있다.[108]

✹ 장총 지음/김진무 옮김. 『地藏』Ⅱ 조각과 회화. 동국대학교출판부, 2009. 9. 116~117쪽.

107 중대석에 조각된 지장보살유희좌상과 유사한 도상이 원주지역에서 조성된 석불에도 확인돼 두 석불간 도상교류를 가능해 볼 수 있다. 원주시 일산동 석조여래좌상. 고려시대로 추정. 강원도 유형문화재 제4호. 원주역사박물관.

104 불두와 양손은 훼손되었던 것을
일부 보수하였다.

105-1 불상 가슴의 승각기에 꽃무늬
와 매듭이 조각돼 있다.

105-2 불상의 등에는 광배를 고정했
던 광배꽂이 구멍이 있다.

다시 읽는 부석사

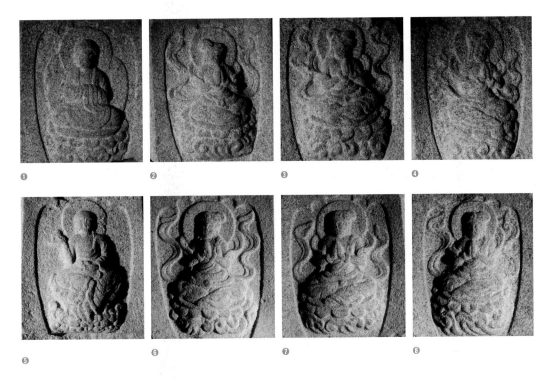

① ② ③ ④

⑤ ⑥ ⑦ ⑧

또한 향로 좌우에는 잎이 2개 달린 연봉가지가 장식되어 있는데, 이 같은 도상은 영주 비로사 석조하대석과 공주 서혈사지 비로자나불좌상의 하대석, 합천 청량사 석등하대석 등에서도 볼 수 있다.[109]

중앙의 향로 도상에 이어 7면에 걸쳐 고부조의 사자상이 등장한다. 고부조로 조각된 탓인지 사자들이 좀 뚱뚱하다는 느낌이 든다. 비교적 원형보존이 잘된 이 사자상들의 얼굴에서도 220호 석불 하대석에서와 마찬가지로 다양한 감정이 나타나 있다.

106 중대석 보살상

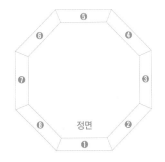

109 비로사 석불 하대석. 현재 비로사 적광전 앞 석조부재로 쌓은 탑의 하대석으로 사용되고 있다.

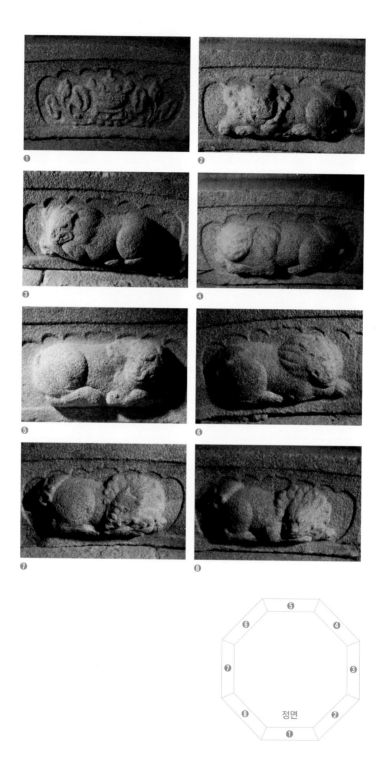

정면

부석사의 자랑스런 문화유산
인연 그리고 거자필반(去者必返)

　　　　　　　　　오가와 게이기찌小川敬吉, 부석사 무량
수전과 조사당의 보수공사과정에 참여했던 일제강점기 '조선총독부 문화
조사관'인 그가 남긴 사진 자료에는 우리가 보지 못했던 많은 부석사 불상
들이 확인된다.

　1994년 당시 문화재관리국 문화재연구소가 발행한『소천경길조사문
화재자료小川敬吉調査文化財資料』와 그가 남긴 여러 자료 사진에는 1918년 4
월 무량수전과 조사당 보수 중 대들보와 불단에서 발견된 다수의 금동
불과 금동탑 등은 물론, 경내 곳곳에 흩어져 있던 부석사 1300년 역사가
담긴 많은 수의 불상들이 있었음을 알게 한다. 이들 불상 중에는 현재 부
석사에 남아 있는 것도 있지만 자리를 옮겨 타지역 사찰에 봉안돼 있거
나, 그 행방을 알 수 없는 것들도 상당수 있다.

영산전 목조 아미타 삼존상[110]

　　　　　　　　　오가와가 남긴 사
진 자료 중에는 목조아미타삼존불상이 있는데
본래 삼존상으로 조성되었지만 현재 본존불만
보물 제735호〈화엄경판〉이 있는 장경각 안에
봉안되어 있다.

　이 불상과 관련하여 1796년 작성된「영산전
미타후불탱급미타관음개금기慶尙左道順興太白山浮
石寺靈山殿彌陀後佛幀及彌陀觀音改金記 이하 영산전개금
기」라는 기록이 있다. 이「영산전개금
기」를 통

110 일제강점기 무량수전에 봉안되
었던 목조아미타삼존상.『소천경길
문화재자료』. 문화재관리국. 1994.
109쪽 사진 인용.

✻ 영산전의 원형에 대해서는 자
세히 알 수 없지만 남아 있는 자료
를 종합해 보면 현재 자인당과 응
진전이 있는 장소에 있었던 것으
로 보인다.

해 이 불상들은 당시 지금의 응진전인 영산전에 봉안되어 있었음을 알
수 있다.✻ 이후 무량수전과 현재의 삼성각 등에 모셔져 있다가 지금은
본존만이 장경각 안에 남아 있다. 좌우보처보살상들의 행방은 그간 알
려져 있지 않다가 최근 2016년에 그 행방을 모두 밝혀낼 수 있었다.[111]
　먼저 우보처 보살상은 현재 강원도 강릉 백운사에 봉안돼 있으며,

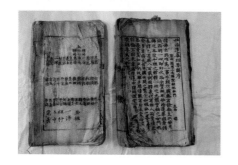

111-1 본래 부석사 영산전에 봉안돼
있던 삼존불은 현재 본존은 부석사
장경각(중앙), 좌우보처 보살상은 강
원도 강릉 백운사(오른쪽)와 경북 봉
화 중대사(왼쪽)에 각각 봉안돼 있다.

111-2 경북 봉화 중대사 목조보살좌
상에서 발견된 복장물 가운데 하나인
『묘법연화경』 권 2

1955년 향봉스님이 이운해 간 것으로 확인된다. 또한
좌보처는 비슷한 시기에 부석사 인근 봉화군 중대사에
이안되었는데 2015년 12월 보살좌상과 복장유물 등이
경상북도 문화재자료 제638호로 지정되었다.

또한 1918년 8월 2일 『매일신보』에는 이들 불상에
서 『묘법연화경』 권1,2 합본 1책을 비롯하여 48권의
경전이 발견되었다고 했는데, 중대사 불상의 복장에서
도 『묘법연화경』 2권이 발견되었다.

이 삼존불상의 봉안과 관련하여 앞서 언급한 개금기를 통해 또 하
나의 사실을 확인할 수 있다. 즉 삼존불상과 함께 봉안된 후불탱이
일반적인 불화가 아닌 나무를 조각한 목각탱木刻幀이 함께 있었다는
점이다. 이와 관련 1875년 4월 문경 대승사와 부석사간의 목각탱을
둘러싼 분쟁에서 부석사 승려들이 순흥부에 올린 『등장等狀』에 '그
당시 빼앗아 갈 때 곁에 있던 세 불상 또한 형상을 파괴하고 손가락
을 부러뜨리는 등 무수한 사단을 일으켰다'고 하였다. 여기서 등장
하는 세 불상이 바로 『영산전개금기』에 등장하는 미타와 관음보살
상 등 이었다.

한편 이 불상의 제작연대는 조성기造成記가 확인되지 않아 명확히 알 수 없지만 1966년 8월 부석사에 있었던 이 불상의 대좌 묵서에 따르면 1684년 3월에 만든 것임을 알 수 있다. 또한 제작자는 같은 해 조성된 괘불에 그 명단 일부가 확인되는데, 이 대좌의 기록을 통해 조각승들의 명단을 모두 확인할 수 있다. 이 불상을 조각한 조각승은 학정學淨·승보勝寶·묘성妙性·상운尙雲·청윤淸允·인해印海스님 등으로 확인되었다. ✿ 황수영, 『한국금석유문』 제5판. 일지사. 1994. 1. 281쪽. '康熙二十三年甲子三月二十五日時爲始七月初一日終 學淨 勝寶 妙性 尙雲 畵元淸允 坐臺印海 童子四向'

누구를 탓할 것인가

1918년 4월26일 무량수전 보수 중 대들보와 불단 속과 조사당 등에서 불상이 36점, 청동소탑 6기, 청동 말馬 1점 등 40여점의 유물이 발견되었다. 이처럼 한 사찰에서 다량의 금동불상이 발견된 것은 매우 이례적이었다. 그러나 이 불상들은 하나 둘 사라지기 시작하여 1957년 10월 조사에서는 20여점으로 줄었다. 이후 1962년 3월 『동아일보』와 『경향신문』 등의 기사에서 남아 있던 19점의 불상을 모두 도난당한 것으로 확인되고 있다. 당시 기사를 보면 1961년 강원도 명주 상원사 주지 일행에게 불상을 구경시켜주었으며, 같은 해 4월 14일 경남의 사찰에서 온 일행 5명에게 이 불상을 보여주려 하였으나 모두 사라졌다고 하여, 1961년 즈음 모두 도난당한 것으로 보인다.[112]

이뿐만이 아니다. 불상 도난은 별개로 조사당에 봉안되어 있던 청허당 휴정淸虛堂 休靜·송운당 유정松雲堂 惟政·봉암당 관정鳳巖堂 貫定·단하당 쾌봉丹霞堂 夬鳳·경운당 명의景雲堂 明義·긍암당 관영肯巖堂 琯瑩 스님의 진영 또한 어느 순간부터 하나씩 사라져 지금은 하나도 남아 있지 않다. ✿ 113-1, 2

113-1 단하당 쾌봉 스님 진영

113-2 송운당 유정스님진영

✿ 긍암당 관영스님의 진영은 이를 모사한 것이 국내 경매시장에서 유통되기도 하였다.

NO無438-12

©국립중앙박물관

112 무량수전 불단 밑 등에서 발견된 금동불. 현재 이들 불
상은 1961년 즈음 모두 도난당했다. 『小川敬吉 조사문화
재 자료』, 국립문화재연구소, 1994. 12.

다시 읽는 부석사

100여년전 사진 속 석불을 찾다

114-1 ⓒ 小川敬吉 사진

       일제강점기 부석사 관련 자료를 검색하면서 '오가와 게이기찌'가 촬영한 사진 중에 얕은 바위굴 안에 5점의 석불이 나란히 앉아 있는 사진을 찾았다. 부석사 경내 어디인지는 모르지만 한동안 이들 석불이 봉안된 장소를 찾아 봉황산 일대를 탐문했다.114-1

2013년 6월 마침내 자인당 인근의 은신암터 부근에서 이 불상들이 있었던 곳을 찾아냈지만, 불상들은 이미 사라지고 바로 곁 낙엽더미 속에 묻힌 석불좌상 1구를 발견하였다. 사진에서 오른쪽 첫 번째에 있었던 불상이었다. 높이 43㎝의 항마촉지인을 한 작은 석불이었다. 불두는 일제강점기 발견 당시에도 사라진 상태로 광배의 흔적과 함께 오른팔 아래로 드러난 왼발 발가락이 앙증맞게 드러나 있다. 이후 얼마 되지 않아 같은 장소에서 머리와 몸통이 분리된 또 다른 불상을 발견하게 되었다.114-2 높이 48㎝ 크기의 〈석조신장입상〉으로 오른손을 길게 늘여 땅을 향하였고, 왼손으로는 금강저를 쥐고 있는 형태다.114-3 머리는 고깔 모양의 투구를 쓴 듯 뾰족하고 그 속 얼굴에는 희미하게나마 눈과 코, 입이 표현돼 있다. 이들 불상들은 오랜 세월 은신암 혹은 주변 암자에 봉안되었던 것으로 보인다.

114-2 일제강점기 은신암 터 부근에 있던 석불들. 이 석불들이 있던 인근에서 석조신장상 1구를 추가로 발견하여, 현재 부석사박물관에 소장돼 있다.

뜻밖의 만남

       매일같이 오르락내리락하던 조사당 앞마당에서 2016년 10월 뜻밖의 만남이 이루어졌다. 이날은 한국의 산사 세계문화유산 등재위원회 국외전문가 초청 답사단 일행을 조사당까지 인솔하고 나서 함께 대화를 나누던 중이었다. 오후 5시30분쯤이었으니 해는 서쪽으로 지고 있었다. 문득 발아래를 내려다보니 평소와는 다른 무언가가 눈에 들어왔다. 순간 그것이 무엇인지 알았다.

그렇게 높이 6.3㎝ 크기의 금동불상은 여러 사람들이 보는 앞에서 세상에 빛을 보게 되었다. 광배까지 있었던 이 불상은 오랜 세월 사람들

114-3 무량수전 서쪽 은신암 터 부근에서 발견된 석조여래좌상. 높이 43㎝, 다리 폭 40㎝.

의 발길에 밟히고 채이면서 오른쪽 어깨와 머리부분의 금박이 모두 사라졌지만 나머지 땅속에 있던 부분은 그대로 남아 있었다. 이 금동불 입상은 아마도 1916년 조사당 보수과정에서 대들보 등에 있던 것이 유실되어 그대로 땅속에 묻혔을 것으로 보인다.

6개의 연꽃잎이 있는 육각의 연화대좌에 시무외여원인을 한 이 불상은 광배꽂이도 잘 남아 있으며 밝게 웃는 얼굴이 천년의 미소 그 자체였다. 특히 이 불상은 등 쪽에 남아 있는 광배 꽂이 외에 연화대좌에도 광배를 고정 시킬 수 있는 구멍이 확인돼 향후 소형금동불 연구에 중요한 자료로 평가될 것이다.[115]

115 2016년 10월 조사당 앞뜰에서 발견된 금동여래입상. 높이 6.3㎝.

부석사의 자랑스런 문화유산
부석사의 불화들

1300여년의 역사를 간직한 부석사에 현재 남아 있는 불화는 1970년대 제작한 것 일부와 함께 1745년에 조성한 〈오불회五佛會괘불도〉이하 오불회도 보물 제1562호가 있다. 국립중앙박물관 소장『조선총독부 박물관 문서』가운데『부석사 재산대장』을 살펴보면 괘불도 1점, 신중도 2점, 현왕도 1점, 나한도 16점, 고승진영 6점이 있는 것으로 확인된다.

괘불은 현재 보물 제1562호로 지정된 오불회도로 보이지만 재산대장에 나타난 제작자에서는 차이가 난다. 먼저 제작자는 보관普寬:1759년 통도사 대광명전 삼신불도 제작스님이며, 제작시기는 건륭 48년1783 계묘 12월이라 하였다. 그러나 이 오불회도 화기畵記에는 건륭 10년1745 을축 4월 조성되었다는 화기가 있어 앞선 자료의 기록상 착오가 있었던 것으로 보인다.

신중도 2점은 각각 ①가로 120㎝×세로126㎝, ②135㎝×93㎝ 이며, 현왕도는 60㎝×60, 나한도는 각 66㎝×42㎝로, 화승畵僧은 정민定敏과 보관스님으로 되어 있다. 이중 보관은 괘불도와 함께 ①신중도와 현왕도를 1783년에 제작했다. 정민은 ②신중도와 나한도 16

폭을 그렸으며, 이 불화들은 영산전에 봉안되었다고 『부석사 재산대장』은 기록하였다.

일제강점기 기록에 나타난 불화 외에도 「부석사화감로회달마사급 범종각심검당기浮石寺畵甘露會達磨師及梵鐘閣尋劍堂記」에 따르면 1750년 감로도甘露圖와 달마도達磨圖를 조현祖玄·우엽宇燁·초운楚雲스님이 그렸다고 하였다. 이 가운데 달마도는 심검당에 봉안한 것으로 보이는데 전북 남원 실상사에서도 선당禪堂에 달마도를 조성, 봉안하였다는 기록이 있어 참고할 만하다. 116

⚜ 정민 : 1771년 수다사 시왕도, 1803년 김룡사 대웅전 신중도 등 조성.

⚜ 조현 : 1745년 부석사 괘불조성
⚜ 우엽 : 1775년 통로사 시왕탱 (염라대왕) 등 조성

⚜ 『실상사지(實相寺誌)』. 송광 사성보박물관 소장.

오불회五佛會괘불도

〈오불회五佛會괘불도〉117는 1684년에 제작된 괘불이 낡고 오래되자 새로 조성한 것으로 기존의 약사, 비로자나, 아미타, 석가여래로 구성된 4불에 노사나불을 추가해 그렸다. 1684년에 제작된 괘불은 보수를 마친 후 1745년 4월 충북 제천 월악산 신륵사로 이안되었다.

괘불의 시주자 가운데 가장 먼저 이름을 올린 임진표林振杓라는 사람은 평안도 은산 남면 화석리에서 천리가 넘는 영주 부석사까지 와서 대시주가 되어 눈길을 끈다. 화기에 따르면 그는 괘불에 쓰일 비단과 물감, 종이 등 거액이 소모되는 물품을 시주하였다.平

安道殷山南面火石里 婆幀彩色後排發願 大施主幼學林振杓兩位保体

〈오불회도〉보다 앞서 제작된 괘불은 1684년 7월 제작된 세로 823㎝, 가로549.5㎝의 대형 불화로 이름이 확인되지 않은 3명의 화승畵僧이 그렸다. 산중질山中秩에는 명현대덕종사 소영당 신경(明現大德宗師 昭影堂神鏡스님이 첫 번째로 등장한다. 신경스님은 부석사보다 앞서 같은 해 5월 상주 연악산 용흥사龍興寺에서 세로 811㎝, 가로532㎝의 괘불 조성 불사에 증명證明으로 참여한 바 있다.118

116일제강점기 부석사 재산대장으로 조선총독부가 작성한 『조선사유귀중품대장(朝鮮寺有貴重品臺帳:A021-003-024-002)』. ©국립중앙박물관

117 부석사 오불회 괘불도. 조선 1745
년. 523.5x810㎝. ⓒ부석사박물관.

다시 읽는 부석사

1684년 제작된 괘불은 화면 맨 위 중앙에 비로자나불을 중심으로 좌우에 아미타불과 약사여래가 있다. 중앙에 석가여래가 배치되었지만, 1745년에는 이를 바탕으로 중앙의 석가여래 아래에 주변 권속眷屬들 보다 작게 노사나불 입상을 그렸다. 또한 녹색계열의 채색이 많이 쓰인 1684년 괘불과는 달리 1745년 괘불은 붉은색이 두드러지게 사용되었다. 크기도 세로 810㎝, 가로523.5㎝로 전작에 비해 다소 작아졌다.

한편 1684년 사불회도四佛會圖형식과 1745년 오불회도 형식의 괘불 조성에 중요한 역할을 담당한 스님들에 대해 살펴보면, 먼저 1684년 괘불의 증명으로 상희尙熙가 등장한다. 상희는 청허휴정淸虛休靜:1520~1604-편양 언기鞭羊彦機:1581~1644-환적 의천幻寂義天:1603~1690으로 이어지는 법맥을 계승하였다.

1745년 괘불에서는 종사질宗師秩 대종사大宗師에 관정灌定이 등장하는데 스님은 환성1664~1729의 법을 이은 봉암 관정鳳岩貫定으로 추정된다. 관정의 스승인 와운 신혜臥雲信慧는 1767년 무량수전 아미타불 개금을 할 때 국일도대선사國一都大禪師로 증명을 맡은 사실이 있어, 관정灌定과 관정貫定은 동일인으로 보인다.

특히 1745년 기존의 괘불을 보수해 제천 신륵사로 보낼 때 증명證明을 맡은 월암 진기月巖震基는 1684년 괘불 제작 때 지전持殿:법당의 청소와 향등(香燈)을 담당 소임을 보고 있었다. 따라서 증명을 맡은 진기의 법맥을 고려한다면 신륵사도 부석사와 마찬가지로 당시 휴정스님의 문도로 화엄학에 조예가 깊었던 환적과 환성스님의 제자들이 주도해 이 불사를 진행했다. 이러한 영향으로 1684년 용흥사에서 제작된 아미타-석가-약사로 구성된 삼세불과는 다른 비로자나불과 노사나불이 결합된 삼신삼세불三身三世佛도상이 탄생하게 된 배경이 되었을 것으로 보인다. ❋

❋ 김선희 『부석사 삼신삼세불 괘불도 연구』, 동국대학교 대학원 석사학위 논문, 2010. 2, 『부석사 괘불』, 국립중앙박물관. 2007. 12.

118 부석사 사불회 괘불도. 조선 1684년. 577.5x925㎝. 국립중앙박물관.ⓒ성보문화재연구원

문경 대승사 소장 부석사 목각아미타여래설법상

나무를 깎아 만든 현존하는 후불탱으로 가장 이른 시기에 조성된 작품은 경북 문경 대승사 소장 〈목각아미타여래설법상 이하 목각탱〉국보 제321호이다. 후불탱은 일반적으로 조각이 아닌 회화로 제작되지만 드물게 벽화로 조성되는 경우도 있다. 그러나 국보 제321호 목각탱처럼 나무판을 조각해 후불탱으로 삼은 것은 이 유물이 가장 이른 사례다.[119]

이 〈목각탱〉은 현재 밝혀진 바로는 화기畵記에 1675년에 부석사에서 종현宗現스님이 증명을 맡아 조성되었다가, 1869년 대승사로 옮겨와 1912년 개금불사를 하였다고 기록돼 있을 뿐이다. 최초 조성당시의 상황과 관련해서는 더 자세한 내용을 확인할 수 없어 이를 조각한 인물들에 대해서는 알 수가 없다.

〈목각탱〉은 크게 10개의 나무판으로 이루어져 있으며 중앙에 본존상을 중심으로 좌우 3개씩 판목을 세로로 세워 그 안에 4구씩 불상을 조각하였다. 본존상은 판목 중앙에 연화대좌와 본존상 그리고 광배와 서광瑞光을 새겼다. 하단의 기단 판목에는 연화대좌 하대와 함께 연꽃과 연잎 등이 새겨져 있으며 그 대좌에는 12지의 사지巳地・오지午地・미지未地가 연꽃에는 구품왕생을 상품상上品上・중품상中品上・하품상下品上 등이 적혀 있다. 또한 목각탱의 외곽을 두른 나무 틀에도 주역의 64괘 중 건괘乾卦・구괘姤卦・돈괘遯卦 등 12괘가 적혀 있다. 화면 안에 가득한 불보살상에도 각각의 이름이 적혀 있으며, 상단의 타방불他方佛과 악기를 연주하는 천녀天女 등이 조각되어 있다.

〈목각탱〉의 본래 봉안 장소는 지금의 부석사 응진전과 자인당이 있는 곳에 있던 '영산전'이었다. 이를 증명하는 자료가 바로 1796년 작성된

✿ 국보 제321호 조각승과 관련하여 현재 학계에서는 1684년 조각된 보물 제989호 '용문사 목각아미타후불목각탱'의 화기에 종현스님이 증명을 맡고 있다는 점 등을 들어 소영당 신경 스님의 주도로 단응(端應)・탁밀(卓密) 스님 등이 조성했을 것으로 보고 있다. 김은정, 『대승사 대웅전의 목각탱 연구』, 서울대학교 대학원 석사학위논문, 2010.8, 『대승사 목각아미타여래설법상 및 관계문서:학술조사 보고서』, 불교문화재연구소 편. 2011.

「경상좌도순흥태백산부석사영산전미타후불탱급미타관음개금기慶尚左道順興太白山浮石寺靈山殿彌陀後佛幀及彌陀觀音改金記」이다.

이 「영산전개금기」에 따르면 영산전에 봉안된 아미타후불탱과 아미타상과 관음보살상 등을 개금했다고 하였다. 개금이라하면 통상 불상에 금박을 새로 입히는 것을 말하는데, 만약 아미타후불탱이 회화였다면 그러한 표현은 쓰지 않았을 것이다. 따라서 후불탱 또한 조각을 하여 만든 '목각탱'임을 말하며, 아미타 삼존상과 함께 한 건물에 봉안되었던 것이다. 또한 1845년 4월 부석사 승려들이 순흥부에 올린 등장等狀에서도 이 불상들이 목각탱과 함께 있었다고 밝히고 있다.

119 문경 대승사 소장 부석사 목각 아미타여래설법상. 조선 1675년. 256x280㎝. 국보 제321호.

❋ 자인당이 영산전이었을 가능성도 있다. 일제강점기 자료인 『부석사재산대장』 등을 확인해보면 응진전과 영산전이 등장하고 있어 그럴 가능성이 높다.

그동안 이 불상이 봉안된 법당에 대해 〈대승사목각탱부관계문서이하 관계문서〉보물 제575호에 '당시 무량수전 안에 있었지만 본래 '금색전金色殿'에 봉안되었던 것'이라고 밝혔다. 따라서 〈목각탱〉이 본래 봉안되었던 장소인 '금색전'이 있을 만한 곳으로 안양루 아래 축대 공간을 추정하기도 했지만 「영산전개금기」에 나타난 내용을 보면 그곳이 영산전이었음이 분명하다.❋ 또한 영산전의 위치와 관련해, 『계암일록』에서 '조사당에서 서쪽으로 수십 보를 가면 영산전을 지나 작은 암자가 하나 있다'고 한 것에서도 확인이 된다.

〈목각탱〉이 대승사로 이안된 전말은 〈관계문서〉에 자세히 실려 있다. 그 내용을 종합해 보면 대승사는 1862년 화재로 인해 법당과 승당 등이

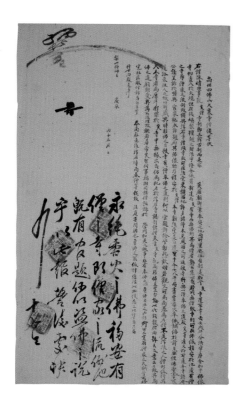

120 부석사와 대승사간 목각탱을 둘러싼 소송을 기록한 「대승사목각탱부관계문서」 가운데 「대승사 승도 등장」. 보물 제575호. 직지사성보박물관. ©문화재청

✽ 『영산전응진전여승료중수기(靈山殿應眞殿與僧寮重修記)』

✽ 일반적으로 영산전과 나한전에 천개 혹은 닷집이 가설된 경우는 매우 드물다. 특히 부석사 응진전에 설치되었던 용조각은 닷집과 함께 설치된 것이 아니라 불단 위에 단독으로 매달려 있었다. 이를 통해 응진전에 처음부터 설치된 것이 아니라 영산전이 훼철되면서 옮겨진 것으로 보인다.

소실되어 중건을 하였지만 불상을 봉안할 여건이 되지 않았다. 이에 1869년 정월에 각화사 도총섭에게 부석사 목각탱을 옮겨가게 해달라고 청원, 이를 실행에 옮겼다. 하지만 당시 부석사 승려와 신도들의 반대로 일이 무산돼, 같은 해 2월에 다시 경상우도慶尙右道 선산 대둔사, 김천 직지사, 성주 쌍계사 등이 동참한 상서를 순흥부에 올려 3월에 대승사로 목각탱을 이안해갔다.

그러나 1875년 부석사에서 목각탱을 되돌려 달라는 소송을 시작해 공방을 벌이다가 결국 부석사의 무고로 판결이 내려지면서 소송을 매듭지었고, 대승사는 부석사 조사당을 수리하는 비용을 대는 것으로 분쟁은 마무리되었다.

〈목각탱〉은 대승사로 옮겨지기 전 무량수전에 있었다고 한다. 그렇다면 〈목각탱〉은 언제 무량수전으로 옮겨진 것일까. 『청량산유록』에는 '곁에 미타彌陀가 있고 벽에는 8층의 금불金佛이 걸려 있다'고 기록해, 이때 이미 무량수전에 봉안돼 있었음을 알 수 있다. 이 때가 1780년으로 목각탱이 조성된 지 100년이 지난 시점이었다. 봉안장소의 여건에 따라 다르겠지만 불상을 개금하거나 건물을 보수할 때가 되어서 〈목각탱〉을 옮겨 봉안한 것으로 여겨진다. 만약 개금과 건물 보수가 동시에 이루어져야 될 상황이라면 목각탱과 불상은 필시 다른 곳으로 이동시켜야 했으므로 1780년 즈음에 무량수전으로 옮겨져 개금을 기다리고 있었는지도 모른다.

그러한 가능성을 엿볼 수 있는 자료가 1773년 작성된 『개와기蓋瓦記』이다. 이에 따르면 '경내 여러 전각이 오래되어 기와가 깨지고 빠져 비가 새는 등 피해가 심각했다'고 한 것으로 보아, 이때 〈목각탱〉이 무량수전으로 옮겨졌을 가능성이 있다.

또한 『관계문서』에 '부석사 금색전이 퇴락, 훼철된 뒤 그곳에 있던 불상을 무량수전 한쪽 구석에 옮겨두었는데, 항상 비바람이 들이쳐도 피하지 못하옵고, 또한 향화香花를 받들지 못한지 40여년이나 되었다'고 하였다.

위의 기록들을 종합해보면 ㉮1773년 여러 전각이 오래되고 훼손이 심해 대대적으로 기와를 교체하고 건물을 보수함 ㉯1780년 무량수전에 목각탱이 있었음 ㉰1796년 영산전 목각탱 등을 개금함 ㉱1868년 무량수전에 옮겨 놓고 향화를 받들지 못한지 40여년이 지났다고 정리할 수 있다.

이를 통해 1773년 경내 중수과정에서 영산전에 봉안된 〈목각탱〉은 무량수전으로 옮겨졌고, 1796년 개금을 하였지만 영산전으로 다시 봉안되지는 못한 것으로 보인다. 그렇게 무량수전에 남아 있던 〈목각탱〉은 1842년혹은 1849년 영산전 등이 중수되었지만, 다시 돌아가지 못한 것으로 보인다.

그러나 〈목각탱〉의 모든 것이 대승사로 이안된 것은 아니었다. 함께 조성된 삼존불과 〈목각탱〉의 천개에 해당하는 '용龍'조각은 남아, 이후 응진전 불단 위 천개로 사용되었던 것으로 보인다. 이 용조각이 본래 어디에 설치되었던 것인지 알 수 없었지만 용조각의 폭이 281cm, 〈목각탱〉의 가로가 280.5cm로 크기가 비슷한 점과 〈목각탱〉과 제작기법이 유사하다는 점에서 용조각이 천개 부분이었음을 추정할 수 있다. 특히 이 용조각은 『영주 부석사 보수정화공사 준공보고서』에 실린 응진전 내부 사진에 불단의 천개로 설치되어 있었음을 확인할 수 있다. 아마도 용조각을 영산전이 훼철되면서 응진전으로 옮겨 설치하였고, 이후 보장각寶藏閣을 거쳐 부석사박물관으로 옮겨졌다. 121-1, 2

121-1 1970년대 응진전 내 천정에 걸려 있던 용조각. 본래 대승사로 이안된 목각탱과 함께 조각돼, 영산전에 있었던 것으로 추정된다. ⓒ 『영주 부석사 정화준공보고서』 (문화재관리국.(1980). 182쪽 인용.

121-2 부석사박물관 소장 용조각.

부 록

/

부록

다시 쓰는 부석사 답사기

2018년 6월 마지막날 '산사, 한국의 산지승원'이 유네스코UNESCO 세계유산으로 등재됐다. 이보다 앞서 2017년 5월 유네스코 세계유산위원회 자문기구인 이코모스는 '산사, 한국의 산지승원' 7개 사찰 중 부석사, 통도사, 법주사, 대흥사 4개 사찰에 대해서만 '등재 권고' 판정을 내린바 있다.

이제 세계문화유산으로서의 부석사를 돌아보고자 한다. 부석사의 역사와 사역 등에 대한 전반적인 내용은 앞서 모두 언급하였지만 이제 부터는 부석사 입구 주차장에서부터 시작하여 경내 곳곳을 돌아보는 '21세기 오늘의 부석사 답사'를 떠나보자.

대중교통을 이용하던 자가용을 이용하던, 일단 부석사 답사는 입구 주차장에서부터 첫걸음이 시작된다. '부석태' 콩으로 만든 청국장으로 유명한 식당들이 줄지어 있고, 소나무로 만든 각종 기념품을 판매하는 상점과 옹기를 구워 파는 공방이 자리잡고 있는 것이 부석사 입구 모습이다.[122-1,2]

여기에 봄부터 가을까지 시원한 분수가 일품인 연못이 있는데 이곳은 『재향지』에서 언급된 영지影池를 상징하고 있다. 영지의 정확한 위치에 대해서는 현재의 연못을 중심으로 그 주변어딘가에 있을 것으로 추정된다. 이어 줄지어 각종 산나물과 농산물을

122-1 부석사 남쪽에 있는 산자락에서 바라본 부석사와 입구 마을 풍경.

122-2 부석사 입구 주차장 부근에 옛 기록에 등장하는 영지(影池)를 재현한 연못과 분수.

파는 노점상을 지나다 보면 왼쪽으로 작은 바위 하나가 나무 그늘 아래서 부석사의 첫 관문임을 조용히 말해준다.

높이 1m 남짓한 작은 바위에 초서로 흘려 쓴 '허문동천虛門洞天'.[123]

'허문동천' 넉자 옆에는 초서로 쓴 '삼하三何'라는 글쓴이의 호가 새겨져 있다. '허문동천'을 쓴 삼하는 김사성金思省으로 부석사 인근에 살았으며, 1963년 후손과 지인들이 뜻을 모아 그가 남긴 시문과 제문, 상량문 등을 모아 『삼하잡고三何雜稿』라는 문집을 발행했다. 정확한 출생과 사망 시기는 알수 없지만 문집에 등장하는 내용으로 보아 20세기 초에 태어나 1960대 말까지 생존해 있었던 것으로 확인된다. 이를 바탕으로 부석사 입구 허문동천 각자刻字는 1940~60년대 초에 새긴 것으로 보인다. 삼하는 순흥과 영주에서 부석사로 들어오는 소천사거리 낙하암천 바위암벽에 '소양오월韶陽午月'이라는 초서 각자를 남기기도 했다. '허문동천' 각자를 알리는 별다른 안내판이 없으므로 그냥 지나치기 쉬우니 눈여겨 살펴 보시길 바란다.

123 부석사 입구 작은 바위에 새겨진 '허문동천' 바위글씨.

삼하선생은 '허문동천'을 주제로 시를 남기기도 했는데,

가슴에 품은 벽계산간 십이천의	蘊抱溪山十二天
허문마을은 신선 사는 곳과 가깝구나.	虛門洞裡近如仙
산죽이 창창하니 봉황이 날아 내려오고	山竹蒼蒼飛鳳下
바위꽃 이끼는 천년만년 늘어져있네.	巖花苔髮萬千年
	『삼하잡고三何雜稿』

이곳을 지나면 매표소가 나오고 이어 은행나무 가로수가 양옆으로 도열한 본격적인 부석사 길이 열린다. 길 오른쪽으로는 사과밭이 이어져 봄에는 연분홍 사과꽃이, 가을에는 달콤한 사과와 그 향기를 맡으며 일주문을 지나게 된다.

'태백산 부석사太白山 浮石寺' 현판이 한 눈에 들어오는 일주문. 일주문을

다시 읽는 불전사

• 일주문을 지나 사천왕문에 이르는 은행나무길.

124 1977년부터 시작된 부석사 정화사업 과정을 기록한 '부석사 중수 기적비'.

지나 뒤돌아보면 그곳에는 '해동화엄종찰海東華嚴宗刹'이라 쓴 현판이 보인다. 일주문은 1977년 부석사 정화사업 당시 새로 조성한 것으로 현판은 '창봉 박동규滄峰 朴東圭'의 글씨다.

일주문을 지나 살짝 경사진 은행나무 길을 걷다보면 탱자나무 울타리 너머로 사과밭이 펼쳐진다. 곧이어 〈부석사 중수 기적비浮石寺重修紀蹟碑〉를 만나게 된다. 이 비석은 1977년부터 시작된 부석사 정화사업을 통한 중수과정을 적고 있다. 비석의 외형은 원융국사비와 함께 출토된 또 다른 비석의 지붕돌과 연화대석을 모방해 만들었다.124

중수비를 지나면 바로 보물 제255호 〈당간지주〉를 만나게 된다. 그 옛날 부석사가 창건되고 이것이 불국토임을 알리듯 장엄하게 휘날렸던 당번幢幡을 상상하면서 일단 한숨 돌리고 다음 발길을 재촉한다.

다시 읽는 부석사

천왕문

　　　　　　부석사하면 역시 '계단'이다. 다른 사
찰의 계단들과는 격이 다르게 높은 계단이다. 계단 한단의 높이는 30㎝
가량으로 한 걸음 한 걸음 옮기는 게 고행이다. 불국사 청운교 백운교의
계단 높이가 20㎝ 남짓이지만 여기에 10㎝가 더 높다는 사실은 경사진
각도가 경외심을 배가 시킨다. 계단 옆 오른 쪽으로 돌아가는 길이 있지
만 그래도 이 계단이 부석사로 들어가는 첫 계단이니 만큼 용감하게 올
라본다.[125]

　계단을 밟고 올라서면 그곳에는 사천왕문이 있다. 그리고 그 안에는
사천왕상이 있다. 사천왕문이 과연 본래 이곳에 있었느냐는 의문은 이
건물이 중건되면서부터 계속되어온 질문이다. 조선시대 기행문에는 이
문을 문수보살상이 있는 '조계문'이라 하였고, 사천왕문 위 석축에 새로
복원한 문을 사천왕상이 있는 '회전문'이라고도 하였다.

[125] 사천왕문 전경. 1978년 옛터에
새로 건축하였다. 기록에는 이곳을
조계문이라고 부르기도 했다.

126 사천왕문 인근 계곡에서 발견된 '천왕'명 명문와편. 고려.

그러나 현재의 사천왕문 주변에서 '천왕天王'이라는 글자가 있는 명문와를 수습한바 있어, 이곳이 꽤 오래전부터 천왕문이 있었을 가능성이 크다. 또한 천왕문이 있는 축대를 구성하고 있는 석재들 중에는 다른 석조물의 부재도 섞여 있어 후대 보수가 이루어졌을 것으로 보인다.

천왕문을 지나면 입이 벌어질 정도로 높디높은 석축이 떡하니 버티고 있다. 천왕문을 오르는 계단은 앞으로 올라가야할 계단의 시작임을 알리는 첫 시작에 불과했음을 실감한다.[126]

대석단

마치 성벽과도 같은 석축은 커다란 자연석을 생긴 대로 자르고 그 모양에 맞게 하나씩 쌓아 올렸다. 석축의 바위를 자세히 살펴보면 돌을 갈랐던 쐐기자국과 함께 축대를 쌓은 후 노출된 부분을 반듯하게 다듬은 흔적도 볼 수 있다. 바위를 다듬은 정질은 마치 초서체 글씨를 새겨 놓은 듯하다. 이 흔적을 통해 석축이 어떻게 쌓아 올렸는지 어렴풋이 짐작을 할 수 있다.[127]

석축은 먼저 커다란 바위를 둘로 쪼갠 후 편평한 면을 밖으로 하고 그 반대편을 안에 넣어 쌓아 올리고, 틈새는 작은 돌들을 끼웠다.

이 석축이 언제 만들었는지는 의문이다. 의상스님이 부석사 창건할 당시부터 만들었는지 아니면 그 이후 만들어 졌는지, 혹은 의상스님이전에 살았던 권종이부들이 만들었는지는 아직 알 수가 없다. 그래서 부석사에 대한 종합적이고 정밀한 발굴 등의 조사가 필요한 것이다.

127 사천왕문을 지나 처음 만나는 대석단의 일제강점기 보수 공사 장면과 현재의 모습. ⓒ국립중앙박물관(위)

부석사의 가장 높은 석축 가운데 첫 번째 관문을 통과하면 2013년 복원한 조계문과 함께 좌우 요사채를 지나게 된다. 이 조계문을 나서면 정면으로 위풍당당한 범종루와 마주한다. 여기가 부석사임을 말해 주는 〈봉황산 부석사鳳凰山 浮石寺〉 현판이 한눈에 들어온다.✼128

✼ 이 현판은 일제강점기 사진에는 안양루 정면에 있었지만, 1956년 이승만대통령이 쓴 '부석사' 현액(現額)으로 대체되면서 범종루 정면에 걸리게 되었다.

식사용정과 선묘정

범종루 앞에는 1966년 부석사 동쪽 절터에서 옮겨온 2개의 3층 석탑이 있다. 서쪽 석탑 앞에는 이 탑을 옮겨온 과정을 새긴 비석이 있다. 여기서 잠시 좌측의 종무소 건물 안쪽을 들여다보면 낮은 축대 아래로 넓은 석수조와 함께 그 위에 작은 우물 하나를 발견하게 된다. 석수조 또한 근래 만들어 놓은 것이 아니라 부석사 역사만큼 오래된 유물이다. 이 석수조 위에 있는 우물이 바로 '식사용정食沙龍井'이다.129

18세기 중반에 제작된『여지도서輿地圖書』에는 '부석 동쪽에 선묘정善妙井이 있고, 서쪽에는 식사용정食沙龍井이 있어 가뭄에 기우제를 지내면 효

험이 있다'고 하였다. 식사용정은 『여지도
서』에도 나타나 있지만 오래전부터 가뭄에
기우제를 지내는 장소로도 유명했다. 이와
관련한 기록으로 조선중기 인물인 박선장朴
善長:1555년~1616이 지은 「식사정기우제문食沙
井祈雨祭文」이 있다.

128 '봉황산 부석사' 현판이 걸린 범종루 정면. 현판 글씨는
춘헌 배홍열(春軒 裵弘烈)이 썼다.

129 식사용정. 오래전부터 가뭄이 들면 기우제를 지내기도
했다.

식사정기우제문 食沙井祈雨祭文

식사라는 우물이 있으니 바로 용신이 머무는 집이다.
食沙有井 龍神是宅
구름을 일으켜 비를 내려 평소 만물을 윤택하게 하네.
興雲作雨 素稱澤物
애석하다, 나라를 지키매 정사에 많은 잘못이 있으니
嗟余守土 政多失節
이렇게 가뭄이 생긴 지 몇 날 몇 달인가.
值此旱魃 不日不月
물이 말라버리고 시내와 연못도 고갈되어
原隰暵乾 川澤枯竭
모내기도 못하였고 보리마저 누렇게 탔네.
秧種未播 牟麥燋黃
봄농사를 망쳤으니 어찌 가을 추수를 기대하랴
東作旣怨 西成敢望
전준(농사를 관장하는 신)도 속수무책 통곡소리 끊이질 않네.
田畯束手 號泣于途
지금 이 재앙은 모두 나의 잘못이니
伊今之災 咎實在吾
가여운 우리 백성에게 무슨 죄와 허물이 있겠는가.
哀我民生 何罪何辜
이제 스스로를 책망하며 정성을 드리오니
玆余自責 虔告才忱
우물을 치고도 영험이 없다면 용이시여 장차 무슨 마음을 내겠습니까.
井渫不效 龍獨何心
풍족하게 단비를 내려주옵소서.
庶幾一起 遄沛甘霖

『수서선생문집水西先生文集』

또한 『청량산유록』에는

'앞에는 식사정食沙井이 있는데, 깊이는 4, 5길이다. 위에는 작은 모래 언덕이 있는데 절을 지을 때에 신룡의 이적이 있었다. 의상대사가 경주慶州의 유사流沙를 가져와 한 곳에 모아 언덕을 이루어 용의 먹이로 삼았다'고 적었다. 식사용정은 지금은 잘 정비하여 보존되고 있는데, 1967년 5월 '신라오악종합학술조사단'이 우물을 모두 퍼내어 바닥까지 조사한 일이 있다. 이때 절에서는 우물 바닥에 용의 형상이 있다고 했다. 조사결과 그런 형태의 유물은 없었으며, 다만 우물이 부석사 창건 당시 만들어졌을 가능성이 크다는 결론을 내린바 있다.

130-1 범종루 앞 쌍탑 부근에서 바라 본 안양루에 앉아 있는 불상의 형상이 보인다.

130-2 대맷돌. 가로 152㎝, 세로 195㎝에 달하는 맷돌의 규모로 보아 전성기 때 부석사의 사세를 짐작할 수 있다.

식사용정에 가기 전 종무소 앞마당 화단에는 아주 큼지막한 대맷돌이 있다. 크기가 가로 152㎝, 세로 195㎝, 곡식을 가는 부분의 원형 지름은 72㎝나 될 만큼 규모가 커다란 맷돌이며, 주위에도 작은 맷돌 여러 개가 남아 있다. 대맷돌은 앞서 말한 석수조와 함께 있었던 것으로 이곳이 오래전부터 공양간과 연관된 시설이 있었을 것으로 보이는데, 2010년까지 실제 공양간으로 사용되었다.130-2

다시 읽는 부석사

식사용정을 나와 쌍탑 앞 느티나무 부근에 서면 보통 오전에 안양루 공포사이로 보이는 이른바 '공포불栱包佛 혹은 허공불虛空佛'을 마주할 수 있다. 우연의 일치라고 보기에는 무척이나 신비롭기까지 한 안양루 공포 사이의 불상 형상은 부석사 답사에서 빼놓을 수 없는 광경이다.[130-1]

여기서 보통 범종루 아래를 통과하여 안양루로 진입해도 되지만 잠시 발걸음을 돌려 부석사 창건과 관련된 우물을 하나 더 보고 가는 것도 좋 겠다.

무량수전까지 이어지는 소방 및 업무용 도로를 따라 몇 발자국 옮기면 석축 아래로 배수로 위에 큼지막한 동굴처럼 생긴 구멍이 하나 보인다. 대부 분은 하수구 정도로 여기며 지나치지만 이곳이 바 로 '선묘정善妙井'이다. 선묘정 위로는 지장전이 있 으니 찾기가 쉽다.[131]

식사용정과는 달리 우윳빛의 탁한 샘이 아닌 맑 은 샘물로『청량산유록』에는 '선비정仙妃井이 있는 데 한 선녀가 물을 길어 의상스님에게 아침저녁으

131 매년 입춘에 물이 차고 빠지는 것으로 풍년과 흉년을 점치기도 했던 선묘정.

로 제공하였다. 그러므로 선비로 이름을 지었다. 매번 입춘에 물이 차고 빠지는 것으로 풍년과 흉년을 점친다'고 하였다.

고려 충숙왕 때 문인인 박효수朴孝修.?~1377는 선묘정 물로 차를 다려 마 시고 다음과 같은 시를 남겼다.

새 울고 꽃이 지니 꽃다운 나이는 줄어들고 　鳥啼花落減芳年
나그네 길 짧은 세월에 뜻은 홀연히 사라지네. 　客路光陰志忽然
어느 달에 용정수로 차를 다려 마실까? 　　　何月試茶龍井水
추녀 끝 가득한 솔과 달은 함께 엉켜 있네. 　　滿軒松月共龘緣

선묘정은 과거에는 해마다 물을 퍼내어 청소를 하고 이를 식수로 사용 했지만 지금은 소방도로를 확장하면서 사실상 매몰된 상태나 다름없게 되어 안타깝다.

132 부석사 범종루의 저녁 예불.

범종루

선묘정을 둘러보고 다시 범종루로 발길을 돌려보자. 범종루는 2층 누각으로 말 그대로 범종이 매달려 있던 건물이겠지만 현재 목어와 운판, 법고가 그 자리를 대신한다. 대신 서쪽에 새로 지은 범종각에 범종이 있다.[132]

건물의 정면은 팔작지붕, 뒷면은 맞배지붕이라는 독특한 건축양식을 가지고 있는 부석사 범종루는 말 그대로 범종을 매달아 때에 맞추어 종을 치던 전각이다. 그렇다면 범종루에는 원래부터 범종이 없이 이름만 범종루였을까?

범종루는 조선시대 중수기에도 여러 번 등장하지만 언제 처음 건립되었는지는 알 수 없다. 1746년 불에 타 1747년 삼응三應스님을 비롯해 영춘永春현감 유언탁俞彥鐸 등이 재목을 시주하고 사내 대중들이 힘을 모아 그해 2월 복구를 시작하여 이듬해인 1748년 6월 범종루와 만세루, 승당 등의 전각을 중건했다.[133]

그러나 이때 화재로 범종이 파손되었는지 자세히 알 수 없으나 『청량산유록』에 1780년 8월 당시 '범종각梵鐘閣이 있는데 쇠종을 매달았다. 종의 둘레는 몇 아름이어서 울리는 소리가 매우 장엄하다'고 한 걸로 보아 범종이 화마를 피했거나 새로 조성했을 것으로 보인다.

또한 조선 후기의 문신 성대중成大中:1732~1812의 시문집 『청성집靑城集』에 '임백후와 함께 한 부석사 모임與林伯厚期會浮石寺'이라는 시에 '천상에서 종을 치니 달이 일찍 떠오르네上方鐘動月初來'라고 한 것으로 보아 화재로 소실된 범종각 중수 후에도 범종이 있었음을 알 수 있다.

이보다 앞서 주세붕周世鵬,1495~1554의 시 '부석천년사浮石千年寺'에서 '종은 북두칠성사이에서 울리는구나鐘動斗午間'라는 구절을 통해 범종각의 종이 임진왜란 이전인 15~16세기에도 있었음을 알 수 있다.

이밖에도 이헌경李獻慶,1719~1791의 『간옹선생문집艮翁先生文集』에서도 범종각에 범종이 있다고 하였으며, 권두인權斗寅,1643~1719의 『하당선생문집荷塘先生文集』에서는 "暮鍾寒動木魚樓모종한동목어루"라 하여 범종과 함께 목어도 있었음을 알 수 있다. 『청량산유록』에 범종의 크기가 몇 아름이 된

다고 하니 실로 장중한 범종이
었으리라 상상이 된다.

그러나 범종각의 범종은 19
세기에 접어들면서 그 행방이
묘연해진다. 일설에는 조선말
흥선대원군이 경복궁을 증축하
면서 당백전當百錢을 만들기 위해
공출해갔다는 얘기와 일제강점기 전쟁물자로 약탈당했다는 설이 전해지
고 있다. 그러나 이 중 일제강점기 전쟁물자 공출설은 신빙성이 없는 것
으로, 1916년 부석사 중수 당시 범종각에는 범종이 없었음을 당시의 자
료 등으로 확인할 수 있다.

범종이 사라진 원인에 대해서는 앞서 밝혔듯이 1800년대에 태백산
사고를 지키기 위한 비용을 대기 위해 부석사가 소유한 토지 등과 함께
처분되었을 것으로 보았다.

133 부석사종각중수기. 조선 1748년.
166x43cm.

옮겨진 건물들과 새로 만든 건물

범종루 동쪽에는 상단과 하단 2개로
연결된 건물이 있다. 2011년 부석사성보박물관이 개관하기 전까지 국보
제46호 조사당벽화를 비롯하여 경내에 남아 있던 유물들을 보관 전시하
였던 '보장각寶藏閣'이다.

범종루를 지나 안양루 앞마당에 이르면 좌우에 건물이 있고 정면에는
낮은 석축과 함께 괘불대가 등장한다.

134, 135 지금은 선열당이라 불리는 옛 취현암 건물. 처마와 기타 부재에 옛 단청의 흔적이 남아 있다.

[136] 1916년부터 실시된 조사당 보수공사 당시 취현암. 왼쪽에 덧 집에 덮인 건물이 조사당이다. 『小川敬吉 조사문화재 자료』, 국립문화재연구소, 1994. 12.

먼저 서쪽에 위치한 건물은 과거 조사당 옆에 붙어 있던 취현암醉玄菴으로 지금도 부재에 단청이 남아 있어 옛 모습을 희미하게나마 확인할 수 있다.[134]

전하는 얘기로는 사명대사가 부석사에 머물면서 주석했던 건물이 취현암이라고 한다. 이 취현암은 본래 조사당과 연이어 있던 건물이었지만 1916년 조사당을 중수하면서 화재 등의 이유를 들어 안양루 아래 서쪽에 이건하였다.[135]

이 당시 취현암의 건물 부재에서 홍치弘治6년1493, 만력萬曆41년1613, 순치順治 6년1649 등의 연도가 적힌 묵서가 있었다고 한다. 1978년 경내 정화공사 당시 약간의 변형이 가해졌지만 상당부분의 부재들이 그대로 남아 있다. 취현암 건물은 현재 선열당禪悅堂으로 불리며, 선방으로 사용되고 있다.[136]

취현암 앞에는 석등재와 몇 개의 석조 부재들이 보이는데, 이중 석등의 화사석은 동부도전 원융국사의 것으로 전해지는 부도 앞에 있었던 것이다. 함께 있는 석등 옥개석은 자인당에 봉안된 〈북지리 석조여래좌상불좌상〉보물 제220호 출토지에서 옮겨온 것으로 일제강점기 사진자료를 통해서 확인할 수 있었다.[137-1,2]

선열당 맞은편에는 원래 무량수전 동쪽에 있던 '응향각凝香閣'이 있다. 1916년 무량수전을 해체 보수한 이후에도 상당기간 제자리를 지켰지만, 1944년 화재의 위험성을 이유로 안양루 아래로 이전하였다. 하지만 1980년 무량수전으로 진입하는 동선을 고려해 현재의 위치

에 새로 지었다. 응향각은 전각의 이름에서도 알 수 있지만 불상을 봉안한 법당에 딸린 건물이다. 1843년 작성된 「범종루 상량문」에 노전爐殿도 함께 중수하였다는 기록이 있는데 여기서 노전이 바로 응향각을 말하는 것으로 보인다. 이 건물이 무량수전에 향촉香燭을 올리고 공양을 담당했던 공간으로 사용되었음을 알 수 있다.[138-1, 2]

안양루로 진입하기 전 급수대 옆에는 두 개의 돌기둥을 세운 괘불대가 있다. 이 괘불대는 1684년과 1745년에 조성된 괘불을 걸기 위해 만든 것이다. 이와 함께 괘불대 뒤에 있는 낮은 석축을 눈여겨 볼 필요가 있다. 이 석축의 맨 위에 놓인 석재들을 보면 윗면이 이상할 정도로 반질반질하게 마모되어 있음을 확인할 수 있다. 또한 석재의 두께가 어디서 본 듯한 느낌을 들게 한다. 앞서 천왕문을 지나고 범종루를 지나면서 거쳤던 계단의 높이와 거의 같음을 알 수 있다. 이 석축을 구성하고 있는 맨 위의 석재는 바로 안양루로 진입하는 계단에 본래 사용되었던 계단돌이다.[139]

안양루와 무량수전을 받들고 있는 두 번째 대석단과 괘불대 사이의 공간에 대해 그동안 이곳에 대웅전과 같은 건물이 있었을 것이라고 추정해 왔다. 그러나 2015년 10월 이 석축에 대한 보수공사 과정에서 통일신라부터 조선시대에 이르는 다수의 유물들이 확인되었다. 이 유물들이 곧

137-1 옛 취현암 건물 앞에 있는 석등. 옥개석은 방동절터 등에서 옮겨온 것이다.

137-2 현재 석등 옥개석 위에 있는 석재는 간주석으로 이 석등과의 연관성은 알 수 없다. 다만 2015년 괘불대 석축공사 과정에서 이 옥개석의 것으로 보이는 석등 상륜(위)이 출토된 바 있다.

138-1 무량수전 동쪽에 있던 응향각
의 원래 모습. ⓒ국립중앙박물관

138-2 1940년대 안양루 아래 동쪽
으로 옮겨졌다가 재건축된 응향각의
현재 모습.

다시 읽는 부석사

이곳에 건물이 있었음을 반증하는 증거들은 아니었다. 이때 발견된 기와와 전돌 등은 1358년 무량수전과 1555년 안양루 화재 당시 발생한 잔해물로 추정된다.[140]

안양루로 진입하기전 동쪽에는 '장경각藏經閣'이 있다. 이곳에는 고려 화엄경판보물 제735호과 목조아미타불 좌상이 봉안되어 있다. 장경각에는 11세기 즈음 고려로 전해진 거란본契丹本『진본 화엄경晉本華嚴經』,『주본 화엄경周本華嚴經』,『정원본 화엄경貞元本華嚴經』 600여판과 조선시대 간행된 경전의 목판 일부가 있다.[141-1,2,3]

139 1684년 괘불을 조성한 후 세워졌을 것으로 보이는 괘불대. 그 뒤쪽 석축의 윗부분 석재는 일제강점기 보수 이전에 사용된 안양루 입구 계단 석들로 보인다.

안양루

앞서의 대석단을 올라 올 때와는 다르게 비교적 낮은 높이로 이루어진 안양루 진입 계단은 일제강점기때 보수를 한 것이다. 안양루 아래로 진입하여 무량수전으로 들어가는 계단을 보면 그 차이를 더욱 확실히 알 수 있다.

안양루 아래 공간에서 무량수전 쪽 석축을 바라보면 심하게 훼손된 부분을 볼 수 있는데, 이는 1555년 화재로 인해 석축이 불길에 터져버린 흔적들이다. 2015년 10월 이곳 바닥을 보수 하는 과정에서도 당시 화재 흔적이 고스란히 확인되었다.

안양루安養樓의 안양은 극락세계를 가리키는 말로 무량수전과 관련이 있다. 무량수전의 아미타불이 극락세계의 부처이므로, 그 부처가 있는 세계를 이름하여 안락安樂, 안양安養, 서방西方, 정토淨土라고 한다. 따라서 안양루와 안양문은 극락세계의 입구를 의미한다. 즉 이 안양문을 지나면 극락세계에 들어가는 것이다.

안양루 아래 계단을 통해 무량수전을 바라보면 가장 먼저 석등이 반갑게 맞이한다. 그렇게 안양루를 지나 무량수전을 바라보면서 마당에 들

140 괘불대 뒤편 석축 보수공사 과정에서 출토된 조선시대 연화문 수막새와 고려시대 음각연화문 전돌.

* 흰 눈이 덮힌 범종루의 겨울 풍경.

• 하늘을 날아갈 듯 허공에 걸쳐 있는 안양루.

141-1 고려 화엄경판(보물 제735호)과 목조아미타불 좌상이 봉안된 장경각.

141-2 영주 부석사 고려각판. 보물 제735호. ⓒ문화재청

141-3 장경각 내부 화엄경판 등 보관 모습. ⓒ문화재청

　　　　　　　　　　　　　　　　　　　다시 읽는 부석사

어선다. 이때 몸을 돌려 바라보면 안양루와 함께 눈앞에 펼쳐진 소백산
맥과 더불어 발아래 올망졸망 늘어선 산봉우리들이 섬처럼 보인다. 맑은
날에는 가깝게는 안동 학가산882m과 아득히 멀리 군위 청화산701m, 대구
팔공산1,192m 정상까지 볼 수 있다. 또한 이곳에서 소백산맥을 바라보면
북쪽에서 남쪽으로 상월봉, 국망봉, 비로봉, 연화봉과 도솔봉으로 이어
진 능선이 웅장하게 펼쳐져 있어 장쾌한 풍경을 맛볼 수 있다.

안양루는 무량수전과 거의 동시기에 이루어진 누각으로 추정되지만
정확히 언제 지어진 것인지 알 수 없다. 안양루도 무량수전 서쪽에 있던
취원루 만큼이나 이름난 누각이었다. 1580년 안양루 중창과정을 기록한
사명대사의『중창기』를 통해 그 흔적을 확인해 본다.✤

봉황산은 줄기가 아득히 백두산과 접했으며 계곡물은 멀리 동해에 잇
닿았다. 남쪽 지방에 웅거해서 동쪽 바다를 웅크려 보고 있는데, 울창하
고 영묘한 서기가 모이고 쌓여 남녘의 정기를 생성하고 있다. 부석사는
바로 그 사이에 자리한다.

절은 신라 때 창건되어 천년간 풍우를 겪으면서 전쟁으로 침탈된 적도
있고 선비들이 유상하는 곳이 되기도 했다. 지난 을묘년1555 봄에 화재
가 나서 강운각羌雲閣이 소실되자 구름도 시름에 차고 강물도 오열하는
듯 초토가 된 지 10년, 장로 석린石璘이 분연히 중건할 뜻을 가지고 병자
년1576 여름에 역사를 시작했다. 자귀로 깎고 톱으로 자르며 터를 다져서
주춧돌을 놓아 기둥을 튼튼히 하고 기와를 얹어 새지 않도록 하였다.

무인년1578 가을에 승려 경휘敬暉가 단청을 하자 이에 수년이 채 되지
않아 누각이 우뚝이 서니 의젓함이 하늘이 만들어 준 것 같았다. 귀신이
몰래 도와주지 않았다면 어찌 이와 같이 될 수 있겠는가?

안개가 끼고 서리가 내린 가을, 밝은 달이 하늘에 떠 있으면 날개가
돋아 신선이 되어 하늘로 올라가는 듯 하며, 길은 천리나 되고 몸은 푸
른 하늘 위에 있어 하늘에 올라 구름을 타는 듯하다. 서쪽으로 소백산을
바라보면 저녁 비에 고운 빛깔은 등왕각의 운치가 있고, 동쪽으로 청량
산을 바라보면 가을 구름이 자욱해서 종산의 맛이 나니 길손은 고향을
생각하게 되고, 외로운 신하는 나라를 걱정하며 임금을 그리워한다.

도사道士가 이에 오르면 환골換骨하지 않아도 곧바로 바람을 타게
될 것이요, 승려가 이곳에 오르면 공력을 들이지 않아도 선정禪定에 들

✤ 1580년 사명대사가 쓴 중창
기를 1644년 기판에 옮겨 새긴
것으로 원래 시주자 명단이 있는
중수기판을 재활용하였다. 안양
루 중수기 현판 뒷면 묵서명:萬曆
六年戊寅十一月日(1578년) 供養
布施大施主文玉萬兩主 供養布施
大施主嚴貴文兩主 布施鐵物大施
主安莫突兩主……

✤ 浮石寺 安養樓重刱記
山之脉 杳接白頭 水之波 遙連
東海 雄據南州 虎蹲東海·鳳凰
其名而鬱乎蒼蒼 鍾靈儲瑞·釀
出乎南國之精英者也. 寺在其間
額曰浮石. 始創新羅 風雨千秋
曾幾爲風雲之所侵交. 幾爲士君
子之遊窟·往在乙卯之春 赤帝
孫一起 羌雲閣亦燒 雲愁水咽.
焦土十年 長老石璘其名者 憤然
重新之志 於丙子夏始役 斧者斧
之 鉅者鉅·鞭其根斫松骨 礎
而固其柱 瓦而修其漏·越戊寅
秋 禪者敬暉 亦塗彩 迄不數年
間 巋然傑閣. 儼若天成焉 非神
功密助 能若是乎 烟鎭秋霜 皓
月浮空 有羽化而登仙趣·爲路
千里 頭出穹蒼 有昇天而指星
趣· 西瞻小白 暮雨麗色 有滕王
趣· 東望淸凉 秋雲杳杳 有鍾山
趣· 遊子登臨 有思鄕之心也·孤
臣登臨 有憂國戀君之情也·道
士臨之 有骨不換 而直御冷風
也·禪子臨之 不用功 而濟於禪
定也. 然則 一閣成而衆樂具焉
何必曰 賢故以後 樂此也·於戱
殊功偉積 與山河俱 宜銘厥德
以示無窮. 使後之來者 亦猶今
之視昔也. 四溟狂漢記 時庚辰
(1580)秋七月上澣也·順治元年
(1644)甲申二月日山人 현판 마
지막에 등장하는 순치원년(順
治元年)은 이 현판에 사명당의
글씨를 판각한 때이다.

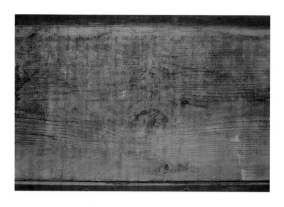

게 될 것이다. 그렇다면 하나의 누각이 이루어
짐으로 인해 갖가지 즐거움이 구비되거니와 하
필이면 어진 이름을 얻은 이후에야 이를 즐길
것인가.

아! 크고 장한 공적이 산하와 더불어 함께
하리니 그 덕을 새겨서 먼 후세에 보여 뒤에 오
는 자로 하여금 또한 지금처럼 옛날을 생각하
게 할 일이다.

사명四溟 미친 사람이 적는다. 때는 경진
1580년 가을 7월 초순이다.

순치 원년 갑신1644년 2월 일 산인山人 🌸 142

142 1578년 작성된 안양루 중창 시
주록이 중창기 뒷면에 남아있다.

안양루에 기대어 멀리 남쪽 하늘을 바라보면 맑은 날은 맑은 날 대로,
비온뒤 안개 자욱한 날은 그런 날대로 그 정취가 남다르다. 사명대사가
말했듯이 '도사道士가 이에 오르면 환골換骨하지 않아도 곧바로 바람을 타
게 될 것이요, 승려가 이곳에 오르면 공력을 들이지 않아도 선정禪定에 들
게 될 것이다'라는 말이 결코 허언이 아님을 알 수 있다.

여기서 한 가지 짚고 넘어가야할 문제가 있다. 바로 사명당이 부석사
에 온 시점이다. 이 중창기로 인해 사명당이 안양루 중수와 밀접한 관계
가 있을 것으로 보이지만 기문의 내용을 보면 그는 안양루의 복구는 물
론 단청까지 마친 이후에 부석사를 찾았다고 보아야한다. 만약 사명당이
안양루 중수시점부터 부석사에 와있었다면 안양루중창기는 단청을 마친
1578년에 작성됐을 것이다. 그러나 그로부터 2년 뒤인 1580년에 중
창기를 썼다는 점에서 그가 부석사에 온 시점이 그때라는 것을 말해주
고 있다.

선묘낭자의 화신 석룡石龍

석등앞에서 무량수전을 향해 반배의 예를 올린 뒤 서쪽으로 발길을 돌려 부석으로 향한다. 부석으로 향하기전 무량수전 서쪽 출입문 입구 뜰에는 오랫동안 전해지는 전설이 하나 있다. 부석사를 찾는 많은 이들이 한번쯤은 들어봤을 '석룡石龍'이 바로 그 뜰에 묻혀 있다고 한다.

석룡은 일제강점기 「부석사 귀중품 대장」에도 이름을 올릴 만큼 보물중의 보물이었다. 일제강점기 무량수전을 해체보수하면서 이 석룡의 존재를 확인했다고는 하지만 자세한 내용은 전하지 않고 일본인 기술자가 다시 덮어 버렸다는 얘기만이 남아 있다.

이 보다 앞서 『청량산유록』에는 '전각의 계단 아래에는 땅에 솟아난 돌이 있는데 고기의 꼬리 형상을 하고 있다. 이 기반은 용혈이 되는데 용의 머리 쪽은 불좌佛座에 들어가 있고 아래의 꼬리는 계단 아래에 보이는 것'이라고 하여, 조선시대에는 석룡의 일부가 지상에 노출되었던 것으로 보인다.

1967년 5월 5일부터 7일까지 신라오악종합학술조사단이 부석사를 조사하면서 석룡의 존재를 발굴하였는데, 이 사실을 1967년 5월 8일 『한국일보』가 보도하였다.

143 신라오악종합학술조사단에 의해 석룡이 발견되었다는 소식을 전한 1967년 5월 8일 「한국일보」기사.

'전설傳説 천삼백년....석룡 발굴'

'발굴된 석룡은 무량수전 서단西端의 돌층계와 기단의 서단사이에 허리를 걸치고 꿈틀거리듯 반원형을 그리면서 하반부를 드러내고 있으며 기단에서 약 1.8m 나와서 허리가 끊겨져 있었다. 6일 아침부터 석룡 발굴 작업을 시작한 조사단은 무량수전 앞 기단을 따라 일직선으로 시굴하던 중 드디어 7일 하오 기단 서쪽에서 석룡의 모습이 드러나자 작업에 피치를 올렸다. 조심스럽게 진행된 발굴 작업이 지면에서 약 한자가량 파고들었을 때 화강암으로 된 석룡의 등이 완전히 나타났다. 허리가 끊긴 채 그 모습을 드러낸 석룡은 인공적인 조형은 전연 없으며 자연석 그대로 용의 모습을 보여주고 있다'[143]

석룡의 허리가 끊겨진 이유에 대해 임진왜란 당시 원군援軍으로 온 이여송李如松 장군이 조선의 산천을 두루 찾아다니면서 그 중 명산이면 맥을 자르는 일이 있었는데 태백산에 와서는 부석사 석룡의 허리를 잘라 놓고 갔다고 전한다. ✻

✻ 진홍섭,『신라북악태백산유적조사보고』,『韓國文化硏究院 論叢』36, 이화여자대학교, 1982. 377쪽.

석룡을 두고 인공 조형물이냐, 우연의 일치인 자연석이냐를 놓고 말들이 있긴 하지만 선묘의 설화를 뒷받침해주는 석물石物이 있다는 사실은 그저 신기할 따름이다.

취원루

석룡의 전설을 뒤로 하고 무량수전을 받치고 있는 석축 서쪽 모서리에는 수 십 년 된 배나무 한 그루가 있다. 봄이면 하얀 꽃이 피고, 그 꽃이 질 때면 무량수전 주변에 꽃비를 날리는 환희의 장면을 연출하는 주인공이기도 하다. 바로 이 배나무 주변이 해동제일 누각이라 불리던 '취원루聚遠樓'가 있던 자리다. 지금도 이 터에는 취원루 옛 기둥의 것으로 보이는 덤벙 주춧돌들이 남아 있어 그 흔적을 찾을 수 있다.[144]

144 취원루터 전경. 지금도 그 터에는 주춧돌로 사용되었을 석재의 흔적이 남아 있다.

『재향지梓鄕誌』에는 '금당金堂 서쪽에 취원루가 있는데 석축위에 세워져 높이가 10여 길이나 된다. 남쪽을 바라보면 온 산이 모두 눈앞에 펼쳐지는데, 시력이 좋으면 3백리는 바라볼 수 있다'고 하면서 주세붕1495년~1554년의 시를 소개하였다.

많은 선비와 묵객들이 취원루에 올라 시를 짓고 경치를 감상하였다. 그렇다면 취원루는 어떤 곳이었을까. 일단 누각이니 현재 남아 있는 안양루나 범종루와 같은 구조는 아니었을까.

『청량산 유록』을 보면 '무량수전 앞에는 취원루가 있다. 이것은 높은 층 가운데서도 가장 높은 누각이다. 눈앞이 탁 트여 아득하여 그 끝이 없다. 대개 풍기, 순흥, 영주, 안동, 예천, 용궁 등 인근 8, 9개 고을의 산하가 손바닥처럼 보인다'고 하였다.

『계암일록』에는 '동쪽 낭옥과 서쪽 낭옥廊屋이 무량수전의 양쪽에 있다. 취원루는 서쪽 낭옥에 연결되었는데, 높고 시원하게 시야가 터져서 한 눈에 백리가 들어온다. 뭇 산들이 첩첩히 모두 흩어져 있는데, 아득히 보이는 중에 오직 학가산鶴駕山이 동남쪽에서 크게 솟아 있고, 소백산은 연달아 서북쪽으로 걸쳐 있다'고 하였다.

취원루의 구조와 관련『태백기유』에 '누각은 아주 높지는 않으나 산천 연운이 모두 한 눈에 보이니 대개 이 절의 최고 승경처이다. 누각의 뒤에는 판각板閣이 있는데, 고승高僧 18분의 진영을 봉안하였다. 큰 눈썹이 아래로 드리우고 눈빛이 형연하게 사람을 비추니 엄숙하여 공경할 만하다'고 하여 단순히 누각으로서의 기능뿐 아니라 영각影閣의 기능도 겸한 것으로 보인다.

또한『택리지』에는 '절 뒤에 있는 취원루는 크고도 넓다. 마치 천지의 한 가운데 솟은 것처럼 아득하다. 기세와 정신이 웅장해서 마치 온 경상도를 위압할 듯하다.......취원루 위 한쪽 구석에 방을 만들었는데, 그 방에 신라 이래 이 절에 머물렀던 승려 가운데 사리가 나온 이름난 승려의 화상 10여 폭이 걸려 있다. 모두 얼굴 모습이 예스럽고도 괴이하며 풍채가 맑고도 깨끗해 엄연히 다락위에서 서로 대좌해 선정에 든 듯하다'고 하여 취원루가 누각인 동시에 역대 고승들의 영령을 모신 영전影殿으로도 사용된 복합건물이었음이『택리지』에서도 확인된다.✻ 이상의 기록을 종합해 보면 취원루는 2층 구조의 누각 형태를 띤 장방형 건물로 판각板閣과 영전影殿 등이 함께 포함된 건물로 보인다.

이처럼 영남권 제일을 넘어 '해동제일'의 누각이었던 취원루로 19세기 어느 즈음에 사라지고, 그곳에 남아 있던 10여폭의 진영들은 이후 조사당으로 옮겨졌다. 또한 판각이 있었다고 한 것으로 보아 현재 장경각에 보관돼 있는 화엄경판도 이곳에 함께 있었던 것으로 보인다.

✻ 이중환 지음, 이익성 옮김. 『택리지』. 을유문화사. 2007. 185~187쪽.

조사당과 응진전으로 가는 길

145 1726년에 만들어진 무량수전
동쪽에 있는 수각.

상상으로만 취원루를 그려보고 발길을 돌려 동쪽으로 길을 잡는다. 동쪽으로 가다보면 잠시 청량한 물을 맛볼 수 있는 수각이 있다. 근래에 만들어진 돌거북 입에서는 연신 맑고 시원한 물이 흘러내린다. 이렇게 흘러내린 물은 장방형의 돌로 만든 수조에 머물렀다가 긴 여행길에 오른다. 이 수조는 바깥 면에는 '숭정기원후 99년 병오 5월 사내합성崇禎後 九十九年 丙午 五月 寺內合成'이라는 글이 새겨져 있다. 즉 1726년 병오년 5월에 부석사 대중들이 힘을 모아 수각을 만들었다는 내용임을 알 수 있다.[145]

이곳 수각에서 목을 축이고 발길을 옮기면 경사진 조사당 가는 길이 열린다. 가는 길에는 〈삼층석탑〉보물 제249호이 의연하게 서있고, 그 앞에 옥개석과 중대석, 하대석만 남아 있는 석등과 만난다.

이곳에서 다시 눈길 돌려 서남쪽을 바라보면 남북으로 길게 이어진 장대한 소백산맥을 같은 눈높이로 바라보게 된다. 해발 1300m가 넘는 높은 산이지만 부석사, 이곳에서 바라 볼 때는 올려다보는 것이 아니라 서로 마주보게 된다. 특히 해질 무렵 저녁노을은 평생 잊지 못할 풍경 중 하나가 될 것이다.[146]

조사당으로 향하는 경사진 오솔길을 올라가면 백년은 족히 넘었을 참나무와 밤나무가 있어 가을날 오가면서 밤을 줍는 재미도 이 길이 주는 또다른 즐거움이다. 조사당에 올라 잠시 숨을 고르고 천년을 넘게 그 자리를 지켜온 선비화를 보면 그 옛날 의상스님의 숨소리가 어렴풋 솔가지 바람을 타고 들리는 듯하다.

조사당 동쪽 낮은 대나무 울타리 안에 새로 세워진 취현암이 있어 스님들의 선방으로 이용되고 있다. 평상시에

147 취현암에 남아 있는사용한 연화
대석(위)과 석수조(아래).

146 안양루 앞에 펼쳐진 저녁 노을의 장엄한 풍경.

는 출입을 통제하고 있어 울타리 밖에서 외부만 들여다 볼 수 있다. 하지만, 그 안에도 통일신라시대부터 사용했던 석조 수조와 팔각연화대가 남아 있다. 아마도 팔각연화대는 의상대사상을 모신 대좌 혹은 취현암에서 봉안했던 불상의 대좌로 추정된다.[147]

조사당을 나와 다시 서쪽으로 발길을 돌리면 아름드리 참나무가 도열한 숲길을 따라 응진전에 이른다. 응진전 입구 오른쪽 한 켠에는 작은 전각이 하나 있다. '단하각丹霞閣'이다. 정면1칸 측면 1칸의 매우 작은 전각인 단하각은 실내에 들어가 예경을 올리기에는 비좁다.

단하각에 대해 단하소불丹霞燒佛의 고사로 유명한 중국 육조시대의 단하천연丹霞天然. 739~824을 모신 전각으로도 추정하기도 했지만, 일제강점기의 자료를 보면 '산령각山靈閣' 즉 산신각으로 적고 있다. 단하각은 경기도 남양주 흥국사, 경남 양산 통도사 극락암, 서울 동작구 사자암 등 다른 사찰에서도 산신각의 다른 이름으로도 불리지만 산신과 함께 독성, 칠성을 봉안한 곳도 있다.[148-1,2]

148-1 단하각의 가을 풍경

148-2 단하각에 봉안된 소조 나한상

✳ 『부석사』, 김보현 등, 대원사. 2000. 1. 93쪽.

　　단하각 안에는 높이 20㎝ 가량의 작은 나한상이 모셔져 있다. 왼쪽 무릎에 파란색 쥐 한 마리 잡고 있다. 다른 사찰의 산신각에는 보통 호랑이와 함께 있는 산신상이나 탱화가 봉안되어 있지만 단하각은 나한상과 함께 쥐가 등장하는 것이 특이하다.

　　단하각을 뒤로하고 정면을 바라보면 응진전이 보인다. 응진전은 19세기 중수기에도 등장하고 있다. 일제강점기 자료에는 16나한상과 함께 16점의 불화가 모셔져 있었다. 현재 이들 불화들은 모두 사라지고 새로운 불화가 걸려 있다. 불화 앞에는 나한상과 석가여래, 제화갈라보살, 미륵보살상이 있는데 모두 조선시대 작품이다. 1849년 응진전과 더불어 영산전 중수기록이 있어 석가 삼존상과 나한상은 늦어도 19세기 중반 이전에는 조성되었을 것으로 보인다.[149]

　　응진전 옆에는 자인당이 있다. 이 전각은 본래 영산전 혹은 영산암靈山庵으로도 불렸다. 현재 자인당 건물은 옛 건물의 부재를 재활용하여 건축된

다시 읽는 부석사

것으로 보이며, 석조여래좌상보물 제220
와 1636호 3구가 봉안되어 있다. ✻

영산전은 일제강점기까지도 그 이
름 그대로 불렸지만 언제 자인당으로
변했는지는 알 수 없다. 다만 석조여
래좌상보물 제1636호이 이안되면서 그
이름이 변한 것으로 보인다. 자인당
서쪽 한 켠에는 작은 바위를 파서 만
든 수조 하나가 있다. 이 수조를 자세
히 보면 바깥 면에 사각 구획을 두르
고 그 안에 글을 새겨 넣었음을 확인할 수 있다. 현재까지 판독된
바로는 옹정雍正과 태백산太白山 등이 확인되는데 이를 통해 1700년
대에 제작되었음을 알 수 있다. 자인당에서 서쪽으로 더 들어가면
은신암隱神庵과 극락암極樂庵 터가 있는데, 지금도 남아 있다.[150]

149 이른 봄 안개에 덮인 응진전과
자인당.

150 18세기에 제작된 석수조.

오솔길을 되돌아 무량수전으로 가다

가을날 응진전에서 무량수전으로
되돌아가는 오솔길은 참으로 운치가 있다. 오솔길을 덮은 누런 가랑잎들
은 가지를 떠나 다시 대지에서 새롭게 피어나 황금빛으로 물들이며 새세
상을 펼쳐보인다. 지금은 숲이 우거져 응진전 앞에서 남쪽으로 예천, 안
동으로 이어지는 풍경을 보기 어렵지만, 그래도 겨울이면 텅빈 나뭇가지
사이로 어렴풋이 안동까지 이어지는 풍경을 볼 수 있다.

왔던 길을 되돌아 무량수전으로 발길을 돌리면 선묘각과 마주친다. 선
묘각은 일제강점기이후 해방 즈음까지도 보덕각普德閣으로 불렸다. 선묘
각의 건립연대는 정확히 알 수 없지만 1916년 무량수전 해체수리 전에
찍힌 사진에도 보이고 있어 조선후기에도 지속적으로 향화를 공양했던
것으로 보인다. 그러나 다른 문헌기록에는 '선묘각'과 관련된 자료가 전
하지 않고 있다. 다만 1884년 태허당 명학太虛堂明鶴스님이 부석사에 와서
박춘정朴春亭이라는 행수行首의 시주를 받아 다 허물어져가는 '보덕각'을

普德閣重修記(1884년) : 盖聞
普德閣乃石寺創建時所立而爲傳
寺彰善懲惡之所也 今開惝多年甍
瓦頴敗歷覽之人無不慨■矣 何幸
太虛堂明鶴寺來臨是寺見其右閣
之頴敗書宵憂愳恨其物力持無奈
矣 亦何幸府內居朴行首春亭出義
施主不明日而工記噫微斯人而誰
與此亦有敎存焉之義得人而後興
者豈不信哉 後之覽者以此興感焉
歲甲申閏月太白山人鳳贊記 大施
主朴春亭 木手金貴哲.

152 무량수전 정면 동쪽 기단에 새겨
진 '충원 적화면 석수 김애선'.

중수한 사실이 남아 있다. 이 중수기에 따르면 보덕각은 부석사 창건 때
부터 있었던 건물로 창선징악의 장소였다는 것이다傳寺彰善懲惡之所也. 보
덕각이 선묘각이었는지는 불분명하나 1926년 작성된 『부석사건물배치
도浮石寺建物配置圖』 등의 자료를 종합해 보면 선묘각이 곧 보덕각이었음을
알 수 있다. 현재의 선묘각은 2013년 증축하여 내부에 들어가 참배를 할
수 있게 지어졌다.[151]

선묘각에서 내려와 무량수전에 이르면 동쪽 계단부근의 기단에 새겨
진 글씨를 볼 수 있다. 이 석각에는 '충원 적화면 석수 김애선忠原 赤花面 石
手 金愛先'이라 새겨져 있다. '면面'이 사용된 군현제도는 조선시대인 15세
기 중반이후부터였다는 점으로 미뤄볼 때, 1555년 화재로 안양루가 소
실되고 이후 복원하는 과정에 참여했던 석공이 무량수전 기단에 자신의
이름을 새긴 것으로 보인다.[152]

참배객들이 들어가는 동쪽 계단을 통해 무량수전 안으로 들어가면 높
은 천정과 지붕을 받들고 있는 배흘림기둥들이 정연하고 웅장하게 도열
해 있음을 볼 수 있다. 합장 반배를 하고 법당안에 들어서면 좌측으로 소
조아미타여래좌상국보 제45호과 목조광배가 웅장한 금빛으로 참배객들을
맞이한다.[153]

무량수전 바닥은 1990년대 까지 검은색 전돌이 깔려 있었다. 이후 나
무 마루로 대체되었지만 마루 아래에는 지금도 예전부터 사용됐던 전돌
바닥이 그대로 남아 있다.

무량수전은 극락정토를 상징한다는 의미에서 녹유전이 깔려 있었다
고 하지만 법당 전체가 아닌 불단 주변에만 깔려 있었다. 지금도 불단의
경계로 내부에는 통일신라시대에 깔았던 녹유전이 남아 있으며, 그 가운
데 일부는 부석사성보박물관에 전시 중이다.[154]

무량수전은 일제강점기에는 본존불 뒤 불단 주변으로 경내에서 출토
된 일부 유물을 진열하기도 했지만, 지금은 신중단과 지장단이 그 자리
를 대신하고 있다.

무량수전 내부는 외부와 달리 1916년 해체보수 과정에서 사라진 단
청이 그대로 남아 있다. 다른 사찰의 단청들처럼 화려하지는 않지만 원

형 그대로의 모습을 간직하고 있다는 점은 향후 법당 전체의 단청을
복원하는데 중요한 근거가 될 것이다.

　무량수전을 찾는 많은 참배객들이 법당 밖 '배흘림기둥에 기댄' 만
큼 기둥에 남아 있던 단청도 사라졌지만 법당 안 배흘림기둥에는 100
여년전 혹은 그 이전 사람들의 흔적이 빼곡히 남아 있다.

　법당안 배흘림기둥을 유심히 살펴보면 많은 이들이 붓을 들어 적어
놓은 글들을 확인할 수 있다. 이 글들의 대부분은 부석사를 참배했다
는 단순한 내용부터 간절한 소원을 적은 경우도 있어 그 일부를 소개
하고자 한다.

　－..奉化 乃城面 虎坪居 ●●● 戊申년 四月 過此.
　1908년 혹은 1848년 4월에 봉화 내성면 호평(봉화군 봉화읍 석평3
리)에 사는 ○○○이 다녀갔다.

　－安東 前川居 金在喆 己亥 三月十五日 太白山 浮石寺 過此
　안동 전천(안동시 임하면 전천리에 사는 김재철이 1899년(기해) 3월15일 부석사
를 다녀가다.

　－慶尙北道 安東郡 豊地(山)面居 金龍信 所願 乾命 己●生기
　축생일 경우 1889년, 기묘생일 경우 1879년, 坤命 丁亥生1887년생 生男 就願文

151 2013년 다시 지은 선묘각. 일제
강점기와 그 이전에는 보덕각으로 불
렸다.1926년 작성된 '부석사 보수공
사 가설 건물 배치도'. ⓒ국립중앙박
물관.

153 무량수전 내부.

154 아미타소조여래좌상이 있는 불단 주변에 깔려 있던 녹유전.
통일신라. 가로·세로 14, 두께 7㎝. 부석사박물관.

다시 읽는 부석사

경북 안동에 사는 김용신1889년생 혹은 1879년생이 1887년생 아내와 함께 무량수전에 와서 아들 낳기를 기원하였다. 이들이 부석사를 찾은 시점은 경상북도라는 지명이 사용된 1900년대 초일 것으로 보인다.

-榮川居 李鐘岐 李鐘夏 庚寅年 三月 二十日 過此
영주에 거주하는 이종기, 이종하 형제로 보이는데 1890년 3월 20일에 부석사에 다녀가다.
-●●道 ●●郡 丹山面 南木里居 金錫宰 一生所願 父母壽命康寧●●●富貴多男●●●●千万●●
경상도 순흥군 단산면 남목리에 사는 김석재가 일생의 소원으로 부모의 수명장수와 부귀, 자손번창을 기원합니다.
-安東 甘泉面 ●洞里 丙戌 九月二十三日 姜永淳 金益洙 崔道述 過此
안동군 감천면 ○동리에 사는 강영순, 김익수, 최도술이 1886년병술년 9월 23일 이곳을 다녀가다.
-光緒十三年 過此
1887년에 왔다가다.

155 무량수전 내 배흘림기둥에 남아 있는 묵서.

무량수전 기둥에 적힌 글들은 그냥 스쳐지나갈 수 있는 아무런 의미 없는 낙서에 불과할 수도 있지만, 그동안 무량수전을 다녀간 옛사람들의 소박한 꿈과 그 간절한 바람들이 느껴진다.

부석浮石, 절 이름이 여기서 시작되다.

무량수전을 나와 서쪽으로 돌아가면 큼지막한 바위에 놓여 진 널직한 너럭바위를 볼 수 있다. 바로 '부석' 이다. 이 부석으로 인해 오늘의 부석사라는 절 이름이 생겼다.

『송고승전』에는 선묘낭자가 사방 1리里나 되는 거석巨石으로 변해 가람 정상을 덮으니 권종이부權宗異部들이 혼비백산하여 모두 뿔뿔이 흩어졌다고 했다. 그렇지만 『재향지梓鄕誌』에서는 '절의 스님이 전하는 말에 의상스님이 길지를 찾으면서 손으로 큰 돌을 던져 날아가니 금당 뒤에 떠 있다가 7일이 되어 땅에 내려왔다'고 하였다.

『택리지擇里志』에는 '불전 뒤에 큰 바위 하나가 옆으로 서 있는데, 그 위에 큰 돌 하나가 지붕을 씌운 듯하다. 얼핏 보면 위아래가 서로 이어진 듯하지만, 자세히 살펴보면 두 돌 사이가 서로 이어지거나 눌려 있지는 않다. 조금 빈 틈이 있어, 노끈을 넘기면 걸리지 않고 드나드니 비로소 떠 있는 돌浮石인줄 알게 된다. 절이 이 바위 때문에 '부석사'라는 이름을 얻었지만, 이렇게 떠 있는 이치는 자못 알 수가 없다'고 하였다.✹156-1,2,3

✹ 이중환 지음, 이익성 옮김. 『택리지』. 을유문화사. 2007. 184쪽.

한편 『제각중수기』에는 선묘설화와는 관련이 없는 의상대사의 스승인 지엄화상과의 연관성을 언급하고 있다.

✹ ...師彈指一石曰汝旣得華嚴三昧親見無量壽佛宜還. 本旺此石安處卓錫焉殿後之岩即此也...

'지엄법사가 돌 하나를 손가락으로 튕기며 말하길, "너는 이미 화엄삼매를 터득하고 무량수불을 친견하였으니 의당 본국으로 돌아가 이 돌이 안처한 곳에 탁석하라"고 하였으니, 전각 뒤의 바위가 바로 이것이다.' ✹

즉, 부석은 선묘용의 조화를 부려 하늘을 날았던 바위가 아니라 지엄화상이 손가락으로 튕겨 날려 보낸 것이라고 하였다. 이 기록으로 볼 때 조선후기에는 어떤 이유에서인지 모르겠지만 『송고승전』의 선묘설화가 전혀 회자되지 않고 있었다는 것이 매우 의아할 따름이다.

이 바위에는 현재 '부석浮石'이라는 바위글씨가 남아 있다. 그 옆에는 '선원록 봉안사 낭원군 계유동璿源錄奉安使朗原君 癸酉冬'이라는 명문이 새겨져 있다. 계유년 겨울은 1693년으로 이보다 앞서 1690년 『선원록璿源錄』을 태백산사고에 봉안하기 위해 각화사로 향하던 낭선군 이우朗善君 李 .1637~1693가 부석사에 들러 무량수전 현판을 보고 공민왕이 친필임을 고증한 적이 있다.

그러나 1693년 겨울에는 낭원군 혼자 부석사를 찾은 듯하다. 그의 형인 낭선군이 1693년 음력 4월 세상을 떠났기 때문이다. 3년 전 형 낭선군과 함께 부석사를 찾았던 낭원군은 이때 어떤 심정으로 부석에 자신의 이름을 남겼을까 라는 생각을 하니 그 감회가 남다르다.

이외에도 부석과 이를 감싸고 있는 암벽에는 이곳을 다녀간 사람들의 이름이나 지역관리의 선정善政을 기리며 남긴 바위글씨가 여럿 보인다.

다시 읽는 부석사

156-1 부석 전경.

156-2 부석(浮石).

156-3 선원록봉안사 낭원군.

파란만장한 역사를 간직한 삼성각

부석 옆으로 난 길을 따라 조금 내려가다 보면 오른쪽으로 삼성각三聖閣이라는 법당이 보인다. 삼성각에는 현재 산신과 칠성, 독성이 봉안되어 있지만 과거에는 다른 이름으로 불려졌다. 일제강점기까지는 '축화전祝華殿' 그 이후에는 '원각전圓覺殿'으로 불렸다가 지금에 이르러 삼성각으로 불린다.[157-1,2]

일제강점기 사진을 보면 축화전은 일반적인 법당과는 달리 법당 앞에 삼문三門구조의 산형대문山形大門과 함께 주위에 담장이 설치돼 있었다. 이렇게 사찰 내에 산형대문을 구비한 법당은 의성 고운사의 경상북도 유형문화재 제470호 '연수전延壽殿'과 같이 어첩御帖을 봉안하던 건물이나 순천 송광사와 같이 1903년광무 7 고종황제가 기로소耆老所에 입소한 것을 기념하여 건립된 성수전聖壽과 같은 왕실관련 원당願堂 앞에 건립되어 있다.[158]

부석사 축화전과 관련해서는 영조 때 대비의 원당으로 지어졌다고만 구전口傳될 뿐 자세한 내력이 남아 있지 않을뿐더러 그 대비가 누구인지도 명확하지 않다. 아마도 인원왕후仁元王后를 지칭하는 것 같은데 어떤 이유로 원당을 부석사에 만들었는지 알 수가 없다. 다만 1690년대 낭선군과 낭원군의 방문이 어떤 인연이 되었을 것으로 짐작된다.

한편 삼성각은 일제강점기에 화엄경판과 무량수전과 조사당 보수과정에서 발견된 건축 부재를 보관하던 판전 역할을 하였다. 1970년대에는 원각전으로 이름이 바뀌면서 현재 장경각에 있는 〈목조아미타여래좌상〉을 봉안하기도 하였다.

소백산맥을 눈높이에서 마주 할 수 있는 관음전

삼성각 앞 박석이 깔린 길을 따라 내려가 보면 2011년에 신축된 관음전이 나타난다. 관음전은 3층 규모의 건물로 1층은 요사채, 2층은 공양간, 3층은 관음전과 부속 시설로 사용되고 있다.

관음전 앞마당은 무량수전 앞마당과 같이 앞이 확 트여 광활한 풍광을

조망할 수 있다. 무량수전 앞에서 보이지 않았던 동쪽의 청량산 자락과 단양·영월로 넘어가는 마구령을 바라볼 수 있다. 현재의 부석사 경내에서 365일 소백산맥의 저녁 노을을 감상하는 데는 이만한 곳이 없다. 늦은 봄부터 초가을까지의 일몰은 무량수전 구역보다 이곳이 훨씬 더 장엄한 감동을 준다.

157-1 일제 강점기 삼성각 모습. 이때는 축화전이라 하였다. 『小川敬吉 조사문화재 자료』, 국립문화재연구소, 1994. 12. 인용.

157-2 삼성각. 한때 경판 판고 등으로도 사용되었다.

부석사성보박물관

2011년 개관한 부석사성보박물관에는 조사당 벽화국보 제46호와 고려화엄경판보물 제735호 등이 전시되어 있다. 또한 무량수전과 조사당의 세부구조를 살필 수 있는 축소 모형과 더불어 오불회 괘불도보물 제1562호 모사본 등이 전시되어 있어 이들 문화재를 보다 자세하게 이해 할 수 있는 기회를 제공하고 있다.[159-1,2]

또한 박물관 외부 공간에는 부석면 일대에 산재해 있던 석조비로자불입상과 석조여래좌상 2구가 전시되어 있으며, 이 야외전시장에서 바라보는 소백산맥 풍경도 빼놓을 수 없는 절경이다.

원융국사비와 사라진 부석사본비에 대하여

해마다 수많은 사람들이 부석사를 찾아오지만 일부 관심있는 사람들을 제외하고는 전혀 찾지 않는 곳이 바로 원융국사비와 동부도전, 그리고 서부도전이다. 정말 아는 사람만 아

158 1774년에 영조가 내린 어첩(御帖)을 봉안했던 의성 고운사 연수전. 경상북도 유형문화재 제470호.

159-1 부석사박물관 전경.

159-2 부석사박물관 야외전시장에 있는 석조비로자나불입상과 석조여래좌상. 모두 부석사 인근 절터에 있었던 불상들이다.

는 곳이다.

원융국사비와 동부도전은 현재 지장전 쪽으로 나 있는 길을 따라 동쪽으로 조금만 더 가면 만날 수 있다. 원융국사비경상북도 유형문화재 제127호는 1910년대까지는 귀부와 이수는 물론 비신碑身까지 모두 부서진 상태로 방치되어 있었다. 원융국사비가 있는 비각에는 국사비 외에 1970년대 옛 비석 부재를 활용하여 다시 세운 의상스님과 부석사 사적을 담은 비석이 있으며, 이곳을 수호하는 국사암이라는 작은 암자도 있다.162-1,2

원융국사는 강원도 명주 출신으로 속성은 김씨, 이름은 결응決凝, 자는 혜일慧日이다. 964년 태어나 12살 때 용흥사로 출가하여 991년 대덕大德의 법계를 받았으며, 왕사王師를 거쳐 문종 때 국사國師가 되었다. 1041년정종 7 부석사에 들어와 의상義湘스님이 전한 화엄법맥을 이어받았고, 1053년문종 7 4월 부석사에서 입적하자 절 동쪽 산등성이에서 다비를 하였다.

비문에는 원융국사의 일생이 자세히 새겨져 있으며, 그 말미에 '수비원守碑院'을 두고 중대사重大師 홍수洪首·현긴賢緊 대사大師 대종代宗스님에게 그 임무를 맡겼다고 했다. 여기서 눈여겨 볼 내용이 바로 수비원이다. 비석을 수호하는 시설로 보이는데 원융국사 비석을 관리하기 위한 것인지 아니면 다른 역할이 더 있었는지 의문이다. 『삼국유사』 등에서는 부석사 사적과 의상대사의 행적이 담긴 〈부석사본비浮石寺本碑〉가 있다고 했지만 그 실물은 아직까지 발견되지 않고 있다.

조선 중기 유학자인 신언申灜(1530~1598)이 1579년 여름에 남긴『소백
산유람기』에서는 '절의 동쪽 가시덤불 가운데 비석이 묻혀 있는데 파손
된 지 오래되어 연대를 찾아보고 싶었지만 찾지 못였다. 그러나 그 문체
를 보니 신라 때 세운 것이다'라고 하였다. 이 기록대로라면 원융국사비
는 이미 파손된 지 오래였던 것으로 보이는데 아마도 1358년 왜구들의
침범 당시 훼손된 것이 아닌가 한다.

한편『고려사』기록에는 숙종肅宗 6년1100 8월에 원효대사에게는 '대성
화쟁국사大聖和靜國師', 의상대사에게는 '대성원교국사大聖圓敎國師'라는 시호
를 추증하고 그 행적을 담은 비석을 세우도록 하였다고 적고 있다. 실재
원효대사의 경우 경주 분황사에 그 비가 건립되었다.

그러나 의상대사 비석과 관련해서는『삼국유사』'전후소장사리前後所
將舍利' 조에 '부석사본비浮石寺本碑'를 인용하여 스님의 출생연도와 당나라
유학 시기를 밝히고 있는데 그 내용으로 보아 1270년경즈음에는 이 비
석이 있었음을 알 수 있다.

현재 원융국사 비석이 있는 주변에서는 건물의 흔적인 기와와 토기,
토기벼루편, 쇠솥 파편 등이 확인되고 있어, 이것들이 수비원의 흔적이
아닐까 짐작된다.[160]

부석사의 부도와 역대 고승들

676년 의상대사가 부석사를 창건하
였지만 부석사에는 부도는 고사하고 행적을 담은 비석은 물론 절의 역사
를 담은 사적비 하나 남은 게 없다. 분명『송고승전』에는 부석사에 스님의
탑이 있다고 하였지만 그 실물은 아직까지 확인되지 않고 있다. 또한 창건
이후 수많은 시간이 지나 여러 왕조가 바뀌었어도 고려 때 원융국사비와
스님의 부도 추정되는 승탑이 남아 있을 뿐 고려시대 관련 유물도 드물다.
그나마 조선시대 부도가 남아 있어 이곳을 살다가 스님들의 흔적을 확인
할 수 있다.[161-1,2]

1392년 조선 개국 후 임진왜란 전까지 부석사에 주석했던 스님들 중 그
행적이 잘 알려진 스님은 사명당 유정 스님이 유일하다. 이외에 1490년과

160 원융국사비 인근에서 출토된 토
제벽루의 다리 부분.

1573년 조사당 중수 때 주지소임을 맡았던 대선사 운수흐修스님, 선덕禪德 성관性寬 스님 등이 묵서墨書를 통해 행적이 확인된다.

최근에 확인된 '안양루 중수기' 현판 뒷면의 묵서에서 1578년萬曆六年戊寅 十一月日 안양루 중수 때 참여했던 시주자 명단과 대중스님들의 이름이 등장 하는데 이중 1573년 조사당 중수 때 부목副木 인경印䋄, 전유나前維那 원오圓 悟, 희상熙尙스님 등의 이름이 다시 확인된다.

이후 부석사에서 주석하였거나 불사를 주도한 스님들을 살펴보면, 현재 문경 대승사에 있는 목각탱보물 제575호 조성 시 증명證明으로 참여한 종현宗 現스님이 있다. 이 스님은 이후 1684년 예천 용문사 대장전 목각탱 조성 때 도 증명으로 등장한다.

또한 17세기 후반 경북 북부지역에서 새로운 불교미술의 장을 열었던 스님으로, 종현과 함께 활동했던 소영당 신경昭影堂 神鏡이 있다. 신경스님은 1684년 부석사 괘불조성시 '명현대덕종사名現大德宗師'로 등장하는데, 출신 지와 관련해 1692년 제작된 안동 봉황사 석가모니불좌상 대좌 묵서에 '전 라도 전주 위봉사 화원이었다湖南全羅道 全州 威鳳寺 畵圓 證明 昭影堂鏡...'고 전한다.

신경은 1684년 예천 용문사 대장전 목각탱, 상주 용흥사 삼불회 괘불 탱 조성시 증명법사로 참여한다. 신경의 승탑은 현재 상주 남장사에 있 으며, 의성 고운사에도 비석이 있는데 이 석비를 통해 1706년 즈음에 입 적했음을 알 수 있다.163-1,2,3

1723년 무량수전 아미타여래상 개금불사 때 산중질山中秩에서 산인山 人으로 등장한 서열瑞悅스님은 1719년 강원도 정선 정암사 수마노탑 중 수시 통정겸전유나通政兼前維那였음을 정암사「수마노탑지」를 통해 확인할 수 있다.

1745년 제작된 부석사 괘불 화기畵記에 증명명현대선證明名現大禪으로 등장하는 월암당月巖堂 진기震基는 1731년 구미 수다사 대웅전 후불도와 지장보살도, 1743년 의성 대곡사 대웅전 삼존불상 개금, 1744년 김천 직지사 삼세불도 조성시 증명법사로 각각 참여했다.

특히 진기스님의 진영眞影이 구미 대둔사에 전하고 있는데 이 진영에 는 조선후기 고승이었던 상봉당霜峯堂 정원淨源:1627~1709스님의 제자임을

다시 읽는 부석사

알 수 있는 『상봉하제이세월암당대선사진영霜峯下第二世月巖堂大禪師眞影』이라
영제影題가 남아 있다.

진기스님과 함께 무량수전 아미타불 개금불사 기록을 남긴 벽허당碧虛
堂 명찬明贊 스님은 1735년 양산 통도사 영산전 석가불탱 조성시 통도사
주지住持로 있었으며, 1753년 양산 내원사 노전爐殿의 아미타불 개금불사
를 발원하기도 했다. 이때 승통僧統의 지위에 있었다. 또한 1769년 안동 봉
정사에서 간행한 『청문請文』과 『보살계의소菩薩戒義疎』간행시 증사證師로 이
불사를 관장하였다. 1770년에는 「봉정사 고법당 대장판전 등촉 헌답기」
를 짓기도 하였다.

161-1 동부도전 전경 ⓒ고종성(서울역사박물관 학예연구원)

161-2 서부도전 전경 ⓒ고종성

162-1 원융국사비의 탁본.

다시 읽는 부석사

무량수전 아미타불 개금불사의 증명을 맡은 국일도대선사國—都大禪師
와운당臥雲堂 신혜信慧는 1741년 상주 남장사 삼장탱화 조성시 대화주 겸
지향持香을 담당했는데, 1769년 안동 봉정사 『사분계본여석四分戒本如釋』
판각 때 서문을 작성하였다. 이 서문을 통해 신혜스님은 환성지안喚醒志安
1664~1729 스님의 문도임을 확인할 수 있다. 또한 1770년에는 예천 서악
사 석가모니후불탱 조성시 증명을 맡기도 했다.

1806년 무량수전을 비롯한 여러 전각을 중수 할 때 증사였던 일암당
—庵堂 경의警誼스님은 1792년 양산 통도사 삼장탱, 통도사 금봉암 신중
탱, 1802년 경산 선본사 신중탱, 1816년 대구 동화사 지장삼존도, 1825
년 군위 지보사 석가불탱, 산신탱, 영천 은해사 지장탱 조성시 증명은 물
론 풍기 희방사 중수에도 중요한 역할을 담당하였다.

이외에도 부석사 동쪽과 서쪽 부도밭에는 조선시대를 살다간 스님들
의 부도가 남아 있다. 대표적으로 백봉당白峯堂 천순天順대사, 광헌대사廣軒
大師, 연화당蓮華堂 근선대사謹禪大師, 명암당明巖堂 승익대사勝益大師, 환운당幻
雲堂 처습대사處習大師 등의 부도다. 이 중 처습대사는 1723년 무량수전 불
상 개금기에 화원畵員으로, 승익대사는 1745년 부석사 괘불 조성 시 대선
사로 참여했다.

한편 동부도전에는 조선시대 고승들의 부도 외에 원융국사의 것으로
전해지는 부도가 1기 있다. 팔각원당형 구조의 이 부도는 몸돌에 문비장

163-1 상주 남장사에 있는 신경대사 승탑.

163-2 의성 고운사에 있는 신경대사 비.

163-3 영천 은해사에 있는 일암당 경의 승탑.

식과 사천왕, 범천, 제석천 상이 조각되어 있으며 기단부에는 구름 문양이 새겨져 있다. 이와 함께 서부도전에도 팔각원당형의 고려시대의 부도가 남아 있다.[164]

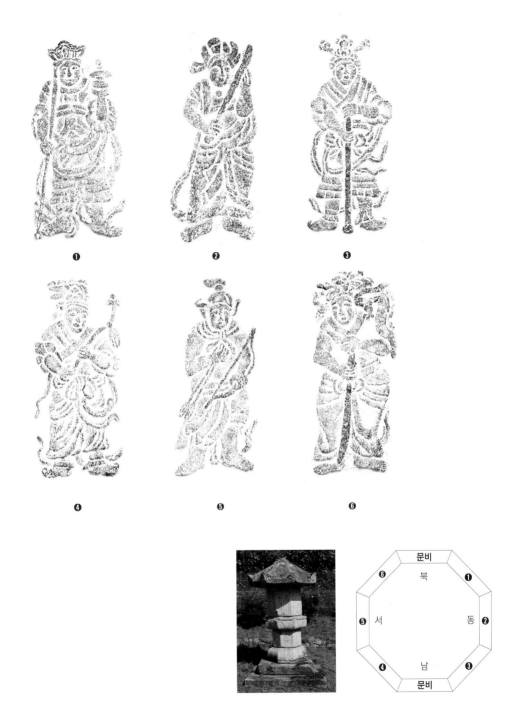

164 부석사 동부도전 원융국사 승탑과 부조상 탁본 ©고종성

番\世	7世	8世	9世	10世	11世	12世
1	청허휴정 清虛休靜 1520-1604	송운유정 松雲惟政 1544-1610	송월응상 松月應祥 1572-1645	지헌 智軒		
2		소요태능 逍遙太能 1562-1649	계영극린 桂影克璘	함우의영 涵雨義英	목암선정 牧庵宣定	해송명붕 海松溟鵬
3		편양언기 鞭羊彦機 1581-1644	풍담의심 楓潭義諶 1592-1665	상봉정원 霜峰淨源 1627-1709	낙빈홍제 洛濱弘濟 1656-1730	기성쾌선 箕城快善 1693-1764
4				월담설제 月潭雪霽 1632-1704	환성지안 喚醒志安 1664-1729	호암체정 虎岩体淨 1687-1748
5						용암신감 龍岩信鑑
6						포월초민 抱月楚旻
7						와운신혜 臥雲信慧
8						
9						
10						
11				백봉천순 白峯天順		
12			환적의천 幻寂義天 1603-1690	상희 尙熙 -1684-		
13		정관일선 靜觀一禪 1533-160	임성충언 任性冲彦 1567-1638	송파각민 松坡覺敏 1596-1675	반운광헌 伴雲廣軒	
番\世	7世	8世	9世	10世	11世	12世

13世	14世	15世	16世	17世	番/世
					1
학봉상융 鶴峰相融	일암경의 一庵警誼				2
청파묘원 清波妙圓					3
용파도주 龍波道	추봉성정 秋峰性定	남파채우 南坡采佑	회봉지오 檜峰志五	청운태삼 清雲台三	4
성봉도연 星峰道演	벽허명찬 碧虛明贊				5
영월응진 影月應眞	야운시성 野雲時聖 1710-1776				6
봉암관정 鳳岩貫定					7
긍암관영 肯岩瑠楹					8
단하쾌봉 丹霞夬鳳					9
오월성봉 梧月聖鳳					10
					11
					12
		안의 법명은 부석사에서 주석했던 스님.			13
13世	14世	15世	16世	17世	番/世

연대	내용	출전 및 비고
676년	부석사 창건	삼국유사, 삼국사기, 봉황산 부석사 개연기 등
676년~702년	진정(眞定) 등 부석사에서 출가 및 화엄법회 개최	삼국유사 등
690년 즈음	당 현수법사의 『탐현기』 등 보내옴.	삼국유사 등
702년	의상대사 부석사에서 입적.	삼국유사 등
800년	慧徹국사 부석사 출가	大安寺 寂忍禪師照輪淸淨塔碑(大安寺)
810년 전후	낭혜화상 부석사 석징대덕사에게 화엄학 수학	聖住寺 朗慧和尙 白月葆光塔碑
841년	澄曉大師 부석사에서 화엄경 수학.	法興寺 澄曉大師寶印之塔碑
901년 즈음	궁예 부석사 봉안 신라왕 진영 훼손	三國史記
1040년	大鳳之院 중수 혹은 초창(重熙9년명 명문와)	부석사박물관 소장
1041년	원융국사 부석사 주석	부석사 圓融國師碑.
1053년 이전	대장경 인쇄	부석사 圓融國師碑.
1054년	守碑院에 원융국사 제자 주석(1053년 원융국사 입적)	부석사 圓融國師碑.
1101년	-.숙종의 명으로 의상대사를 원교국사로 추증하고 비석을 세우라고 함. -.이 즈음 대각국사 부석사 참배 '부석존자예찬문' 지음.	고려사, 대각국사문집
1146년 즈음	玄悟國師 부석사 주지로 주석	서봉사 玄悟國師 碑
1198년	사천감 이인보 산천에 제사를 지낸 후 부석사 방문	보한재집 등
1201년	조사당 단청 ...前開彩承安六年壬子...	祖師堂 道里下端 墨書
1202년	이규보, 경주민란 진압시 부석사 참배하고 부석사 장육발원문 지음.	동국이상국집
1203년	浮石寺 승려들이 武臣政權에 반발하여 반란을 일으킴.	高麗史節要
1219년 6월	〈길흉축월행간〉 목판 간행. 원당주 중태사 지O 편찬.	보물 제1647호 성주 심원사 소장
1250년	충명국사(沖明國師) 각응(覺膺) 부석사 주지. 불설아미타경 판각 인쇄.	『불교미술-부석사 창건 1300주년 특집호』. 1976. 동국대물관.
1358년	兵火로 무량수전 등 소실	鳳凰山 浮石寺 改椽記
1361년 즈음	홍건적의 침입으로 피난 온 공민왕이 무량수전 현판 글씨를 씀.	
1372년	眞覺國師 결응, 부석사 주석 및 중수	彰聖寺 眞覺國師大覺圓照塔碑
1376년	무량수전 중건	鳳凰山 浮石寺 改椽記
1377년	조사당 중건	祖師堂 長舌 上端 墨書
1490년	조사당 중수	祖師堂 道里下端 墨書
1493년	조사당 단청, 취현암 중수	祖師堂 道里下端 墨書
1555년	안양루 화재	浮石寺安養樓重刱記

연대	내용	출전 및 비고
1567년 2월~1568년 2월 15일	화엄경 및 請文 판각(晉本 일부 補刻. 刊記:각승 印天, 儀連. 鍊板 佛明 墨書:경상도 울산 원적산 운흥사 僧 普元(刻手) 등 참여.	보물 제735호. 부석사 장경각 소장
1573년	조사당 지붕 보수(서까래 보수)	祖師堂 道里下端 墨書
1576~1578년	안양루 중수 및 단청	浮石寺安養樓重刱記
1608년	무량수전 중수	鳳凰山 浮石寺 改椽記
1611~1613년	무량수전 및 취현암 중수 및 단청	鳳凰山 浮石寺 改椽記 취현암 목재 부재 묵서
1618년	무량수전 수미단 보수	無量壽壇 須彌壇上 寶蓋 背面板 墨書
1644년	안양루 중창기 현판 제작(1580년 사명대사가 쓴 중수기를 판각함)	안양루 중창기 뒷면 묵서
1656년	무량수전 개와	무량수전 지붕 막새 명문
1675년	金色殿(영산전) 아미타후불목각탱 조성 봉안	大乘寺 木刻幀 畵記.....康熙 14년....
1684년	四佛會 괘불탱 및 영산전 목조아미타여래좌상 등 조성. (1745년 보수 후 제천 신륵사로 이안. 현재 국립중앙박물관 소장)	불상은 장경각 봉안.
1689년 윤3월	약사전 단청 順興 浮石寺 藥師殿 獨辦成造 丹靑功德主 宗志 畵員 瑛玼 靈雲 印岺 供養主 晴晴 康熙貳拾八年己巳(1689)閏三月 畢功於四月眺晃明也	무량수전 내 보탁 묵서
1690년	낭선군 이우 부석사를 방문하여 무량수전 현판이 공민왕 글씨임을 고증함.	무량수전 현판 뒷면 묵서
1691년	영필 스님 등 무량수전 현판 보수	현판 뒷면 묵서
1709년, 1711년	경내 번와(명문 암막새)	부석사박물관 소장
1723년	무량수전 아미타불 개금	無量壽殿佛像改金記
	안양문 중수	安養門重修記
1726년	무량수전 동쪽 석조 수각 조성	수각 명문
1739년	철제 은입사 향완 제작	동국대 박물관 소장
1745년	보물 1562호 오불회 괘불도 제작	부석사박물관 소장
1746년	화재(승당, 만월당, 서별실, 만세루, 범종각 등 소실)	浮石寺鐘閣重修記
1747~1748년	1746년 화재로 소실된 범종각 등 중수	浮石寺鐘閣重修記
1750년	범종각 심검당 중수·단청 및 감로도, 달마도 조성	甘露會達摩師及梵鐘閣尋劒堂記
1763년	무량수전 아미타불 개금	無量壽殿彌陀尊像改金記
1773년	무량수전 등 경내 전각 개와	改瓦記
1796년	영산전 미타후불탱 및 미타 관음상 개금	慶尙左道順興太白山浮石寺靈 山殿彌陀後佛 幀及彌陀觀音改金記

연대	내용	출전 및 비고
1802년	범종각 심검당 중수	無量壽殿 安養樓 重修記 현판
1806년	무량수전 등 중수	太白山 浮石寺 無量壽殿 及諸閣重修記
1808년	兩寶殿 단청	兩寶殿丹ㅏ重修記
1842~43년	범종루, 노전 중수,	
1849	靈山殿, 應眞殿, 僧寮 중수	靈山殿 應眞殿及 僧寮 중수기
1861년	무량수전·안양루 중수	
1869년	금색전 아미타목각탱 문경 대승사 移安	목각탱 소유권을 두고 대승사와 부석사 간에 소송이 벌어짐.
1884년	보덕각 중수	普德閣重修記
1916년 ~1919년	무량수전 등 경내 보존사업 실시 (무량수전 및 조사당 해체보수, 응향각 수리, 계단 및 석축 보수 등)	
1918년	무량수전 보수 중 금동불 등 40여점 출토	1961년~62년 사이 불상을 모두 도난 당함.
1919년	취현암, 안양루 아래 서쪽으로 옮김.	
1924년 즈음	조사당 벽화 보존처리	
1944년	응향각, 안양루 아래 동쪽으로 옮김.	
1955년	영산전 아미타삼존상 가운데 협시보살 1구 강릉 백운사로 이운. 이 즈음 또 다른 협시보살상 1구도 봉화 중대사로 이운.	
1956년	자인당, 응진전 번와(명문 평기와. 단기4289년)	부석사박물관 소장
1958년 즈음	부석면 북지리 석조여래좌상(보물 제220호) 자인당으로 이안. 이 즈음 원융국사비 동쪽 계곡에 있던 석조여래좌상도 자인당으로 이안.	
1964~1966년	부석사 동쪽 절터에 있던 삼층 쌍탑을 옮겨 범종루 아래 복원하면서 익산 왕궁리 석탑 출토 사리 봉안.	
1971년	무량수전, 안양루 번와	
1975년	조사당 및 선묘각 내 탱화 조성	
1977년~1979	경내 정화공사(일주문, 천왕문 등 신축)	
1984년	고려화엄경판 보호각, 종각 신축	
1985년	조사당 벽화 보존처리 및 모사	
1994년	조사당 벽화 전시관(보장각) 신축	
1996년	지장전 신축	
1997년	취현암 복원(조사당 옆)	
1999년	무량수전 번와	
2011년	설법전, 박물관 신축	
2013년	선묘각, 조계문, 회전문, 종각 중건	

참고문헌

사료 및 경전   『三國遺事』
『三國史記』
『大般涅槃經』
『宋高僧傳』
『佛說無量壽經』
『華嚴經 普賢行願品』
『大比丘三千威儀經』
『梓鄕誌』
『불국사고금창기』
『實相寺誌』
『제반문』
『염불작법』

단행본   강우방·곽동석·민병찬, 『불교조각』Ⅱ, 솔출판사, 2003. 12
고유섭, 『한국건축미술사초고』, 대원사, 1999. 1.
권상로, 『한국사찰전서』, 동국대출판부, 1979.
금명보정(1861~1930), 『불조록찬송(佛祖錄讚頌)』, 1921.
김보현 외, 『부석사』, 대원사, 2008.
김승제, 『의상대사 구법 건축순례행기』, 조계종출판사, 2018.
김유식, 『신라기와연구』. 민속원. 2014.
김임중, 『일본국보 화엄연기 연구-원효와 의상의 행적』, 보고사, 2015.1.
균여/최연식 옮김, 『일승법계도원통기』, 동국대출판부, 2011. 10.
동국대박물관, 『불교미술』3, 1977.
박성수 주해, 『저상일월』, 서울신문사, 1993.
범해/김륜세譯, 《동사열전》, 광제원, 1992.
부석사, 『아름다운절 부석사』, 눌와, 2009.
사찰문화연구원, 『전통사찰총서』16-경북의 전통사찰Ⅲ, 사찰문화연구원, 2001.
송지향 편저, 『순흥향토지』 순흥면 발행, 1994.
엄기표, 『신라와 고려시대 석조부도』, 학연문화사, 2004.
엔닌(圓仁)/신복룡 번역, 『入唐求法巡禮行記』, 정신세계사, 1991. 9.
의상(義相) 강의·지통(智通) 기록/김상현 교감번역, 『화엄경문답』, 씨아이알. 2013.
이중환/이익성 옮김, 『택리지』, 을유문화사, 2007.
유홍준, 『한국미술사 강의』2, 눌와, 2012.
장총 지음/김진무 옮김, 『地藏-Ⅱ 조각과 회화』, 동국대학교출판부, 2009.
장충식, 『한국불교미술연구』, 시공아트, 2004.

정명호, 『빛깔있는 책-석탑』, 대원사. 2003.

정병삼 편저, 『의상대사와 법성계』, 화엄사상연구원, 2015.

최성은·안장헌, 『석불 돌에 새긴 정토의 꿈』, 한길아트. 2003.

한국불교연구원, 『부석사』-한국의 사찰 9, 1976.

해주 옮김/저자 미상, 『법계도기총수록』, 동국대학교출판부, 2014.

현장(玄奘)/권덕주 옮김, 『대당서역기』, 우리출판사, 1994.

황수영, 『한국금석유문』 제5판, 일지사, 1994.

　　　, 『부석사 조사 노트(1949.2.5.)』.

　　　, 『부석사 조사 노트(1955)』.

　　　, 『부석사 조사 노트(1956)』.

　　　, 『부석사 김룡사 출장복명서(渡邊彰-1932.4.10.)』.

논문　　　강삼혜, 「나말여초승탑신장상연구」, 동국대대학원 석사학위논문, 2001.

　　　　　강희정, 「9세기 비로자나불 조성의 배경과 의미」, 『한국고대사탐구』13, 2013.

　　　　　김덕문, 「浮石寺 無量壽殿의 建築的 構成要素 解析」, 충북대대학원 석사학위논문, 1988.

　　　　　김도경, 「수치분석을 통한 부석사 무량수전의 평면과 단면 특성에 관한 연구」,
　　　　　　　『대한건축학회 논문집』, Vol.30 No.5, 2014.

　　　　　김동하, 「신라 소형금동불상의 제작기법과 그 전개양상-영주 숙수사지 출토 금동불상군을 중심으로」,
　　　　　　　『신라의 금동불』, 국립경주문화재연구소, 2011. ,

　　　　　김동현, 「浮石寺 無量壽殿과 祖師堂」, 『佛敎美術』, Vol.3, 1977.

　　　　　김명숙, 「한국불상 광배의 양식연구」, 이화여대대학원 석사학위논문, 1978.

　　　　　김상현, 「신라화엄사상연구」, 동국대대학원 박사학위 논문, 1989.

　　　　　김윤곤, 「라대(羅代)의 사원장사(寺院莊舍):부석사를 중심으로」, 『고고역사학지』 Vol.17, 동아대박물관, 1991.

　　　　　김은정, 「대승사 대웅전의 목각탱 연구」, 서울대대학원 석사학위논문, 2010.

　　　　　김익호, 「부석사의 사적고찰(史的考察)」, 『경북대학교 논문집』 제1집, 경대논문집편집위원회, 1956.

　　　　　김재국, 「일제강점기 고려시대 건축물 보존 연구」, 홍익대 대학원, 박사학위논문, 2007.

　　　　　김준식·이진혁, 「순흥지역 횡구식석실과 그 축조집단의 성격」, 『야외고고학』 19,
　　　　　　　한국문화재조사연구기관협회 편, 2014.

　　　　　김태형, 「영주 부석사 무량수전의 성격에 대한 고찰」, 『문물연구』 No.28, 2015.

　　　　　박재락, 「韓國寺刹의 配置와 立地에 대한 風水地理的 分析 : 화엄계 사찰과 구산선문계 사찰을 중심으로」,
　　　　　　　영남대 환경보건대학원 석사학위논문, 2009.

　　　　　朴亨國, 「七獅子蓮華坐の成立と傳播-韓國統一新羅後期の石造毘盧遮那佛坐像ゑ中心に」,
　　　　　　　『密敎圖像』14호, 密敎圖像學會, 1995.

　　　　　　　, 「韓國統一新羅時代の石造毘盧遮那佛坐像について-洛東江中·上流地域(慶尙北道地方)ゑ中心に」,
　　　　　　　『美術史』139호, 1996.

서지민, 「통일신라시대 비로자나불상의 도상연구-광배와 대좌에 보이는 중기밀교 요소를 중심으로」,

　　　『미술사학연구』 252호, 한국미술사학회, 2006.

　　　, 「나말여초 비로자나불상 제형식에 관한 고찰

　　　-『80화엄경』 불신관에 의한 독자적인 존상 구현의 관점으로」, 『불교미술사학』 10집, 불교미술사학회.

양은경, 「신라 금동불에 대한 분석과 출토지 성격 규명-경주지역 출토품을 중심으로」,

　　　『신라의 금동불』, 국립경주문화재연구소, 2011.

오세덕, 「부석사 가람배치 변화에 관한 고찰」, 『신라사학보』 28, 신라사학회, 2013.

위은숙, 「深源寺 소장 13세기 吉凶逐月橫看 高麗木板의 農曆」, 『민족문화논총』 제52집.

　　　영남대민족문화연구소, 2012.

유대호, 「당대지장보살도상의 성립과 통일신라로의 유입」, 『불교미술사학』 18, 2014.

윤범모, 「浮石寺의 창건과 가람배치」, 『동국사상』 9, 1976.

이기선, 「한국 금당의 평면구성과 예불공간 한국 금당의 평면구성과 예불공간

　　　: 요잡과 요도의 개념을 중심으로」, 『文化史學』, 27, 2007.

李性賢, 「통일신라시대 불교미술의 석사자상 연구」, 원광대대학원 석사학위논문, 2012.

이주민, 「영주 부석사 소조불좌상과 신라 화엄종 도상의 전파」, 『신라사학보』 제29집, 2013.

임기영, 「浮石寺 간행의 판본 연구」, 『서지학연구』 59, 2014.

임천(林泉), 「영주 부석사 동방사지의 조사」. 『고고미술』 2(7) 통권 12호, 1961.

정기철, 「취원루를 통해 본 영주 부석사 건축공간의 변천」, 『건축역사연구학회』 20-3, 2011.

조성산, 「韓國 傳統 木造建築物의 構造解析에 관한 硏究 : 浮石寺 無量壽殿을 中心으로」,

　　　명지대대학원, 석사학위논문, 2002.

조현정, 「韓國 建造物 文化財 保存史에 關한 硏究 : 1910년 이후 수리된 목조건조물을 중심으로」,

　　　명지대대학원 석사학위논문, 2005.

지강이, 「신라시대 향로 연구」, 동아대대학원 석사학위논문, 1998.

진정돈, 「부석사의 입지선정배경과 배치특성에 관한 연구」, 한양대 대학원 석사학위 논문, 1988.

진정환, 「慶北 北部地域의 羅末 佛像에 대한 고찰」, 『신라문물연구』 5, 국립경주박물관, 2011.

진홍섭, 「신라북악태백산유적조사보고」 3, 『한국문화연구원 논총』 36, 1980.

차주환, 「중국 明代 이전 건축과 浮石寺 無量壽殿 轉角部 구조 특징에 관한 연구」,

　　　『대한건축학회 논문집』, Vol.30 No.5, 2014.

최진원·황지은, 「한국전통건축 목구조의 분석과 자료 모델링에 관한 연구

　　　　　　 - 부석사 무량수전 평주 공포를 중심으로」, 『대한건축학회 논문집』, Vol.18 No.2, 2002.

한재수, 「영주 부석사 무량수전의 원형보전을 위한 수리기록에 관한 연구」,

　　　『대한건축학회 논문집』 18권 9호(통권167호), 2002.

홍병화, 「9~11세기 중반 부석사 무량수전 영역의 건축계획과 구성요소

　　　: 선종과 화엄종을 중심으로 하는 종파관계의 변화와 부석사의 대응을 중심으로」,

　　　『대한건축학회 논문집』 Vol.27 No.9, 2011.

彬山信三, 『韓國古建築の保存-浮石寺·成佛寺修理工事報告』, 韓國古建築保存委員會, 1998.

보고서 및 도록

『대승사 목각아미타여래설법상 및 관계문서』, 문경시·불교문화재연구소, 2011.

『동아시아고대사지비교연구-강당지·승방지·부속건물지·문지·회랑지편』3, 국립부여문화재연구소 기획편집, 2012.

『봉화군지(奉化郡誌)』, 봉화군지편찬위원회, 1988.

『부석사괘불』, 국립중앙박물관, 2007.

『부석사 무량수전 실측조사보고서』, 문화재청, 2002.

『부석사 소조여래좌상 안전진단 및 기록보존 실시용역』, 영주시청, ㈜한경문화재보존, 2011.

『부석사 조사당 수리실측조사보고서』, 문화재청. 2005.

『소백산 : 국립공원 소백산 유산록 및 시문 조사 발굴 사업 1,2』, 영주문화유산보존회·문화체육관광부, 2013.

『小川敬吉 조사문화재 자료』, 국립문화재연구소, 1994.

『순흥읍내리벽화고분발굴조사보고서』, 대구대학교 박물관, 1995.

『순흥읍내리벽화고분』, 문화재관리국 문화재연구소, 1986

『신라의 금동불』, 국립경주문화재연구소, 2011.

『신라의 사자』, 국립경주박물관, 2006.

『영남대학교박물관 소장유물 도록』, 영남대박물관, 2005.

『영주 부석사 무량수전 주변 회전문 건립부지 문화유적 유구확인조사 보고서』, 한빛문화재연구원, 2010.

『영주 부석사 정화준공보고서』, 문화재관리국, 1980.

『榮州市史』1-5, 영주시사편찬위원회, 2010.

『瓦塼』-영남대소장유물목록집, 영남대박물관, 2008.

『용문사성보유물관 개관 도록』, 용문사, 2006.

『한국의 사찰문화재-경상북도Ⅰ,Ⅱ』, 문화재청, 불교문화재연구소, 2008.

『홍천 물걸리사지 학술조사보고서』, 국립춘천박물관, 2007.

『中國石窟-安西楡林窟』, 敦煌硏究院·中國 文物出版社, 1997.

『敦煌-石窟鑒賞叢書』,中國 甘肅人民美術出版社, 1995.

『敦煌-敦煌石窟藝術精品丛书』, 江　美術出版社, 1998.

인터넷

한국금석문종합영상정보시스템

한국고전종합 DB

국사편찬위원회 한국사데이타베이스

국사편찬위원회 조선왕조실록

글을 마치며

　'인연因緣'이란 참으로 알 수가 없다. 숙명처럼 부석사와의 인연이 이어져 이제『다시 읽는 부석사』라는 이름으로 그 결과를 남기게 되었다. 부석사와 처음 인연을 맺은 것은 고등학교 2학년 때인 1983년 베나레스 불교학생회 여름수련대회에 참가하면서였다. 3박4일간의 생애 첫 수련대회가 바로 부석사에서 이루어졌다. 그리고 그로부터 30년 뒤 2013년 봄. 부석사박물관에서 근무하게 되면서 부석사와의 인연은 그렇게 이어졌다. 그렇게 만4년2개월간 부석사에서 살게 되었고, 그 곳에서 인생의 중대한 전환점을 만들어 내기도 했다.

　정말 운명이란게 있는 것일까. 부석사에서 사는 동안 발길 닿는 곳마다, 눈길 마주치는 곳마다 1300여년의 역사가 남긴 흔적들을 하나둘 찾아냈다. 그러면서 그동안 우리가 부석사에 대해 너무나도 모르고 있었다는 사실을 깨달았다. 그래서 2014년 9월부터 2015년 5월까지 불교계 인터넷 매체인「미디어 붓다」에 부석사의 역사에 대해 29회에 걸쳐 기고를 하였다.

　이후 2016년 4월부터 2017년 5월까지 같은 매체에 '김태형의 영주지역 문화유산 답사기'라는 제목으로 영주의 불교문화유산을 소개하는 글을 기고하기도 했다. 이런 일련의 과정을 통해 주변에서 부석사를 다시 꼼꼼히 정리해보라는 응원과 질책이 쏟아졌다. 그리고 1년여에 걸쳐 기존 원고를 보완 수정하여 이렇게 엮어 세상에 내놓게 되었다.

　이런 시간을 보내는 동안 부석사는 유네스코 세계문화유산으로 등재가 되었다. 그러나 좋아할 일만은 아니다. 오랜 시간 부석사 역사와 가람배치 등에 있어서 잘못 알려진 부분은 공개적인 문제제기나 오류 수정 없이 많은 논문과 자료에 인용되어왔다. 예를 들어 원융국사와 사명대사의 부석사 중창설, 부석사가 '흥교사' 혹은 '선달사'였다는 설 등이다.

　부석사는 한국 불교사상과 문화사에 있어서 매우 중요한 사찰이지만 그 역사를 기록한「사적기」와 같은 기록물이 없다는 점은 너무나 아쉬운 점이다. 이와 함께 너무나 잘 알려진 문화유산으로 인해 그 주변의 상황이 꼼꼼히 살펴지지 못하고 간과되었다는 점도 말하지 않을 수 없다. 드러난 현상만 가지고 그것이 부석사의 모든 것이라는 착각이 부석사의 진면목을 가리고 만 것이다.

부석사에서 4년여를 살면서 깨달은 것은 '보이는 것이 전부가 아니다', '답은 언제나 현장에 있다' 이 두 가지였다.

그래서 부석사에 사는 동안 경내는 물론이고 주변을 구석구석 샅샅이 살피고 돌아다녔다. 때로는 동네 주민들과 직간접적인 마찰도 있었고, 때로는 좌절하고 분노하면서 그렇게 부석사를 살피고 읽어냈다. 조금만 더 일찍 눈 밝은 이가 있었다면 부석사의 진면목이 세상에 드러났을지도 모른다.

그래서 인연이라는 말이 더 가슴속에 깊이 박힌다. 그동안 부석사는 연구주제로서 많은 이들의 관심을 받아왔다. 그 많은 눈길과 발길이 부석사라는 이름을 걸고 많은 흔적을 남겼지만 숲도 보지 못하고, 산도 보지 못하며 눈앞에 펼쳐진 나무 몇 그루를 '부석사'라 규정하고 읽어냈다.

어쩌면 『다시 읽는 부석사』는 이제 시작일 것이다. 이 작은 노력이 부석사의 진면목이 드러내는 그 첫걸음이다. 논란의 여지가 있는 내용도 있겠지만 그것은 이후 더 많은 이들의 조사와 연구를 통해 함께 해결해야할 숙제다. 부디 이 노력을 계기로 부석사에 대한 종합적인 발굴조사와 연구가 이루어지길 간절히 기원해본다.

『다시 읽는 부석사』가 나오기까지 곁에서 지켜보고 힘이 되어준 아내 김경자와 가족들, 그리고 조언을 아끼지 않고 후원해준 전 미디어붓다 대표 이학종 시인과 부석사 관련 명문과 조선시대 승려계보를 정리해주신 송광사성보박물관 관장 고경스님, 기쁜 마음으로 교정과 편집, 그리고 출판을 맡아준 상상창작소 봄 김정현 대표께 깊은 감사의 마음을 전한다.

아울러 이 책이 나올 수 있도록 부족한 부분을 십시일반 채워준 많은 인연들에게도 감사의 마음을 전한다. 무엇보다도 부석사박물관에 재직하면서 물심양면으로 도와주신 부석사 주지 근일 스님과 여러 대중 스님들, 그리고 한솥밥을 먹었던 분들께도 감사의 인사를 올린다.

다시 읽는 부석사

부석사의 진면목이 드러나는
그 첫걸음

발행일 2018년 10월 30일

지은이 김태형
펴낸이 김정현
기획 상상창작소 봄
디자인 박은지

펴낸곳 상상창작소 봄 | 출판등록 2013년 3월 5일   제 2013-000003호

주소 62260 광주광역시 광산구 월계로 117-32, 204호
전화 062)972-3234
팩스 062)972-3264
전자우편 sangsangbom@hanmail.net

ISBN 979-11-88297-05-4   03610

이 책의 판권은 지은이와 상상창작소 봄에 있습니다.
이 책 내용의 전부 또는 일부를 재사용하려면 반드시 양측의 서면 동의를 받아야 합니다.

이 도서의 국립중앙도서관 출판사도서목록(CIP)은 e-CIP홈페이지 (http://www.nl.go.kr/ecip)에서
이용하실 수 있습니다. (CIP제어번호 : 2018034354)